한국사

18

고려 무신정권

국사편찬위원회

한국사 간행취지

우리 겨레가 앞으로 어떻게 살아갈 것인가 하는 문제는 우리들은 물론 우리와 더불어 살아가는 세계인들의 관심사일 것이다. 이에 대한 해답은 과거에 어떻게 살아왔는가 하는 우리 역사에 대한 인식을 통해 찾을 수 있을 것이라고 생각된다.

본 위원회에서는 이미 1970년대에 『한국사』 25권을 간행하여 해방 이후 한국사의 연구성과를 집대성함으로써 한국사에 대한 인식을 새롭게 한 바 있다. 그 이후 한국사회는 놀라운 성장과 발전을 이루었고 역사학계도 상당한 연구성과를 축적하였나. 이러한 변화에 발맞추어 한국사학계는 새로운 『한국사』 편찬의 필요를 느끼게 되었다.

이에 본 위원회는 일차적으로 한국사 연구지원비를 마련하여 역사학계로 하여금 1980년대 중반까지 연구성과가 미진하다고 생각되는 분야를 연구할 수 있도록 하였다. 이어서 1989년부터 1990년까지의 준비를 거쳐 1991년에는 '신편 한국사 편찬위원회'를 따로 구성하고 총 60권에 달하는 새로운 『한국사』를 편찬하기로 하였다. 그리고 다음과 같은 『한국사』 편찬의 목표를 세웠다.

① 한국의 역사와 문화에 대한 객관적 인식의 토대를 제공할 수 있는 한국사를 편찬한다.

② 민족의 창조적 문화활동과 민족사의 내재적 발전을 드러내는 한국사를 편찬한다.

③ 최근까지의 연구성과를 체계화하고 새로운 영역을 개척함으로써 한국사 연구의 지평을 넓힌다.

④ 한국사 연구와 관련하여 고고학·인류학·사회학·경제학 등 인접학문의 연구성과를 수용하여 한국사 인식의 폭을 넓히는 데 기여한다.

새로운 『한국사』를 펴내면서 우리 모두가 바라는 바는, 민족의 통일에 대비해야 하고 급격히 변화하는 시대상황 속에서, 한국사 연구자의 깊이 있는 연구를 도와주고 독자들의 역사인식을 드높일 수 있는 길잡이 구실을 할 수 있었으면 하는 것이다.

국사편찬위원회 위원장

목 차

Ⅰ. 무신정권의 성립과 변천

Ⅱ. 무신정권의 지배기구

Ⅲ. 무신정권기의 국왕과 문신

개 요

I

고려시대에 성립된 무신정권은 한국사상 분명히 특색있는 정권이었다. 고려의 무신정권을 독자성·주체성이 강한 정권으로 규정지어 좋을 것 같다. 그 정권은 무신들이 단순히 정치에 참여하는 것에 그친 것이 아니라, 그 독창성에 입각하여 독특한 정치구조를 구축하여 그것을 중심으로 독특한 정치를 운영하였다. 한편 무신정권도 정권인 이상 정권의 안정기조를 필요로 하였다. 그 안정기조라 할 것은 한 두 가지가 아니겠지만, 무엇보다도 중요한 것은 문무겸전 체제의 정비였다 하겠나. 그러므로 무신정권의 성립과정에서는 문신귀족을 대량 제거하였지만, 곧 뒤이어 문신체계를 정비하는 데에 노력하였다. 새로운 문신체계는 일부 구문신 계열을 포섭 등용하기도 하였지만, 그것보다도 무신정권 아래에서 과거를 통하여 등용된 신진사류가 점차 그 주류를 이루게 되었다.

무신정권의 독자성은 정치뿐만 아니라 사회·경제·문화면에도 반영되어 독특한 양상을 자아냈지만, 대외관계에 있어서는 그 특색이 더욱 분명하였다. 그것은 무엇보다도 주체성이 강하게 작용하고 있었다는 점으로 최씨정권의 항몽투쟁은 바로 그것을 입증하여 주는 것이 된다. 다음에 이러한 특징을 들어보기로 하겠다.

II

고려의 무신정권은 毅宗 24년(1170)에 성립되어 高宗 45년(1258)에 몰락한 특수 정권이다. 그러나 무신정권이 완전히 몰락한 것은 金俊, 林衍을 거쳐 林惟茂가 제거된 元宗 11년(1270)까지로 본다.

鄭仲夫 등은 의종 24년에 쿠데타를 일으켜 무신정권을 수립하였다. 그리하여 정권을 장악한 무신들은 그들 나름대로 독특한 방식의 정치를 운영하였으나 자체 내의 갈등은 그치지 않았다. 쿠데타 동지들을 제거한 정중부는 明宗 9년(1179)에 청년장군 慶大升에게 살해당하였고, 경대승이 4년만에 병사하자, 상장군 李義旼이 등장하여 정권을 잡았다가 명종 26년(1196)에 장군 崔忠獻에게 살해당하였다.

최충헌의 등장은 고려 무신정권에 일대 전환기를 가져오게 하였다. 최충헌이 구축한 강력한 독재체제의 기반은 정권을 자손에게 세습케 함으로써 4대 60여 년간의 최씨정권의 성립을 보게 되었다. 최씨정권은 최충헌의 뒤를 崔瑀(怡)가 이어 독재체제를 더욱 강화하였고, 다시 崔沆·崔竩로 이어졌다. 그러나 최씨정권은 순탄치만은 않았다. 최우가 집권한 지 10년만에 대륙에서 蒙古가 계속 침입하였으며 그 和戰을 둘러싼 대립 갈등과 전쟁으로 입은 사회·경제적 피폐는 최씨정권을 크게 약화시켰다. 거기에다가 최씨정권의 마지막 집권자 최의는 어린 나이로 집권한 데다가 어리석고 나약하여 어진 사람들을 멀리하고 경박한 무리들을 가까이 함으로써 간사한 무리들이 날뛰고 참소가 성행하며 뇌물과 횡령이 자행되었으며, 거듭되는 흉년에 적절한 대책을 세우지 못함으로써 인심을 크게 잃게 되었다.

마침내 고종 45년(1258)에 대사성 柳璥·별장 김준 등이 최의를 살해함으로써 최씨정권의 몰락과 함께 대권은 왕에게 돌아갔으나, 실권은 김준·임연·임유무 등이 이어 가면서 행사하게 되었다. 즉 김준은 최씨정권을 타도하고 나서 최씨정권 이래 무신정권의 최고직책인 敎定別監에 임명되어 한 나라의 정권을 좌우하다가 원종 9년(1268)에 임연에게 살해당하였다. 임연은 일찍이 김준의 천거로 낭장이 되어 최의를 제거하고 최씨정권을 타도하는 데에 가담한 바 있었으나, 김준을 제거하고 나서는 왕의 폐립을 자행하는 한편, 교정별감에 임명되어 권세를 독단하였다. 그러나 임연이 원종 11년(1270)에 병사하고 그 뒤를 이어 아들 임유무가 교정별감이 되어 또한 권세를 독단하였으나 약한 세력기반과 몽고의 압력으로 2개월도 못되어 무너지고 말았다. 임유무의 제거는 고려무신정권의 완전 몰락을 뜻하는 것이며 왕의 친정의 완전 복구를 뜻하는 것이 된다.

III

고려 무신정권기의 정치형태를 크게 두 시기로 나누어 그 특징을 들 수 있다. 그 하나는 대체로 무신정권 전기에 해당되는 鄭仲夫·慶大升·李義旼이 정권을 독단하던 27년간을 들 수 있고, 또 하나는 무신정권 후기에 해당하는 최씨정권 성립 이후 林惟茂가 몰락할 때까지의 74년간을 들 수 있다. 그 특징은 전기는 무신정권으로서 아직 독자적인 執政府를 갖추지 못하고 종래의 왕권체제의 기구를 그대로 이용하면서 무신집권자로서 초월적인 권력을 발휘하는 일종의 과도적 무신정권이었다. 정중부는 왕권체제 하의 관직인 平章事를 거쳐 門下侍中에 임명되었고, 이의민은 左僕射를 거쳐 同中書門下平章事가 되었던 것이다. 그러나 그들 무신집권자들은 관직의 높고 낮음에 관계없이 초월적인 권력을 행사하여 동서양반을 위압하였으며 국왕까지도 허수아비로 만들었다.

이러한 무신집권자들의 초월적인 권력은 왕권체제하의 정치기구의 하나인 重房을 배경으로 행사되었다. 중방은 원래 상장군과 대장군의 합좌기관이었으나, 무신정권이 성립하고 나서는 무신집권자들이 이를 이용하기도 하고 또는 이의 보호를 받으면서 초월적인 권력을 발휘하였던 것이다. 이렇게 무신정권 전기의 정치는 중방을 구성하는 상장군과 대장군이 직접 또는 간접으로 정치에 참여하였으므로 그 정치의 형태를 重房政治라 할 수 있는 것이다. 이러한 중방정치는 무신들에 의한 일종의 합의제 정치였다 할 수 있으나, 이렇게 합의제 정치인 중방정치가 행하여진 것은 무신집권자들이 아직 독자적인 집권부를 갖추지 못한 형태, 즉 무신정권으로서 기반이 확립되지 못한 과도적 형태였다 할 수 있는 것이다.

이러한 형태는 최씨정권이 성립된 무신정권 후기로 들면서 그 면모를 크게 달리하게 되었다. 그것으로 후기 무신정권, 즉 최씨정권은 독자적인 집권부를 갖추고 그 집권부를 중심으로 강력한 권력을 발휘하는 무신집권자 1인의 독재체제를 확립하였던 것이다. 이러한 1인 독재체제의 확립은 곧 무신정권의 확립을 뜻하는 것이 되며, 그 독재체재의 정비는 최충헌으로부터 시작되어 그의 아들 최우에 이르러 완성을 보게 되었다. 최충헌은 명종 26년(1196)에 이의민의 일당을 제거하고 나서 많은 朝臣을 학살하는 한편, 왕에게 封事 10條를 올려 정치·경제·사회의 혼란을 시정할 것을 촉구하였다. 이러한 일련의 사실은 최충헌이 장차 독재체제를 수립하기 위한 기초작업이었던 것은 두말할 것도 없다. 마침내 최충헌은 명종과 신종을 내몰고 희종을 맞이하는 한편, 희종 5년(1209)에는 靑郊驛吏와 여러 사원의 승려들이 연결하여 최충헌을 죽이려 한 사건을 계기로 敎定都監을 설치하게 되었다.

교정도감은 처음에는 반대세력을 탄압하는데 이용되었으나, 뒤에는 비위의 규찰·인사행정·세정 및 기타의 서정을 처리하는 초월적 기능을 발휘하게 되었으며, 이것은 그대로 최씨정권의 집권부가 되었다. 여기에서 무신정권 정확히 말하여 최씨정권은 왕권체제와는 별도로 강력한 집권체제를 갖추게 되었고 이러한 현상은 그대로 무신정권의 확립을 뜻하는 것이 된다. 이 교정도감에 대하여《高麗史》百官志에는 "최충헌이 정권을 독단함에 있어서 모든 조처가 교정도감으로부터 나왔다"라고 하여 그 기능이 막강하였음을 설명하여 주고 있으나, 이 교정도감은 최씨정권 전 기간은 물론, 최씨정권이 몰락된 후에도 김준과 임연 부자에 이어지다가 임유무의 몰락과 더불어 그 막을 내리게 되었다.

교정도감의 장으로 敎定別監의 제도가 있었다. 그리고 역대 무신집권자는 이 교정별감에 임명되어 일국의 정치를 좌우하였는데, 그 임명권자는 형식상 왕으로 되어 있었다. 그러므로 무신집권자로서는 필수적인 직책이기도 하였고 또 최씨집권체제에서 세습된 직책이기도 하였다.

그리고 교정별감은 장군직에 있는 자라야 임명될 수 있었던 것 같다. 즉 최충헌이 장군의 신분으로 교정별감이 되었고, 최우도 장군으로서 최충헌을 이어 교정별감이 되었으며, 최항은 최우의 서자로서 일찍이 출가하여 禪師가 되어 이름을 萬全이라고 하였는데 고종 34년(1247)에 환속하여 左右衛 上護軍이 되었다가 최우를 이어 교정별감이 되었다. 그리고 최의는 최항의 사생아로서 군직을 주어도 그것을 거절하여 오다가 최항이 죽자 왕이 그를 借將軍을 삼고 이어서 교정별감에 임명하였던 것으로 이렇게 군직을 싫어하는 최의를 차장군에 임명한 것은 교정별감에 임명하기 위한 조치였던 것이 분명하다. 최씨정권이 몰락한 후에는 장군 김준이 또한 교정별감에 임명되었고, 김준이 타도된 후에는 임연과 임유무 부자가 군직자로서 또한 교정별감에 임명되어 정치를 요리하였다.

최씨정권에 있어서 교정도감에 버금가는 권력기구로서 政房을 들 수 있다. 정방은 고종 12년(1225)에 최우가 그 사저에 설치한 인사행정 즉 銓政을 행하던 기관이었으나, 최우가 죽은 후에도 역대 무신집권자들에 의하여 계승되던 권력기구였다. 이 정방은 무신정권이 몰락된 후에도 오랫동안 존속하면서 국가기구로 되어 고려 말기에 이르는 동안 여러 차례 존폐가 있었고, 知印房 또는 箚子房 등의 이름으로도 불려지다가 창왕 때 尙瑞司로 개편되었다.

정방은 최우 때 설치되었지만, 최씨정권이 백관의 인사행정을 독단한 것은 이미 최충헌 때부터였으며, 최우가 정방을 설치한 것은 종전에 교정도감에서 행하던 인사행정을 분리시켜 독자적인 기구로 독립시킨 것에 불과한 것으로 보인다. 최씨정권이 일국의 인사행정에 관여한 것은, 최충헌이 이의민을 제거하고 실권을 장악한 지 3년만에 兵部尙書에 知吏部事를 겸하여 문무관의 인사행정에 깊이 관여한 것에서 비롯한다. 교정도감을 설치한 후에는 그를 중심으로 일국의 인사행정을 장악하여 독난하였다. 그러므로 정방의 설치는 새로운 것이 아니고 종전의 교정도감의 기능 가운데 인사행정을 분리시켜 그것을 한층 더 강화하여 제도화한 것에 불과한 것이라 하겠다.

무신정권이 권력을 유지할 수 있는 절대적인 배경은 사적인 무력집단이었다. 무신정권의 사적 무력집단으로는 都房을 들 수 있고 그 밖에 三別抄와 馬別抄를 들 수 있다. 도방은 원래 경대승에 의하여 처음으로 설치된 사병집단이었다. 경대승이 정중부 일당을 제거하자 무신들은 경대승을 공동의 적으로 돌려 적의를 품게 되었다. 그것은 정중부가 쿠데타를 일으켜 무신정권을 수립함으로써 무신의 지위가 크게 상승하였는데, 정중부가 제거됨으로써 그것이 하루아침에 수포로 돌아갈 수 있는 우려가 있었기 때문이다. 이에 경대승은 신변에 큰 위협을 느끼게 되어 자신의 신변을 보호할 목적에서 결사대 1백 수십 명을 사저에 머물게 하여 그 이름을 도방이라 하였다.

이 도방은 경대승이 죽자 폐지되고 말았다가, 최충헌에 의하여 부활되어 크게 강화되었을 뿐만 아니라 최씨정권을 지탱하는 중요한 무력기반이 되었다. 최충헌은 이의민을 타도할 때부터 많은 사병을 양성하여 왔으나, 신종 3년(1200)에 6番都房이란 이름으로써 최씨정권의 권력기구의 하나로 사병제를 제도화하였다. 이 도방은 아들 최우 때에 가서 한층 더 강화되어 내외도방으로 개편되었는데, 내도방은 최우 자신과 그의 사저를 호위하게 하고 외도방은 그의 친척과 기타 외부의 호위를 맡게 한 것 같다. 도방은 최항 때에 가서 분번제를 더욱 확대하여 36번으로 조직 강화하였다. 이 도방 36번은 최우 때의 내외도방을 통합하여 확장한 것으로 보이며, 이러한 확장 강화는 그 당시 몽고와의 전쟁이 절정에 달한 상황에 대한 조치였던 것으로 보인다. 최의에 의하여 계승된 도방 36번은 최씨정권이 몰락한 뒤 그 조직 일부에 변동이 있었던 듯하지만, 김준과 임연 부자에 의하여 계승 장악되다가 임유무의 몰락과 함께 도방도 또한 막을 내리게 되었다. 이렇게 도방은 무신집권자들의 사적 호위기관으로 그 병력도 굉장하였으며 규모가 클 때는 36번의 분번조직을 갖추었으며, 그 장비나 기동력에 있어서도 국가의 군대를 능가하는 정도였다.

무신정권의 무력집권장치 가운데 또 하나인 삼별초는 최씨정권 때 조직된 사병집단이면서 공적 임무를 수행하는 반관반민의 특수부대였다. 삼별초의 조직은 최우가 夜別抄를 조직하여 밤에 순찰시켜 도둑을 단속한 데서 비롯된 것이나, 그 후 도둑이 전국에서 일어남에 야별초를 늘리어 左右別抄로 나누었고, 거기에 다시 나라 사람으로 몽고에 잡혀 갔다가 도망온 자들로써 편성한 神義軍을 합하여 그 완성을 보게 된 것이다. 그 완성 시기는 대개 최우 때로 보인다. 그리하여 삼별초는 최씨정권의 爪牙로 이용되었으며, 최씨정권이 몰락한 후에는 김준과 임연 부자에게 계승 이용되다가 삼별초의 항전을 계기로 마침내 그 막을 내리게 되었다.

삼별초는 그 시초가 밤에 도둑을 단속하는 데 있었지만 차츰 그 임무가 확대되어 경찰 임무인 捕盜·禁暴·刑獄·鞫囚 이외에 군사 임무인 도성의 수비를 비롯하여 친위대·특공대·정찰대 등의 역할도 하였다. 그리하여 그 역할은 경찰과 군사면에 있어서 두드러진 것이 있었으며, 특히 抗蒙戰爭에 있어서 그 전반에는 정부군의 활약이 많았으나, 그 후반에 들어서면서 정부군의 활약은 거의 없어지고 그 대신 삼별초의 활약이 활발하여져 항몽전쟁을 삼별초가 도맡아 행한 느낌마저 있는 것이다. 더욱이 삼별초의 항전은 주체성의 발휘에 있어서 오늘날 높이 평가되고 있다. 이렇게 삼별초는 최씨정권에서 성립된 사병이기는 하지만 그 임무가 경찰 또는 군사를 맡는 公兵의 성격을 지녔다. 삼별초를 반관반민의 군대로 규정짓는 까닭은 바로 여기에 있는 것이다.

무신정권의 또 하나의 무력집단으로 마별초를 들 수 있다. 마별초는 최우가 몽고의 기병의 영향을 받아 설치한 것으로 보이는 기병대로서 최씨정권의 호위 및 의장대로 활약하다가 최씨정권의 몰락과 함께 막을 내리게 되었다. 이 마별초는 최씨정권의 기병의 일종으로 도방과 함께 그 장비와 치장이 굉장한 것이어서 보는 사람으로 하여금 경탄케 하였다는 것이다.

무신정권의 특수한 호위기관으로 書房이 있었다. 서방도 최씨정권에서 이루어진 권력기구의 하나로서 최우에 의하여 시작되어 임유무 때까지 계속되다가 막을 내린 숙위기관이었다. 이 서방에 대하여《高麗史》崔忠獻傳에 부기된 崔怡(瑀)傳은 "최이의 문객 중에는 당대의 名儒가 많아 이들을 3번으로 나누어 교대로 서방에 숙위케 하였다"라고 기록하고 있다. 이것을 보면 결국 최우는 문객 가운데 무사로써 도방을 구성하고 문사로써 서방을 구성하여 문무쌍전의 숙위기관을 갖춘 것이 된다. 이렇게 최우가 서방을 설치하고 문사들로 하여금 교대로 숙위케 한 것은, 그들이 故事에 밝고 식견이 높아 정치에 있어서 고문에 붙이고자 한 데에 있었고, 한편 문사들은 무신정권 수립 이래 불우한 입장에 있다가 최우 때에 이르러 정방의 설치와 함께 서방의 설치로 비로소 안식처를 얻었다고 하겠다. 서방은 3번의 분번제로 편성되어 그 활약도 활발하여 도방 및 삼별초와 함께 새 집권자 추대에 참여하기도 하고 최씨정권이 타도된 후에는 왕의 행차를 호위하기도 하였다.

Ⅳ

무신정권이 수립된 후 사회적으로 가장 큰 문제는 농민과 천민 등 하부계층에 의하여 꼬리에 꼬리를 물고 일어나는 반란이었다. 농민의 반란은 무신정권이 수립되기 이전에도 없었던 것은 아니다. 지방관과 향리들이 농민에 대하여 압박과 수탈을 감행함으로써 농촌사회가 피폐하고 유민이 증가하여 마침내 도둑들이 횡행하고 반란이 일어나 정중부 등이 쿠데타를 일으켰던 의종 때만 하더라도 東州(鐵原)·宣州(德源) 등지에서 대규모의 도둑들이 일어났고, 耽羅(濟州島)에서는 수령을 내쫓는 반란이 일어났었다. 이러한 농민의 반란은 무신정권이 성립된 후에는 더욱 격화되었고, 거기에 천민들도 가담하는 대규모의 민란으로 발전하여 사회는 더욱 혼란하여졌다.

이렇게 무신정권기에 들면서 민란이 격화된 것은 그동안 쌓이고 쌓였던 불평과 불만이 무신의 난이 지니는 하극상의 풍조에 자극받아 폭발한 것이며 이 폭발된 민란의 근원으로는 농민의 궁핍, 민중의 성장, 중앙 통치력의 약화 등을 들 수 있다. 이미 문신귀족정치기부터 농민의 궁핍은 농민의 반란을 일으키게 하였으며, 무신정권이 성립되고 나서는 집권층의 무신들이 토지겸병을 자행하고 지방관들의 횡포와 수탈이 성행하여 농민들의 생활은 더욱 궁핍하여졌다. 또 무신정권기에 들면서 일어난 신분질서의 동요와 그 변화는 민중의 지위와 신분의식을 상승시켰으며, 무신의 난 후의 정치적·사회적 혼란으로 중앙의 통제력은 크게 약화되었던 것이다.

무신정권기에 처음으로 일어난 민란은 명종 2년(1172)에 서북면의 昌州(昌城)·成州(成川)·鐵州(鐵山)에서 일어난 민란이었다. 이 민란은 지방관의 횡포에 분격하여 일어났는데, 그 영향은 차츰 전국적으로 미쳐 명종 5년(1175)에는 南賊 石令史가 반란을 일으켰다. 석령사가 반란을 일으킨 중심지는 어디인지 자세히 알 수 없으나, 남적이라 한 것으로 보아 開城의 남쪽인 것이 분명하다. 이렇게 남도지방에서 석령사가 반란을 일으킨 이듬해 公州 鳴鶴所의 亡伊·亡所伊 등이 무리를 모아 스스로 山行兵馬使라 일컫고 반란을 일으켜 공주를 함락시킨 것이 크게 주목을 끈다. 이 망이·망소이의 난은 그 규모가 매우 큰 것이어서 한 때 德山·稷山·牙山·淸州 근처 등을 휩쓸다가 1년만에 평정당하고 말았다. 한편 망이·망소이의 난과 때를 같이하여 덕산을 중심으로 孫淸이 반란을 일으켰고, 益州(益山)에서는 彌勒山賊이 반란을 일으켰으며, 명종 12년(1182)에는 全州에서 군인과 관노들이 반란을 일으켰다. 이 전주의 반란은 나라에서 배를 만듦에 있어서 관리들의 독촉이 지나친데서 일어난 것이다. 이 밖에도 南原에서 무뢰한(유민)들이 반란이 일으키는 등 반란이 꼬리를 물고 일어났다.

민란은 충청도·전라도 지방에서 뿐만 아니라 경상도 지방에서도 일어났는데, 그것은 규모나 세력에 있어서 한층 더 심한 양상을 띠었다. 명종 16년에는 晋州守 金光允과 安東守·李光實 등의 심한 탐학으로 농민들이 견디지 못하여 반란을 일으키려 하므로 정부에서 이들 수령을 귀양보낸 일이 있었으며, 명종 18년에는 東京(慶州)에서 반란이 일어나 사방으로 확산되었다. 동경에서 반란이 일어난 3년 뒤 雲門(淸道)의 金沙彌와 草田(星州)의 孝心 등이 반란을 일으켰는데, 이들은 뒤에 합세하여 그 수가 몇 만을 헤아리게 되었다는 것이다. 이 반란은 결국 정부군에 의하여 평정되고 말았지만, 密陽 싸움에서 반란군 7천 명이 죽었다는 것으로 보아 그 규모가 얼마나 컸던가를 알 수 있다.

최충헌이 집권하고 나서도 반란은 거듭 일어났다. 신종 2년(1199)에 溟州(江陵)에서 반란이 일어나 三陟·蔚珍의 2현이 함락되었으며, 동경에서 또다시 반란이 일어나 명주의 반란 세력과 합세하여 이웃의 주군을 약탈하였다. 다시 그 이듬해에는 밀양의 관노 50여 명이 운문의 반란 세력에 투속하였고, 金州(金海)의 雜族人이 호족을 살해하는 사건이 일어났으며, 신종 5년에는 탐라에서 반란이 일어났고 경주에서는 별초군의 반란이 있었다.

최충헌이 집권하고 있을 때 경상도 지방에서 일어난 민란 가운데 그 규모가 큰 것으로는 진주에서 일어난 민란과 동경에서 일어난 민란을 들 수 있다. 즉 진주에서는 公私의 노비들이 평소 州吏와 반목 대립하여 오다가 신종 3년에 반란을 일으켰고, 陜州(陜川)部曲의 반란군과 합세하여 기세를 떨치다가 1년만에 평정당하고 말았다. 그리고 동경에서는 앞서 김사미·효심 등과 연결한 반란이 있었으나, 신종 5년에 또다시 반란이 일어나 "고려의 왕업이 거의 다 되었으니, 신라가 반드시 부흥할 것이다"라는 격문을 돌리며 운문·울진·초전 등 경상도 일대의 반란 세력의 호응을 받아 그 세력이 자못 떨치어 정부가 그것을 꺾는데 10여 년의 세월을 소모하였다.

최충헌 집권기의 민란은 위에서 든 것만이 전부가 아니다. 신종 6년에는 榮州의 浮石寺와 大邱의 符仁寺, 靑松의 雙岩寺의 승도들이 반란을 꾀하다가 잡혀 귀양간 일이 있었고, 고종 4년(1217)에는 西京(平壤)에서 崔光秀가 반란을 일으킨 것 등이 있으나, 보다 주목되는 것은 신종 원년(1198)에 개성에서 일어난 私奴 萬積의 난이다. 만적은 개성 북산에 올라 나무를 하다가 공사의 노예를 모아 놓고 "將相이 어찌 처음부터 씨가 따로 있겠는가. 때가 오면 누구나 할 수 있는 것이다. 우리는 주인의 매질 밑에서 고생만 하여야 할 것인가"라고 선동하여 반란을 일으키기로 하였다. 그러나 이 사실이 탄로나서 만적 등 1백여 명이 잡혀 죽음을 당함으로써 실패로 끝나고 말았다. 그런데 이 반란은 공사노예들이 그들의 신분 해방과 더 나아가 정권의 담당자가 되려고 하였다는 점에서 크게 주목을 끄는 것이다.

무신정권기의 반란으로 또 한 가지 주목되는 것은 사원세력의 반란이다. 최충헌이 집권하기 이전에도 명종 4년(1174)에 重光寺·弘護寺·歸法寺·弘化寺 등의 승려 2천여 명이 반란을 일으켜 이의방을 죽이려 하였고, 명종 8년에는 興王寺의 승려들이 반란을 일으키려다가 발각된 일이 있었다. 그리고 최충헌이 집권하고 나서는 신종 5년(1202)에 대구의 부인사와 桐華寺의 승려들이 경주 별초군의 반란에 가담하였고, 그 이듬해에는 위에서도 말한 것과 같이 영주 부석사와 대구 부인사의 승려들이 반란을 꾀하다가 잡히어 귀양갔으며, 고종 4년(1217)에는 홍왕사를 비롯하여 弘圓寺·景福寺·王輪寺·安養寺와 廣州의 修理寺 등의 승려들이 반란을 일으키고 최충헌을 죽이려다가 실패하였다. 그러나 이러한 사원세력의 반란은 무신정권의 성립으로 불교를 보호하여 오던 왕실과 문신귀족이 무력화 내지 몰락한 데에 대한 반동으로 나타난 무신정권에 대한 도전이었다는 점에 유의하여야 할 것이다.

이렇게 무신정권이 성립되고 나서 농민·노예 등 하부계층에 의한 반란이 꼬리를 물고 일어났고, 사원세력도 무신정권에 도전하여 자주 반란을 일으켰다. 이에 대하여 무신정권은 강경책을 써서 토벌을 강행하는 한편, 관직이나 물품을 주기도 하고 鄕·所·部曲을 郡縣으로 승격시켜 주민의 신분적 해방을 기하는 등 회유책을 써서 반란을 진정시키는 데에 노력하였다. 특히 최우는 강경책보다는 회유책에 주력하여 반란을 사전에 밀고하는 자 또는 반란세력의 일부를 포섭하여 반란세력으로 반란을 제어하려 하였고, 또 반란세력의 두목을 포섭하여 그 세력을 와해시키기도 하였다. 그리하여 전국적으로 확산되었던 반란의 기세는 차츰 진정 단계에 들게 되었다. 이렇게 최우 때 반란의 기세가 진정 단계에 들게 된 것에는 몽고의 침입도 큰 몫을 하였다. 즉 몽고의 침입으로 민족적 위기의식이 고조되었고, 그것은 내부적 갈등에서 자아낸 민중의 저항의식을 크게 약화시키는 것이 되었던 것이다. 그렇다고 최우 때 민란이 근절되었다는 것은 아니다. 지역적으로 일어나는 산발적인 민란은 계속되었고 그 가운데는 몽고군의 향도 또는 영합하는 형태로 반란을 일으키기도 하였다.

무신정권기의 경제적인 특징이라 할 수 있는 것은 토지제도가 크게 붕괴되었다는 점이다. 고려의 토지제도는 문신귀족의 발호기로부터 문란하여지기 시작하였지만, 무신정권기에 들어서면서 그것이 더욱 심하였다. 권세를 잡은 무신들은 닥치는 대로 토지를 강점하였고, 그 밖의 권세가·호족·사원 등도 혼란한 세태를 틈타 함부로 토지를 겸병하여 한 집안의 토지가 주에서 군에 걸치는 광대한 것이었고, 한 토지에는 지주가 두 세 명씩 나타나는 상태여서 농민은 이중 삼중으로 수탈을 당하였다. 그리하여 국고 수입이 감소되어 국가재정은 악화 일로에 놓여지게 되고 농민의 생활은 날로 어려워져 빈곤과 고통 속으로 빠져들게 되었다. 이는 사회를 불안하게 하고 민란을 일으키게 하는 중요한 원인이 되었다.

V

무신의 난이 일어나서 무신정권이 성립되자 문인·학자들 가운데는 출세를 단념하고 산촌에 묻혀 사는 자가 있는가 하면 머리를 깎고 중이 되는 자도 있었다. 이들 산촌에 묻힌 문인들은 음주와 시가를 즐기는 경향을 나타냈는데 그 대표적 인물로는 스스로 竹林七賢에 비기던 吳世才·林椿·李仁老 등을 들 수 있다. 이렇게 세상을 등진 자가 있었지만, 새로이 출세의 길을 물색하는 자도 있었다. 문호로 이름이 높은 이인로는 무신의 난을 당하여 머리를 깎고 중이 되었다가 세상이 조용하여지자 다시 나와 과거에 급제하여 벼슬하였으며, 오세재도 벼슬길을 모색하여 50세에 과거에 급제하였으나 천거를 받지 못하여 끝내 벼슬길에 나아가지 못하였고, 임춘도 벼슬길을 찾아 과거에 응시하려다가 뜻을 이루지 못하였다.

그러나 최씨정권기에 들면서 최충헌이 문사를 포섭 우대하고, 최우는 정방과 서방을 설치하여 문사를 등용함으로써 문인·학자들의 출세의 길이 크게 트이게 되어 李仁老·李奎報·崔滋 등 저명한 문인들이 배출되었다. 그러나 이렇게 최씨정권에서 널리 문인·학자들을 등용하였다 하더라도 그들의 정치적 진출에는 한계가 있었다. 그리하여 세상을 등진 문인이건 출세를 한 문인이건 서로 공통되는 일면이 있어 이들은 서로 얽혀 하나의 문학세계를 형성하였는데, 그것이 바로 패관문학인 것이다.

그 작품으로는 전설·일화·시화 등을 소재로 한 이인로의 《破閑集》, 이규보의 《白雲小說》, 최자의 《補閑集》 등이 있으며, 좀 뒤에 나온 李齊賢의 《櫟翁稗說》이 있다. 그리고 물건을 의인화하여 쓴 임춘의 《孔方傳》, 이규보의 《麴先生傳》, 李穀의 《竹夫人傳》 등의 설화문학도 행해졌다. 또 무신정권기는 대외적으로 주체의식이 강렬하여 이규보와 같은 이는 장편의 서사시로 《東明王篇》을 엮어 고려가 오랜 역사와 전통을 지닌 문화민족임을 널리 자랑하려고 하였다.

무신정권기에 있어서 문화적으로 또 한 가지 주목되는 것은 曹溪宗의 확립이다. 앞서 義天이 天台宗을 창설하고 선문 9산의 승려들을 많이 흡수함으로써 禪宗이 큰 타격을 받았으나, 이 선문 9산은 무신정권이 성립될 무렵 종파의 이름을 조계종이라 하고 그 중흥을 꾀하였다. 그러나 조계종의 종풍을 크게 떨치게 한 이는 知訥(普照國師)이었는데, 그는 무신정권기에 松廣寺를 중심으로 활약하여 禪學과 禪風을 크게 떨치게 하였다. 그의 일관된 사상은 定慧雙修와 頓悟漸修였다. 그는 이것을 후학들에게 惺寂等持門·圓頓信解門·徑截門의 세 가지 방법으로 가르쳤는데, '성적등지문'은 行을 말하는 것이고, '원돈신해문'은 信을 말하는 것이며, '경절문'은 證을 말하는 것으로 그는 무엇보다도 마음 가짐의 중요성을 역설하였다. 그의 정혜쌍수와 돈오점수는 결국 마음을 깨닫고 닦아 가기 위한 길을 제시한 것이며, 그의 저술들은 모두 이 정혜쌍수와 돈오점수의 풀이로써 그 핵심을 이루고 있다. 그리고 그의 사상의 특징은 좌선을 제일로 하나 염불이나 간경도 중요시하며 敎를 중심으로 교종과 선종의 조화를 도모한 義天의 敎觀兼修와는 대조를 이루는 것이었다.

이렇게 지눌에 의하여 확립된 海東曹溪宗은 무신정권기에 확립된 고려 불교의 특이한 존재로서 후학들에게 계승되어 크게 발전하였다. 종래의 교종이 현실세계와 결부하여 이익을 추구한 데에 대하여 조계종은 심성의 도야를 강조하고 불교의 내면적 발전을 추구한 데에 그 의의가 있다고 하겠다. 즉 전자가 왕족과 문신귀족과 결탁하여 세속적 불교로 발전한 데에 대하여 후자는 산간 불교로서 독자적인 세계를 개척하여 나아갔던 것으로, 이러한 점에서 조계종은 무신정권의 일정한 보호를 받게 되었던 것이다.

VI

무신정권기에는 대외관계에 있어서 주체의식이 강하게 나타난 것이 그 특색이라 할 수 있다. 그 대표적인 것으로는 최씨정권의 항몽투쟁을 들 수 있는데 몽고와의 30년전쟁은 최씨정권에 의하여 수행되었다. 최우가 집권하고 있던 고종 18년(1231)에 몽고가 고려를 처음으로 침범하였다. 이 침범은 두 나라 사이에 강화가 성립됨으로써 일단락되었으나, 몽고는 고려에 대하여 막대한 물품과 童男童女·工匠 등 인신까지도 요구하여 고려를 크게 괴롭혔다. 여기에서 최우는 몽고와 끝내 싸울 것을 결심하고 고종 19년에 강화천도를 단행하였다. 이 강화천도는 몽고에 대한 노골적인 선전포고가 되어 고종 45년에 최씨정권이 몰락할 때까지 치열한 전투를 반복하는 계기가 되었다. 최씨정권이 몰락한 후에는 김준·임연 등 무신실권자들에 의하여 항몽전쟁이 계속되다가 원종 11년(1270)에는 마침내 삼별초의 항전으로 이어졌다.

몽고와 항전이 계속되는 동안에도 피차간 사신의 왕래가 있었고 그 사이의 교섭에서 고려는 몽고군의 철수를 요구하였으며, 몽고는 철군에 앞서 개성 환도와 국왕의 친조를 요구하였다. 이러한 몽고의 요구에 대하여 국왕과 문신들은 그 요구를 받아들일 것을 희망하였으나 최씨정권은 끝내 이를 거절하고 항전을 계속하였다. 최씨정권의 이러한 태도는 몽고와 강화가 성립되면 최씨정권의 존재가 무의미하여질 우려도 있었기는 하지만, 원래 무신정권이 지니는 독자성, 주체의식이 더 강력히 작용한 것이라 하겠다. 실제 대몽항전에 있어서 전반기에는 정부군의 활약이 활발하였으나, 후반기에 들어서면서 그 활약이 미약하여지는 반면에 최씨정권의 사병인 삼별초의 활동이 활발하여지고 있는데 이것은 최씨정권의 항전태세와 밀접한 관계가 있는 것이라 하겠다.

〈閔丙河〉

Ⅰ. 무신정권의 성립과 변천

1. 무신란과 초기의 무신정권
2. 최씨무신정권의 성립과 전개
3. 무신란과 최씨무신정권의 역사적 성격
4. 무신정권의 붕괴와 그 역사적 성격

Ⅰ. 무신정권의 성립과 변천

1. 무신란과 초기의 무신정권

1) 무신란의 주도세력

무신란은 고려사회에 커다란 변동을 초래하였다. 이러한 변동은 정치·경제·사회에 걸친 전반적인 것이었다. 무신란을 기점으로 시대를 구분한 개설서가 적지 않은 사실도 이를 말해 준다. 궁금한 것은 어떻게 무신란이 이처럼 커다란 변동을 초래했는가 하는 점인데, 이는 무신란의 성격이 드러나야 해결될 성질의 문제라고 생각된다. 따라서 무신란의 성격을 밝히는 데에 우선 서술의 초점을 맞추어 보고자 한다.[1)]

무신란의 성격을 밝히기 위한 방법의 하나로 필자는 무신들과 무신란의 관계를 검토하려고 한다. 즉 어떠한 인물들이 무신란을 주도하였으며, 난에 적극적이었던 인물들은 누구였는가. 그리고 난에 대해 냉담한 반응을 보인 무신들은 없었는가 하는 점 등을 알아보려는 것이다. 그들이 무신란을 주도했거나 적극적이었던 이유, 그리고 냉담했던 까닭을 알 수 있게 되면 무신란의 성격은 자연스럽게 드러나지 않을까 생각되기 때문이다.

흔히 무신란을 일으킨 장본인은 鄭仲夫로 이해되어 왔다. 《高麗史》에 무신란이 정중부의 난이라고 기록되어 있는 만큼 무리가 아니다. 일찍이 문신인 金富軾의 아들 金敦中이 촛불로 그의 수염을 태운 데에 앙심을 품고 반란을 일으켰다는 이해가 상당히 일반화되었던 것이다. 그런데 당시의 기록들

---

1) 본고는 金塘澤, 《高麗武人政權硏究》(새문사, 1987) 및 金塘澤, 〈慶大升의 執權을 통해 본 武臣亂〉(《한국사 전환기의 문제들》, 지식산업사, 1993)을 참고하여 작성한 것이다. 따라서 앞의 책이나 논문에서 이미 밝혀 놓은 전거에 대해서는 따로 註를 달지 않는다.

을 자세하게 검토해 보면, 이와는 상당히 다른 사실을 발견하게 된다.

무신란은 의종의 普賢院 행차 도중에 일어났다. 起居注 韓賴가 大將軍 李紹膺의 뺨을 때린 것이 난의 발단이었다. 문반 5품인 기거주가 무반 3품인 대장군을 모욕한데 대해 정중부 등이 크게 격분했고, 드디어는 다수의 문신들을 살해하기에 이르렀던 것이다. 그렇다고 무신란을 우발적인 사건의 결과로 이해하려 한다면 이는 큰 잘못이다. 무신란은 사전에 치밀하게 계획되어 있었던 것이다. 사실 난에 대한 구체적인 계획이 세워져 있지 않았다면, 이소응이 한뢰에게 당한 모욕은 개인적인 것으로 그쳤을른지도 모른다.

이 사건이 일어나기 이전, 국왕이 和平齋에 행차했을 때에 이미 난에 대한 구체적인 계획이 세워졌다. 왕을 시종한 무신들이 노골적으로 불평을 토로하자, 李義方과 李高는 소변을 보기 위해 자리를 피한 정중부를 뒤쫓아가 난을 일으킬 것을 제의했던 것이다. 정중부가 여기에 동의함으로써 난은 구체화되었다. 따라서 난을 계획한 인물은 이의방·이고였음을 알 수 있다. 그들은 이미 오래 전부터 난을 모의하고 있었던 것이다. 정중부는 그들의 각본에 따랐을 뿐이었지 그 자신이 직접 난을 모의하지는 않았던 것이다.

이고와 함께 무신란을 주도한 이의방은 全州人으로 기록되어 있다. 그의 동생 李隣은 후일 조선왕조를 세운 李成桂의 조상으로 알려져 있다.[2] 이의방은 의종 말에 散員으로서 牽龍行首職을 맡고 있었다. 무신란 당시 그의 직위는 산원에 지나지 않았으나 대인관계는 매우 다양했던 것 같다. 우선 그와 함께 무신란 때 활약한 친형 李俊儀를 비롯하여 명종 3년에 南路宣諭使를 지낸 李椿夫가 그의 종형으로 눈에 띈다. 또한 文克謙은 그와 긴밀한 사이였고, 후에는 사돈으로 인척관계까지 맺고 있었다. 그의 동생 이린이 문극겸의 딸과 혼인했던 것이다. 한편 무인으로는 車仲規, 그리고 尙書 吳挺의 아들인 吳光陟 등과도 친분을 유지하고 있었다. 좋은 가문 출신인 문극겸이나 오광척 등과 친분을 유지할 수 있었다는 것으로 미루어 그도 상당한 가문의 출신이 아니었나 의심된다. 사실 산원이라는 벼슬 자체가 무관 자제들이 보임되는 관직이었던 것이다. 또한 그가 소속하고 있던 견룡도 權貴의 자제들이

2) 李樹健, 〈高麗後期 支配勢力과 土姓〉(《韓國中世社會史硏究》, 一潮閣, 1984), 312쪽.

모두 뽑히기를 원했던 부대였음을 고려해도 그러하다.

이의방의 경우로 미루어 보면, 여기저기 단편적인 사실만이 전해지며 구체적인 기록이 없는 이고의 신분에 대해서도 어느 정도 추측이 가능하다. 그도 역시 무신란 당시 산원으로서 견룡행수직을 맡고 있었기 때문이다.

이의방·이고와 더불어 무신란에서 주도적인 역할을 했던 또 다른 인물로는 蔡元을 들 수 있다. 그는 무신란 성공 직후의 정권쟁탈전에서 이의방·이고와 겨룰 정도였던 것이다. 또한 그는 명종에 의해 무신란에서의 공을 이의방과 이고 다음으로 평가받기도 했다. 무신란 이후 그의 직위는 內侍將軍이었는데, 이의방과 이고가 산원에서 무신란 직후 대장군으로 뛰어 오른 것을 감안하면 채원의 무신란 이전 직위도 그다지 높지 않았을 것 같다. 한편 그가 이의방 등과 함께 난을 모의했던 것으로 미루어 볼 때, 그의 신분도 이의방 등과 크게 다르지 않았을 것이다. 난에 대한 모의는 동일한 신분계층의 인물들로부터 시작됐다고 생각되기 때문이다. 결국 이의방과 이고·채원 등은 무신란에 있어서의 주동집단이라고 부를 수 있을 것이다.

이의방·이고 등과는 달리 정중부는 무신란에 비교적 온건한 태도를 취했다고 생각된다. 무신란의 진행과정 중에 이고가 국왕을 죽이려 하자 정중부가 이를 말렸으며 또한 문신을 살해하려 했을 때도 그가 저지했다는 기록이 있는 것으로 미루어 그러하다. 정중부와 이고의 이처럼 다른 태도를, 난의 수행과정에서 나타날 수 있는 일시적인 견해 차이라고 이해할 수도 있을 것이다. 그러나 이러한 의견 차이의 배후에는 난에 대한 정중부의 온건한 태도가 잠재되어 있었다고 해석하는 편이 더욱 타당해 보인다.

무신란에 대한 정중부의 온건한 태도는 어디서 연유하는 것일까. 무신란 당시 그의 직위가 대장군이었다는 사실은 이와 관련하여 주목된다. 그가 어떠한 가문의 출신인가는 분명치 않지만, 적어도 무신란 당시 그는 무반 고위층으로서 안정된 지위를 누리고 있었던 것이다. 이러한 그의 지위가 그로 하여금 무신란에 소극적일 수밖에 없게 만들었던 것이 아닌가 한다.

무반 고위직에 올라 있던 인물들이 무신란에 소극적이었음은 梁淑·陳俊·奇卓誠·李紹膺·洪仲方 등의 경우를 통해서도 확인할 수 있다. 양숙은, 의종 19년에 大府卿神虎衛大將軍에 임명되었던 것으로 미루어, 무신란 직전인 의종

24년에는 그 이상의 고위직에 올라 있었을 가능성이 크다. 이는 무신란 직후의 인사발령에서 정중부와 함께 參知政事에 임명됨을 보아도 그러하다. 그는 명종의 즉위와 더불어 무신란에서의 공을 정중부와 이의방 다음으로 평가받았는데, 이러한 사실은 무신란 당시 그의 역할이 무시될 수 없었음을 말해 준다고 하겠다. 그러나 이고·채원 등이 의종을 시해하려 한 것을 양숙이 말렸다는 기록을 대하면, 그 역시 정중부와 같이 온건한 입장에 선 인물이었던 것 같다.

진준은 청주 呂陽縣人이었는데, 용력에 힘입어 출세하였다. 行伍로부터 시작한 그는 의종 말에 대장군에 올랐던 것이다. 무신란에 대한 그의 태도는 이의방 등이 문신들의 집을 철거하려 하자, "우리가 미워하고 원망하는 자들은 이복기·한뢰를 비롯한 4~5인이다"고 하면서 이를 만류한 데서 잘 드러난다. 즉 그는 누구보다도 무신란의 확대를 싫어했던 것이다. 이와 더불어 무신란 당시 그의 힘에 의지하여 살아 남은 문신이 많았다는 것도 무신란에 대한 그의 온건한 태도를 엿볼 수 있게 한다.

幸州人인 기탁성은 용모가 아름다웠다. 그는 활을 잘 쏘고 말을 잘 탔기에 등용되었다. 의종 때에 견룡에 뽑혀 항상 왕의 측근에 있으면서 권귀를 잘 섬겨 빠른 출세의 길을 밟았다. 權貴를 잘 섬겨 빨리 출세했다는 그가 무신란에 적극적이었을 것 같지는 않다. 실제로 그는 후일 韓彦國의 사위인 金平을 등용했는데, 한언국은 무신정권에 반기를 든 金甫當의 난에 협력함으로써 살해된 인물이었던 것이다. 그러나 무신란에서의 논공행상적인 성격을 띤 명종 즉위년의 인사발령에서 기탁성이 知御史臺事에 임명된 것을 보면, 무신란에 전혀 참여하지 않았다고 보기는 힘들다.

종3품인 대장군으로서 종5품에 지나지 않는 문신 기거주 한뢰에게 뺨을 맞아 무신란의 도화선과 같은 역할을 했던 이소응에 관해서는, 그로 인해 야기된 엄청난 결과에 비해 그에 대한 기록은 극히 소략하다. 다만 그가 한뢰에게 뺨을 맞아 무신란을 일으킨 그 날 이의방·이고 등과 함께 날래고 용감한 군사들을 뽑아 서울로 가서, 난에 장애가 될 인물들을 제거하였다는 기록이 있을 뿐이다. 그가 난에 가담한 것은 이 사건 이후의 일로서 그 이전부터 모의에 참여했던 것 같지는 않다.

홍중방은 行伍에서 일어났으나 정중부가 의종을 폐위시키고 명종을 옹립하는데 공이 커 대장군에 임명되었다. 명종 7년 武散官들이 東班의 權務官職을 빼앗으려는 논의가 일어났을 때, 홍중방은 죽어도 따를 수 없다고 하여, 강하게 반대의사를 표명하였다. 선왕의 제도와는 다른 것이라는 것이 그가 내세운 반대 이유였다. 따라서 그는 기존 질서에 대한 집념이 상당히 강했던 인물로 여겨지므로, 무신란에 대해서도 소극적인 태도를 견지했을 것으로 추측된다.

무신란 당시 온건한 태도를 취한 인물로는 이들 외에도 慶珍이나 李光挺을 꼽을 수 있다. 경진은 그의 아들 慶大升이 의종 말에 校尉에 蔭補된 것으로 미루어 무신란 직전 그의 직위는 상당히 높았던 것으로 추측된다. 무신란에 대한 그의 태도가 어떠했는지 자세히 알 수는 없다. 다만 무신란 이후 정중부 집권기에 그가 知門下省事, 中書侍郎平章事 등을 역임했던 것으로 보아 정중부와 견해를 달리한 인물이었다고 보기는 힘들다.

한편 이광정은 항오에서 입신한 인물이었다. 그는 홍중방처럼 무신란 때 정중부를 도왔기 때문에 무신란 직후 대장군에 올랐다. 무신란 당시의 그의 행동을 알려 주는 기록은 없으나, 정중부를 도와 출세한 점이나 정중부전에 그의 본전이 부록된 것으로 보아 정중부와 크게 다른 태도를 취한 인물은 아니었을 것이다.

정중부에서 이광정에 이르는, 무신란에 소극적이었던 인물들과는 달리 무신란에 적극적으로 협력한 인물들이 있었다. 이러한 인물로는 曺元正·李英搢·石隣, 그리고 李義旼이 있다.

조원정은 옥장이(玉工)의 아들이었다. 또한 그의 어머니와 할머니는 모두 관기였다. 따라서 조원정은 7품 이상의 관직에는 오를 수 없는 신분적 제약을 안고 있었으나 무신란 당시 이의방을 도운 공으로 이후 출세하였다. 그는 무신란에서의 공으로 낭장에 임명되었는데, 이로 미루어 무신란 이전에는 낭장 이하의 하급장교였음이 분명하다.

이영진의 처음 이름은 寵夫였다. 집안이 대대로 보잘 것 없어서 고기를 팔아 생계를 유지해야 했던 그는 邏卒이 되어 무신란에 참여하였다. 그는 무신란에서 이의방과 이고에 붙어 凶暴를 마음대로 했는데, 후일 벼슬이 갑자기 刑部尙書에 뛰어 올랐다 한다. 따라서 이영진은 미천한 출신으로 무신란을 통해 출세의 계기를 잡은 인물이었다고 할 수 있다.

창고 곁에서 쌀을 주어 먹고살았다는 석린은 禁軍으로 무신란에 참여하였다. 그는 이의방의 휘하에서 활약한 공으로 난 후에 낭장에 오르고, 이어 상장군까지 승진하여 東·西北面兵馬使를 역임하였다. 한편 이의민에 관해서는 뒤에 자세히 서술할 것이므로 여기에서는 구체적인 언급은 피할 생각인데, 그는 賤系의 출신으로 무신란에서의 공으로 크게 출세한 인물이었다.

이렇듯 무신란으로 인해 출세했다고 분명하게 밝히고 있는 이들 외에, 朴純弼·白任至·鄭邦祐 등도 무신란 당시 적극적으로 활약했던 인물들로 보여진다. 박순필은 출신이 미천하였으나 무신란 이후 금군의 지휘관에 보임되었다. 그가 금군의 지휘관에 임명된 것은 무신란에서의 활약 때문이 아니었나 생각된다. 또한 이후 그가 글씨를 잘 써서 크게 출세했다는 사실도 무신란에 대한 그의 태도를 추측할 수 있게 해 준다. 만일 문신 집권 아래였다면, 글씨를 잘 썼다는 사실만으로 출세하기는 어려웠을 것이다. 이처럼 그가 무신란의 덕을 톡톡히 본 인물임을 감안하면, 무신란에 적극적으로 참여했다고 해서 무리는 없을 것이다.

백임지는 농사를 지어 먹고 살았으나, 날쌔고 용맹스러워 군인에 선발되었던 인물이다. 그는 무신란 이전 內巡檢軍이었다. 그가 무신란에 참여하였는가의 여부를 알려 주는 기록은 없다. "御駕의 출입을 호종하는 데 있어서 (항상) 그 곁을 떠나지 않았다"는 것으로[3] 보아서는 오히려 난에 가담하지 않았으리라는 느낌도 든다. 그러나 이의방과 이고가 이복기·한뢰 등을 죽이는데 순검군을 이용하였고, 그가 난 후에 '크게 출세해서 귀해졌음'을 고려하면, 그가 내순검군으로서 난에 협력한 것으로 이해해도 좋을 것 같다.

정방우는 잡류에 속한 電吏였다. 잡류는 군공이나 등과에 의하지 않고서는 품관까지 나아갈 수 없었던 것이 고려의 현실이었다.[4] 이러한 신분적 제약을 안고 있던 정방우가 무신란 후에 현달한 것은 난에서의 활약이 두드러진 데에 그 원인이 있었지 않았나 생각된다.

무신란에 직접 참여하지는 않았지만, 崔世輔도 정방우 등과 비슷한 성격의 인물로 보여진다. 최세보는 본래 한미한 가문의 출신으로 글을 알지 못했다

---

3) 《高麗史》 권 100, 列傳 13, 白任至.

4) 洪承基, 〈高麗時代의 雜類〉(《歷史學報》 57, 1973), 76쪽.

한다. 그는 의종 21년「丁亥流矢之變」으로[5] 유배되었다가, 무신란으로 무신들이 정권을 장악하자 유배에서 풀려나 舊職에 임명되었다. 만일 무신란이 아니었더라면 그는 유배에서 풀려나기조차 어려웠을 것이다. 따라서 무신란에 직접 참여하지는 못했지만 기존정권의 타도에 앞장설 만한 충분한 소지는 갖추고 있었던 인물로 생각된다. 무신란 후 그가 크게 출세한 것으로도 이러한 성격의 일면을 엿볼 수 있을 것 같다.

이제까지 검토한 무인들은 비록 온건한 태도를 취했다고 하더라도 무신란에 가담했던 인물들이다. 그런데 무신란 이후 고위직에 오른 무인들 가운데는 무신란에 가담하지 않았을 뿐만 아니라 냉담한 반응을 보인 인물들도 있었다. 于學儒·宋有仁·吳光陟·文章弼 등이 여기에 해당한다.

우학유는 이의방과 이고가 애초에 무신란의 「主兵者」로서 내정한 인물이었다. 즉 이의방과 이고는 정중부에 앞서 우학유에게 무신란을 지휘해 줄 것을 부탁했던 것이다. 우학유가 "죽어도 따를 수 없다"고 강하게 거절하자,[6] 그들은 정중부를 찾아가 자신들의 계획을 알리고 참여를 요청했던 것이다.

그러면 우학유가 "죽어도 따를 수 없다"고 할 정도로 난에 가담할 것을 꺼렸던 이유는 무엇이었을까. 이는 우학유의 가계나 당시 그의 직위를 살펴보면 쉽게 짐작할 수 있을 것이다. 그의 아버지 邦宰는 벼슬이 右僕射에까지 이르렀으며, 그의 당시 직위는 대장군이었다. 이러한 우학유가 난이라는 모험에 쉽게 뛰어 들리라는 것은 생각하기 힘들다. 그에게는 역시 '충직하고 근실하여 다른 뜻이 없었다'는 표현이 가장 어울리는 것이다. 설사 난에 참여하는 것이 당시 그가 누리고 있던 지위보다 훨씬 나은 상태를 보장한다 하더라도 여기에는 위험이 따르기 마련이다. 우학유의 아버지가 항시 그에게 경계하였다는 "문관이 해를 당하면 화는 우리에게 미친다"는[7] 말은 불만스럽기는 하지만 현 체제에 안주하려는 당시 고위 무신들의 일반적인 태도를 대변해 주는 것이 아닌가 한다.

---

5) 이는 의종 21년(1167), 왕의 행차 중에 金敦中이 실수로 의종의 수레 곁에 화살을 떨어뜨린 사건이다. 왕은 이를 亂賊의 소행으로 오인하여 궁중에 계엄을 펴는 한편, 宰樞에게 명하여 적을 잡도록 하였다. 이 때에 왕의 호위를 철저히 하지 않았다 하여, 牽龍·巡檢指諭 14인을 유배보냈다(《高麗史節要》 11, 의종 21년 정월 참조).

6) 《高麗史》 권 100, 列傳 13, 于學儒.

7) 위와 같음.

송유인은, 인종 때에 부친이 나라를 위해 몸을 바친 공을 세운데 힘입어 곧바로 산원을 제수 받고 벼슬을 시작했던 인물이다. 음서를 받은 사람의 첫 벼슬이 대부분 同正職이었음을 감안하면,[8] 그는 음서 중에서도 특례에 속하는 대우를 받았다고 할 수 있다. 그는 무신이었으면서도 문신들과 교우를 즐겼기에 무신들로부터 질시를 받았다 한다. 이 사실 하나만으로도 그가 무신란에 참여하지 않았을 것이라는 점은 쉽게 짐작할 수 있다. 참여는 커녕 '무신란으로 인해 그에게 닥칠 화를 걱정하였다'는[9] 정도였으니 난에 대한 그의 태도가 비협조적이었을 것임은 말할 나위도 없겠다.

문신들과 교우관계가 깊었던 무인은 송유인 외에도 오광척과 문장필이 있었다. 오광척은 벼슬이 상서에 이른 오정의 아들로 문사들과 교유를 즐기고 武를 싫어했다 한다. 한편 문장필은 守司空左僕射·龍虎軍上將軍을 지낸 그의 아버지의 음서로 관도에 진출하였다. 그 역시 오광척과 더불어 문신 자제들과 가까이 지냈다 한다. 이처럼 무신이었으면서도 문신들과 同契를 맺고 무를 싫어했다는 이들도 송유인의 경우와 같이 무신란에 비협조적이었을 것으로 추측된다.

우학유에서 문장필에 이르는, 무신란에 냉담한 반응을 보였던 무인들은 좋은 가문의 출신으로 대체로 음서에 의해 관도에 진출하였다. 또한 그들은 문신들과도 긴밀한 관계를 맺고 있었음이 드러났다. 따라서 이들의 무신란에 대한 냉담한 반응은 어쩌면 당연한 것이었는지도 모른다. 그들은 기존의 질서를 파괴하는 변혁에 의하지 않고서도 무신으로서의 특권을 어느 정도 누릴 수 있던 인물들이었다. 이러한 그들이 현재의 지위마저 무너질 위험을 안고 난에 가담했으리라고는 생각하기 힘든 것이다.

이들 무인들은 무신란에 가담하지 않았으면서도 무신란 이후 정치적으로 건재하였다. 우학유는 이의방의 여동생을 아내로 맞아 들여 이의방과 인척관계를 맺었고, 송유인은 정중부의 딸을 처로 맞이함으로써 무신정권에 참여할 수 있었다. 또한 오광척은 이의방과의 평소 친분에 힘입어 무신란 이후 장군을 제수받았다 한다. 이들은 이처럼 각자의 이해관계에 따라 행동했기 때문에 무신란

8) 金光洙, 〈高麗時代의 同正職〉(《歷史敎育》 11·12, 1969), 140쪽.
金龍善, 《高麗蔭叙制度研究》(一潮閣, 1991), 65~68쪽.
9) 《高麗史》 권 128, 列傳 41, 鄭仲夫 附 宋有仁.

이후 그들이 걷는 정치노선도 동일하지만은 않았다. 우학유와 오광척 등이 이의방에 협력했는가 하면 송유인이 정중부정권에 깊이 관여한 사실이 이를 반영한다. 한편 이의방과 정중부의 입장에서도 이들을 정치적으로 소외시키기보다는 정권에 참여시키는 것이 그들의 정권 유지에 도움이 된다고 판단했을 것이다. 그들이 무인으로서는 비교적 좋은 가문 출신이었음을 감안하면 무리가 아니다. 무인들 내부에 끼칠 그들의 영향력을 과소 평가할 수 없었을 것이다.

우리는 앞서 무신란의 사실상의 주동인물들은 이의방·이고 등이고, 정중부는 「主兵者」로서의 역할을 수행했을 뿐이라고 하였다. 그러면 무신란 당시 이의방·이고 등이 정중부에게 「주병자」의 역할을 부탁한 이유는 무엇이었을까. 무신란 당시에 이의방·이고 등의 직위가 정8품의 산원에 불과했다는 사실에 주목한다면, 이것은 그다지 풀기 힘든 문제는 아닐 것이다. 산원은 武班의 서열상 고급장교라기보다는 하급장교에 가깝다. 하급장교인 이들이 난을 주도함에 있어서는 여러 가지 어려운 점들이 있었을 것이다. 그 가운데서도 특히 난을 합리화시키고 더 많은 동조자를 끌어들이는 것이 급선무가 아니었을까 한다. 또한 그들보다 직위가 높았던 무반 고위층의 향배에도 신경을 쓰지 않을 수 없었을 것이다. 이러한 요구를 동시에 만족시키기 위해 그들은 정중부를 '주병자'로 내세웠다고 생각된다.

정중부는 난의 전면에 내세워도 손색이 없는 인물이었다. 당시 그는 대장군이었을 뿐만 아니라, "모난 눈동자에 이마가 넓었고 피부는 희고 수염이 보기 좋았으며 신장이 7척이 넘었으므로, 바라보면 가히 두려움을 느낄만하였다"는 풍모의 소유자였던 것이다.[10] 그가 「주병자」의 역할을 수락하여 무신 고위층을 규합했음은 이광정과 홍중방의 경우를 통해서 알 수 있다. 이광정은 "정중부가 의종을 폐할 때 이광정이 그 모의에 참여하였다"고 했으며,[11] 홍중방에 관해서는 "정중부가 의종을 폐하고 명종을 옹립할 때 홍중방이 힘을 썼다"는 기록이 있는 것이다.[12] 그러나 이들을 규합했던 정중부 자신이 난의 모의가 무르익은 연후에 참여했음을 고려하면, 이들도 정중부와

10) 《高麗史》 권 128, 列傳 41, 鄭仲夫.
11) 《高麗史》 권 128, 列傳 41, 鄭仲夫 附 李光挺.
12) 《高麗史》 권 100, 列傳 13, 洪仲方.

크게 달랐다고 보기 어렵다.

이렇듯 난에 대한 모의가 이루어진 이후에 참여했던 것으로 보이는 정중부 등의 무반 고위층이 무신란에 적극적이지 못했음은, 정중부에서 이광정에 이르는 무인들을 분석하면 알 수 있다. 비록 行伍로부터 일어난 인물이라 하더라도, 그들은 난 당시 무반 고위직에 올라 있었기 때문에 무신란에 적극적인 참여를 기대하기는 힘들었던 것이다. 이들의 무신란 참여는 문신에 대한 불만에서 비롯된 것이 사실이지만, 무신란과 같은 대변혁을 기도하지는 않았던 것이다. 이는 이의방 등이 문신을 살육하려 하자 "우리가 미워하고 원망하는 자들은 이복기·한뢰 등 4~5인이다"고 하여, 그들의 불만은 특정한 문신 몇 명에 국한되어 있다고 한 陳俊의 말[13] 속에서 잘 나타나고 있다. 따라서 이들은 무신란에 있어서의 온건집단이라고 불러 무리는 없을 것 같다.

한편 이의방 등의 휘하에서 커다란 활약을 했던 조원정 이하 최세보에 이르는 무인들은 무신란 이전에는 일반 군인들과 다름없는 낮은 직위의 무신들이었다. 사실 산원에 불과했던 이의방과 이고가 난에 이용할 수 있었던 병력이라면 산원 이하의 하급장교나 일반군인들이었을 것이다. 조원정·석린·이영진의 경우에서 볼 수 있는 바와 같이 이들은 무신란 당시 이의방을 따랐기 때문에 출세했다고 《高麗史》에서도 분명히 밝히고 있는 것이다. 즉 무신란에서 온건한 태도를 취한 무인들이 정중부에 협력했다면, 이의방 등은 조원정·정방우 등 하급 무인들을 배경으로 하여 난을 모의하고 수행해 나갔다고 할 수 있다. 이들에게는 무신란에서의 행동집단이라는 표현이 어울릴 수 있을 것이다.

조원정에서 최세보에 이르는 무인들은 限職의 대상이 되는 신분층을 포함한, 미천한 신분의 출신들이 대부분이었다. 그들이 신분상의 제약을 뚫고 나아간 것은 무신란 이후의 일로서 무신란이 그들의 신분적 굴레를 벗겨준 셈이다. 그러나 이러한 기회는 그들의 노력 없이 자동적으로 제공된 것은 아니었다. 이를 위해 그들은 누구보다도 적극적으로 무신란에 뛰어 들었다고 생각된다. 그들은 무신란을 통해 일대 변혁을 기도했음이 분명하다. "文冠을 쓴 자는 비록 胥吏라도 씨를 남기지 말라"는 이들에게 적합한 행동지침이었던 것이다.

하급 무신들의 이러한 행동에 호응하여 "군졸들이 벌떼처럼 일어났다"고

13) 《高麗史》 권 100, 列傳 13, 陳俊.

한다.[14] 군졸 즉 일반군인이 봉기했다는 것은 통제가 불가능한 상태에 이르렀음을 말해 준다. 그들은 그들의 누적된 불만을 표출했던 것으로 이해된다. 사실 당연히 받아야 할 군인전을 지급 받지 못했을 뿐만 아니라, 온갖 力役에까지 동원되었던 일반 군인들은 그 이전부터 도피 등의 방법으로 소극적인 반항을 꾀해 오고 있었다.[15] 그런데 이제 문신이라면 누구를 막론하고 살육하라는 상급자의 지시까지 있었고 보면 그들의 행동이 걷잡을 수 없게 된 것은 당연하다 하겠다. 그들은 문신 50여 인을 살해하는데 협력했을 뿐만 아니라 그들에게 가혹하게 굴었던 인물들을 색출하여 처단하기까지 하였다. 다음의 기록이 그러한 사실을 전해 준다.

> 군사들이 兵部郎中 陳允升의 집에 가서 거짓으로 말하기를 '왕이 글을 내려 먼저 대궐에 나오는 사람을 承宣에 임명한다 합니다'라고 하였다. 윤승이 나가니 군사들이 그를 죽이고 그에게 큰 돌을 안겨 놓았다. 이에 앞서 壽星이 보였다 하여 眞觀寺 남쪽에 祠堂을 창건하였다. 윤승이 이 공사를 감독하였는데, 군사들이 운반한 돌을 반드시 저울로 달아서 받았기 때문에 이런 화를 당했던 것이다(《高麗史節要》 권 11, 의종 24년 9월).

요컨대 무신란은 일반 군인들의 적극적인 참여가 있었기에 성공할 수 있었던 것이다.

2) 이의방 정권

무신란 직후 성립된 무신정권이 어떠한 인물들에 의해 장악되었는가를 알아보는 방법의 하나로 명종 즉위년(1170)의 인사발령을 검토해 보기로 하자. 이 인사발령에서 무인만을 가려보면 다음과 같다.

정중부 : 참지정사
이소응 : 좌산기상시
이의방 : 대장군 · 전중감 · 집주
채 원 : 장군
양 숙 : 참지정사
이 고 : 대장군 · 위위경 · 집주
기탁성 : 어사대사

14) 《高麗史節要》 권 11, 의종 24년 8월 정축.
15) 李基白, 〈高麗軍役考〉(《高麗兵制史硏究》, 一潮閣, 1968), 139~141쪽.

위에 의하면 무신란 직후 출범한 무신정권은 무신란에서 온건한 태도를 취했던 인물들과 무신란을 주도한 인물들의 연합에 의해 성립된 것으로 보인다. 즉 정중부·양숙·이소응·기탁성 등이 온건한 태도를 취한 인물들인데 반해, 이고·이의방·채원 등은 무신란을 주도한 인물들이었던 것이다. 그러나 실질적인 권력은 무신란을 주도한 무인들이 장악하였던 것 같다. 이는 이후의 권력을 둘러싼 암투가 정중부를 제외한 이의방·이고·채원 사이에서 일어났던 것으로 미루어서도 짐작되는 일이다. 명종 원년(1171) 이고는 이의방과 채원의 연합에 의하여 제거되고 3개월 후에는 채원도 이의방에 의하여 살해되었던 것이다. 이 과정에서 정중부는 화가 자신에게 미칠 것을 두려워하여 職을 사양하고 두문불출했다 한다.

이고와 채원이 제거된 후의 무신정권은 李義方 1인의 독차지였다. 그러나 정중부의 세력도 전연 무시할 수만은 없었던 것 같다. 이의방이 두문불출한 정중부에게 술을 들고 찾아가 父子의 義를 맺은 것으로 알 수 있다. 이의방은 정중부와의 이러한 타협을 통해, 그의 집권으로 인해 야기될 수 있는 고위 무신들의 반발을 무마해 보려 하였다. 무신란 전에 낮은 직위에 머물렀던 이의방으로서는 집권 이후에도 고위 무신들을 도외시할 수만은 없었던 것이다.

고려 무신들에 대한 이의방의 회유는 重房에 대한 그의 정책을 통해서도 엿볼 수 있다. 무신란 이후 중방의 권한은 크게 확대되었는데, 무신란 이후 최초로 성립된 것이 이의방정권임을 감안하면 중방의 역할이 강대해 진 것은 곧 이의방정권에서 비롯되었다고 할 수 있다. 상·대장군의 합의기구인 중방의 권한 확대에는 고위 무신들에 대한 이의방의 정치적인 배려가 포함되어 있었던 것으로 풀이된다.

이의방은 고위 무신들에 대한 회유와 아울러 난에서의 행동세력으로 그가 이용했던 하급 무인들에 대해서도 신경을 쓰지 않을 수 없었을 것이다. 미천한 신분출신으로서 무신란에 적극적이었던 하급 무신들이 이의방정권 아래에서 크게 진급했던 것은 이를 보여주는 좋은 예가 될 것이다. 한편 명종 3년에는 문신들의 出仕路였던 지방관에 무인들을 임용함으로써 무인들에게 벼슬로 나아가는 길을 넓혀 주었는데, 이 또한 하급 무신에 대한 배려에서 비롯되었다고 이해된다. 지방관에의 무인 임용은 고위 무신을 위한 것이라기보다는 하급 무신들을 위한 것이었다고 생각되기 때문이다.

이의방정권은 문신들의 반발에 직면하면서 위기를 맞았다. 金甫當의 난이 그것이다. 명종 3년 東北面兵馬使·諫議大夫 김보당은 東北面知兵馬事 韓彦國 등과 공모하여 군사를 일으켰다. 그가 난의 명분으로 내세운 것은 이의방·정중부의 제거와 의종의 복위였다. 김보당은 張純錫·柳寅俊을 南路兵馬使, 裵允材를 西海道兵馬使로 삼아 군사를 일으킨 한편, 장순석 등을 巨濟에 파견하여 그곳에 유배되어 있던 의종을 받들고 慶州로 나오게 하였다. 이 소식에 접한 이의방은 이의민으로 하여금 의종을 살해하도록 했는데, 의종의 죽음으로 김보당세력은 힘을 잃고 무너지고 말았다.

김보당의 난은 불과 3개월만에 진압되고 말았지만, 그 난이 끼친 영향은 대단하였다. 김보당은 죽음에 임하여 거짓으로 말하기를 "무릇 문신으로 공모하지 않은 자가 없다"고 함으로써,[16] 많은 문신들이 살육당하는 결과를 초래했던 것이다. 이 사건을 「癸巳의 亂」이라고 부르는데, 이 때 희생된 문신의 수가 매우 많았음은 경인년에 일어난 무신란과 이 사건을 합하여 「庚癸의 亂」이라고 일컫는 것으로도 짐작할 수 있다. 따라서 이 사건 이후 문신들의 정치적 지위가 더욱 약화되었음은 물론이다.

김보당은 무신란을 전적으로 부인한 인물은 아니었다. 그가 무신정권에 참여한 사실만으로도 그렇게 말할 수 있다.[17] 실제로 그는 의종대의 정치에 대해서 상당한 불만을 가지고 있었다. 그는 일찍이 무신란 직후에 환관 鄭諴의 고신에 서경한 인물들의 탄핵을 주장하기도 했던 것이다.[18] 그와 함께 난을 일으켰던 한언국 역시 마찬가지였다. 명종 2년 右諫議大夫로서 同知貢擧가 되어 과거를 주관했던 사실만으로도[19] 그렇게 말할 수 있다. 이처럼 문신으로서는 비교적 무신정권에 깊숙히 관여했던 김보당과 한언국이 무신정권에 반기를 들게 된 구체적인 이유를 알려 주는 기록은 없다. 다만 김보당이 거병의 명분으로 이의방·정중부의 제거와 의종의 복위를 내세웠던 점으로 미루어, 의종의 폐위와 이의방의 정권 장악을 못마땅하게 여겼음이 분명하다. 의종대의 정

16) 《高麗史節要》 권 12, 명종 3년 9월.
17) 黃秉晟, 〈金甫當亂의 一性格〉(《韓國史硏究》 49, 1985), 39쪽.
18) 《高麗史節要》 권 12, 명종 원년 9월.
19) 《高麗史》 권 73, 志 27, 選擧 1, 科目 1.

치에 불만을 가진 그들이었지만, 무신란 이후 전개된 정치상황 역시 그들의 기대와는 판이했던 것이다. 일반 군인들이 대거 참여하는 등, 무신란 자체가 애초에 난을 주도한 인물들이 의도했던 것보다는 훨씬 확대된 방향으로 전개되었음을 감안하면 무리가 아니다.

이의방정권은 명종 4년에 일어난 趙位寵의 亂을 계기로 몰락하였다. 西京留守·兵部尙書 조위총은 정중부와 이의방 등이 의종을 살해하고 장사지내지 않은 것을 성토함과 동시에, "듣건대 開京의 중방이 의논하기를 '근래 북계의 여러 성이 거칠고 강하므로 이를 공격하여 토멸해야 한다' 하고 이미 크게 군사를 발하였으니, 어찌 우리가 앉아서 죽음을 당하겠는가. 모두 병마를 규합하여 속히 서경에 모여라"는 내용의 격문을 동북 양계의 여러 성에 보냈다.[20] 이에 岊嶺(또는 慈悲嶺) 이북의 40여 성이 호응하여 그 기세가 자못 떨치었다 한다. 이의방은 中書侍郎平章事 尹鱗瞻으로 원수를 삼아 3군을 이끌고 조위총을 치게 하였으나 도리어 절령역에서 패배하고 말았다.

김보당의 난과 조위총의 난은 모두 양계에서 일어났고 또 정중부·이의방을 토멸하기 위한 반란이었다는 점에서 공통성이 있다. 그러나 김보당의 난에 있어서 주동이 된 인물들은 兵馬使機構에 소속된 문신 관료들이었다. 동북면병마사 김보당이 중심이 되고 지병마사 한언국, 兵馬錄事 李敬直·張純錫 등이 공모했던 것이다. 즉 중앙에서 파견된 관료들이 병마사의 병력을 이용하여 난을 일으킨 것이 김보당의 난이었던 것이다. 이에 반해 조위총의 난을 일으킨 중심 인물들은 서북면의 토착인이었다. 서북면의 토착세력인 都領들이 중앙에서 파견된 병마사와 수령들을 살해했던 것이다.[21]

도령은 양계 州鎭軍의 지휘관이었다. 그들은 중앙의 무반에 비해 정치·경제적으로 훨씬 낮은 처우를 받아 왔으므로 그들의 불만을 표출할 기회만을 노리고 있었다. 한편 그들의 지휘 아래 있던 양계인은 모두 주진군에 편성되어 있었다. 그들은 兵農一致의 군인이었던 것이다. 조위총의 난이 쉽게 진압되지 않았던 것도 그들이 군대조직을 갖추고 있었던 것과 무관하지 않았을 것이다.

---

20) 《高麗史》 권 100, 列傳 13, 趙位寵.
21) 邊太燮, 〈武臣政權期의 反武臣亂의 性格－金甫當의 亂과 趙位寵의 亂을 중심으로－〉(《韓國史研究》 19, 1978).

그런데 그들은 그들과 같은 군인들이 무신란 이후 중앙에서 크게 부상한 데에 자극되어 있었다. 즉 그들이 조위총의 선동에 호응하여 난에 가담한 것은, 무신란 이후 하급 무신들과 일반 군인들의 진출에 크게 고무되어 있었기 때문이었던 것이다.[22]

3) 정중부 정권

정중부의 아들 鄭筠에 의한 이의방의 살해는 조위총의 난에 대한 제2차 토벌군의 출동 중에 이루어진 것이었다. 정균의 이러한 거사는 從軍僧들과의 결탁 아래 은밀히 행하여졌는데, 집권자 이의방의 피살이 토벌군 사이에 알려졌음에도 불구하고 토벌군이 커다란 동요를 일으키지 않았음은 한 가닥 의문을 불러일으킨다. 그러나 당시 토벌군 지휘부의 편성을 살펴본다면 이러한 의문은 풀릴 수 있는 것이 아닌가 한다. 즉 토벌군의 지휘부는 기탁성·진순·경신 등을 주축으로 편성되었던 것이다.

기탁성·진준·경진은 모두 무신란 이전부터 고위직에 올라 있던 무인들로서 무신란 당시 온건한 태도를 취했던 인물들이다. 따라서 정균에 의한 이의방의 제거는 무신란 당시 온건한 태도를 취했던 고위 무신들의 합의에 의해 이루어졌던 것으로 이해된다. 그들은 제1차 출정군이 조위총을 토벌하지 못하고 대패한 데 대한 책임을 이의방에게 돌려 그를 살해했던 것이 아닌가 생각된다.[23]

이의방이 제거된 후의 무신정권이 정중부를 비롯한, 무신란 당시 온건한 태도를 취했던 무인들의 손에 넘어간 것은 당연한 결과라고 할 수 있겠다. 이는 이의방의 제거 며칠 후인 명종 4년 12월의 인사발령에 뚜렷이 나타난다. 그 내용은 다음과 같다.

정중부 : 문하시중　　　　양 숙 : 참지정사

22) 金塘澤, 〈高麗 武人執權 초기 民亂의 性格〉(《國史館論叢》 20, 國史編纂委員會, 1990), 123~124쪽.

23) 安永根, 〈鄭仲夫政權과 宋有仁〉(《建大史學》 1, 1989), 7쪽.

경 진 : 지문하성사 기탁성 : 지추밀원사
송유인 : 추밀원부사 이광정 : 추밀원부사·어사대부

이들은 송유인 한 사람을 제외하면 모두 무신란 당시 온건한 태도를 취했던 인물들인 것이다. 그러나 송유인이 정중부의 사위가 되었음을 감안하면 정중부 정권은 그와 뜻을 같이 하는 무인들만으로 구성되었다고 할 수 있다.

이러한 정중부정권 아래서는 하급 무신들과 고위 무신들의 갈등이 심각했던 듯하다. 다음의 사료를 통해서 알 수 있는 일이다.

> 檢校 將軍 이하 散員 同正 이상의 무산관들이 동반의 권무관직을 빼앗을 것을 논의하였다. 중방이나 대간은 그들의 입을 두려워하여 감히 무엇이라고 말하지 못하였다. 홍중방이 홀로 말하기를 '나라에서 관제를 정하고 직무를 분장시켜 온 이래로 오직 卿·監을 제외하고는 무신이 문관직을 겸한 경우가 없었다. 경인년 이후로 우리 무신들은 대간에 들어가고 또한 朝班에 늘어서는가 하면, 校尉·隊正에게도 僕頭를 쓰도록 허락했으며 서반의 散職이 외관에도 임명되었는데, 이는 진실로 선왕의 제도가 아닌 것이다. 만약 또 갑자기 권무관까지 빼앗는다면, 그 동반·서반을 정한 제도는 어찌한단 말인가. 나는 차라리 죽을지라도 이에 찬성할 수 없다'고 하니 논의가 드디어 그쳤다. 이에 서반의 산직관들이 길에 무리지어 모여서 높은 관리를 볼 때마다 호소하더니, 하루는 홍중방을 만나 길을 막고 욕하였다. 홍중방이 소매를 걷어올리고 말을 달려 헤치고 나와 중방에 이르러 말하기를 '내가 오늘 거의 죽을 뻔 하였다. 아랫사람이 윗사람을 능멸함이 어찌 이렇게까지 되었는가'라고 하였다(《高麗史》 권 100, 列傳 13, 洪仲方).

이 기록은 정중부집권기인 명종 7년의 것이다. 하급 무신들의 동반 권무관직 임명요구에 대해 大將軍 洪仲方은 이의 부당함을 지적하였다. 이미 선왕의 제도와 어긋나는 현상들이 많이 나타났으므로 이것마저 허락할 수는 없다는 것이었다. 여기에서 말하는 선왕의 제도는 기존의 법제를 의미한다. 따라서 선왕의 제도에 어긋나는 현상들은 곧 무신란 이후의 변화를 가리키는 것으로 이해된다. 그렇다면 홍중방은 무신란 이후의 변화에 대해 회의적인 태도를 취했던 것이 아닌가 한다. 그런데 그가 하급 무신들의 요구가 부당하다는 것을 지적하면서, 무신란 이후 무인에 의한 문반직 兼帶가 지나쳤음을 강조했던 데에 주목할 필요가 있다. 그는 변화 자체에 불만이 있었던 것이 아니라 변화의 폭이 큰 데에 불만이 있었던 것이다.

하급 무신들의 요구를 정면으로 거부한 인물은 홍중방이었다. 그러나 그의 주장이 관철된 것을 보면, 상당수의 고위 무신들이 그의 의견에 동조했음을 알 수 있다. 사실 그들은 어느 정도 특권을 누릴 수 있는 위치에 올라 있었던 것이다. 따라서 급격한 변화를 반기지 않았음은 당연해 보인다. 급격한 변화는 그들의 지위를 위협하는 것으로 판단했을른지도 모른다. 그들과는 달리, 동반의 권무관직을 요구한 하급 무신들은 변화를 바라는 존재들이었다. 따라서 정중부집권기 고위 무인들과 하급 무인들의 갈등은 무신란 이후의 변화에 대해 그들이 인식을 달리한 데서 비롯되었다고 생각된다.

하급 무신들이 변화를 적극적으로 요구했다면, 일반 군인들의 경우는 두말할 나위가 없었을 것이다. 이는 무신란이 일어나자 그들이 「봉기」했다는 것으로 미루어 보아도 알 수 있는 일이다. 그들은 무신란을 일대 변혁의 계기로 삼았던 것이다. 정중부정권은 이러한 일반군인들의 반발을 감수해야만 했었다. 일반 군인들이 정중부정권의 타도를 주장하는 익명의 방을 붙였는가 하면, 정중부집권기 동안 옥사가 연이어 일어났다는 사실이 이를 반영한다. 사실 일반군인들의 정중부정권에 대한 불만은 당연한 것이었다고 생각된다. 정중부정권이 무신란 당시 온건한 입장을 취한 인물들로 구성되었음을 감안하면 그의 정권이 적극적으로 변화를 추구했을 까닭이 없기 때문이다.

정중부정권은 하급 무신들과 일반 군인들의 반발에 강력하게 대처하지 못했다. 군인들의 정중부정권 타도 주장에 정중부의 아들 정균이 관직을 그만둘 것을 청하고 며칠 동안 밖에 나오지 않았다는 점이나, 하급 무신들의 동반 권무관직 요구에 대간이나 중방이 그들을 두려워하여 감히 말하지 못했다는 것으로 알 수 있는 일이다. 정중부정권은 그들의 요구를 어느 정도 수용할 수밖에 없었을 것이다. 무신란을 성공으로 이끄는데 그들의 역할이 결정적이었음을 염두에 두면 이상할 것은 없다. 그들은 무신란에서의 그들의 역할이 있었기에 정중부정권도 성립할 수 있었다고 판단했을 것이다.

정중부는 당시 26세에 불과했던 청년 장군 慶大升에 의해 제거되었다. 경대승의 정중부 제거에는 牽龍軍 장교 수 명과 그들이 거느린 견룡군, 그리고 死士 30여 인이 동원되었다고 《高麗史》는 전하고 있다. 死士는 그 표현만으로 미루어, 죽음을 무릅쓴 결사대였다고 할 수 있다. 경대승은 이들 결사대로 야간에 요소를 장악하고 견룡군으로 하여금 정중부 일당을 살해하도록 하는 한편, 禁軍을 출동시켜서 정중부를 체포하였던 것이다. 그렇다고 이러한 사실이 경대승의 집권을 설명해 주는 것은 아니다. 그의 집권은 정중부 제거와는 또 다른 문제인 것이다.

4) 경대승 정권

慶大升이 정중부의 제거를 결심한 데에는 정중부의 사위인 송유인이 文克謙과 韓文俊을 탄핵한 것이 계기가 되었다 한다. 이로 인해 송유인은 조야의 비난을 모면하기 어려웠다는 것이다. 그 이전부터 정중부의 제거를 마음에 두었으나 결행하지 못하고 있던 경대승이 이러한 기회를 이용했음은 당연하다. 이제 정중부를 제거하더라도 자신에게 불리한 상황은 전개되지 않을 것으로 경대승은 예견했을 것이다. 조야의 인심이 자신에게 모아질 것을 기대했는지도 모른다.

문극겸과 한문준은 모두 문신이었다. 따라서 이들의 좌천을 비난하고 송유인에게 등을 돌린 인물의 대부분은 문신들이었을 것이고, 그들의 이러한 불만이 정중부의 실각에 결정적인 역할을 했을 것이라는 추측은 무리가 아닐 것이다. 아울러 이러한 사실은 곧 문신들의 정치적 영향력이 이 때까지 건재했음을 반영하는 것이 아닌가 하는 의문이 제기된다. 당시의 고위 관직 대부분을 여전히 문신들이 차지하고 있었다는 분석까지 있고 보면,[24] 이러한 해석은 타당해 보이기조차 한다. 그러나 경대승집권기인 명종 13년 重房이 동반의 관직을 줄일 것을 청하는 등, 문신들의 지위에 타격을 가할 만한 조치를 취했음을 염두에 둘 필요가 있다. 이러한 상황에서 문신들이 정치적인 영향력을 행사하기는 어려웠을 것이다. 고위관직을 문신들이 점하고 있었다고 해서 그들의 정치적 영향력이 건재했었다고 말할 수는 없는 것이다. 실질적인 권력을 누가 장악하고 있었는가 하는 점이 정치적 영향력을 행사하는데 있어서 보다 중요한 것임은 말할 나위가 없다. 따라서 문신들의 불만이 정중부 실각의 결정적

---

24) E. J. Shultz, *Institutional Development in Korea under the Ch'oe House : 1196~1258,* Unpublished Dissertation, University of Hawaii, 1976, p.79.

인 요인은 아니었던 것이다.

송유인으로부터 탄핵 당한 문극겸은 무신란 직후부터 이의방에게 기용되어 무신정권의 성립에 크게 기여했던 인물이다. 즉 그는 오랫동안 무인들과 긴밀한 관계를 유지했던 것이다. 그렇다면 그의 탄핵에 불만을 품었던 인물들은 문신 아닌, 무인들이었을 가능성이 크다. 사실 무인들이었기에 정중부의 사위 송유인에게 불만을 표시할 수 있었던 것이 아닌가 한다.

송유인의 越權에 불만을 품은 무인들은 경대승을 지지했을 가능성이 있다. 설사 지지하지는 않았다 하더라도 적어도 그들이 경대승의 쿠데타를 방관했음은 분명하다. 쿠데타 당시 중방의 태도를 미루어 보아 그러하다.

중방은 무신란 이후 국가의 최고 권력기구로 등장하였다. 모반사건과 같은 국가의 중대사는 모두 중방에서 처리했던 것이다. 이러한 중방의 기능은 경대승의 집권기에도 변함이 없었다. "王(명종)의 성품이 유약하여 모든 나랏일이 여러 장군들에 의해서 결정되고, 왕은 고개만 끄덕일 뿐이었다"는 기록으로[25] 알 수 있는 일이다. 여기의 장군들이 중방의 구성원을 가리키는 것임은 의심의 여지가 없다.

중방의 이러한 지위나 역할로 미루어, 만일 고위 무신들 대다수가 경대승의 쿠데타를 달갑지 않게 여겼다면, 이에 대한 응징이 뒤따랐을 것이다. 그런데 그러한 기록은 발견할 수 없다. 물론 경대승의 제거를 제의한 무인이 없었던 것은 아니다. 그러나 그의 주장은 받아들여지지 않았다. 따라서 그런 주장을 편 무인은 소수에 불과했다고 생각된다. 사실 중방의 방해가 있었다면 경대승의 집권은 불가능했을는지도 모른다. 결국 경대승의 쿠데타는 적지 않은 중방 무인들의 협조 내지는 묵인이 있었기에 성공할 수 있었다고 여겨진다.

경대승은 中書侍郎平章事를 지낸 경진의 아들이었다. 경진이 중서시랑평장사에 오른 것은 무신란 이후인데, 그의 가계는 무신란 전에 이미 무반 가문으로서 매우 확고한 지위를 유지하고 있었다. 다른 무반 가문들과 광범위하게 혼인을 맺었던 점으로 미루어 짐작되는 일인데, 경대승의 동생은 무신란 발발의 도화선과 같은 역할을 했던 이소응의 사위였으며, 장군 孫碩은 그의 인척이었던 것이다. 이러한 가문에 힘입어 경대승은 의종 22년 15세의 나이로 校

25) 《高麗史節要》 권 12, 명종 13년 2월.

尉에 蔭補되었다.

경대승이 무신란을 겪은 것은 17세 때였다. 당시 그의 활동을 알려주는 기록이 없어, 그가 무신란에 어떠한 태도를 취했는가 분명하지는 않다. 그런데 후술되겠지만, 무신란 이후 그가 취한 행동으로 미루어 보면 그는 무신란에 참여하지 않았다고 이해된다. 당시 그의 나이를 고려하더라도 이러한 추측은 크게 빗나가지 않을 것이다. 그러함에도 불구하고 그는 무신란 이후 빠른 승진을 거듭하였다. 정중부를 제거할 당시인 명종 8년에 그는 이미 장군에 올라 있었던 것이다. 교위에 음보된 후 10년만의 일이었다.

경대승의 빠른 출세는 그가 禁軍의 지휘관이었음과 무관하지 않을 것이다. 무신란 이후 금군의 정치적 역할이 크게 증대되었기 때문에, 당시 금군의 지휘관은 정치적인 출세가 보장되어 있었다고 해도 과언은 아닐 것이다. 그런데 경대승이 금군의 지휘관이 될 수 있었던 이면에는 그의 아버지 경진의 정치적 영향력이 크게 작용했을 것이다. 그가 宋群秀 등과 함께 行首職에 있었다는 사실이 그러한 추측을 가능하게 한다. 송군수는 정중부의 사위인 송유인의 아들이었던 것이다. 금군의 지휘관은 정치권력을 배경으로 하여 임명될 수 있었음을 알려 준다. 실제로 고위 무신들이 금군의 지휘관에 자신의 자제를 임명하기 위해 다투었다는 기록이 보이고 있는 것이다.[26] 결국 경대승은 무신란에의 참여에 의해서가 아닌, 가문의 배경에 의존하여 출세한 인물이었다.

경대승과 관련해서 주목되는 사실 가운데 하나는 그의 본전이 무신란 이후 집권한 무인들 가운데서는 유일하게 《高麗史》 叛逆傳에 실려 있지 않다는 점이다. 즉 그 이전이나 이후의 무인집권자들 모두가 반역전에 수록되어 있는데, 경대승만은 일반 열전에 올라있는 것이다. 경대승의 전기를 일반 열전에 수록한 것은 《高麗史》의 찬자였다. 그런데 동 찬자의 그와 같은 편찬 방침에는 경대승 당대의 인물들, 특히 문신들의 그에 대한 평가가 크게 참고되었을 것이다. 경대승 당대 문신들의 그에 대한 긍정적인 평가가 그를 《高麗史》 叛逆傳에서 제외시켰다고 생각되는 것이다. 당시의 문신들은 그를 이의방·정중부

26) 曺元正의 경우, 그는 자신의 아들이 尙書 史正儒의 아들과의 경쟁에서 밀려 동궁 牽龍指諭에 임명되지 못하자, 국왕인 명종에게 항의하였다 한다(《高麗史》 권 128, 列傳 41, 曺元正).

등과는 다른 인물로 파악했음이 분명하다.

경대승이 문신들에게 긍정적인 평가를 받았다면, 무인들에게는 부정적인 인물로 비춰졌을 가능성이 있다. 그러한 경대승의 정치적 성격에 대해서는 다음이 참고된다.

> (경대승은) 항상 무인들의 불법적인 행동에 분개하여 復古의 뜻이 있었으므로 문관들이 기대어 중하게 여겼다(《高麗史》 권 12, 世家 12, 명종 13년 7월).

문신들이 왜 경대승을 긍정적으로 평가했는가를 알 수 있게 해주는 대목의 기록이다. 경대승이 품었다는 '復古의 뜻'의 「복고」는 무신란 이전의 상태고 되돌아 가는 것을 의미한다. 따라서 이 표현대로라면, 경대승은 무신란이나 그로 인해 성립된 무신정권을 부정했던 인물로 이해할 수 있을 것이다.

경대승이 '복고의 뜻'을 품었다고 한 표현에는 적지 않은 과장이 섞여있다고 생각된다. 경대승 자신의 표현 아닌, 문신들의 그에 대한 평가로 이해되기 때문이나. 문신들은 「복고」에 대한 자신들의 비램을 경대승을 통해 드러낸 것이 아니었나 한다. 그렇다고 이러한 표현이 무신란과 무신정권에 대한 경대승의 인식과 전혀 별개의 것이었다고 말할 수는 없다. 그가 무신란과 무신정권에 불만을 품고 있었음은 부인하기 어려운 것이다.

경대승은 무인들의 불법적인 행동에 분개하여 복고의 뜻을 품었다 한다. 그런데 무인들이 불법적인 행동을 취한 것은 무신란 이후였다. 그 이전이었다면 불가능했을 것이다. 즉 무신란으로 인한 상황의 변화가 무신들의 불법적인 행동을 가능하게 했던 것이다. 따라서 경대승이 무인들의 불법적인 행동에 분개했다는 것은 곧 무신란 이후의 변화를 달갑지 않게 여겼다는 것과 다를 바 없다.

이러한 경대승의 정치적 성격은, 그가 정중부 일당을 제거하고 난 후 朝士들이 하례하자 "임금을 시해한 자가 아직 살아 있는데 어찌 하례하는가"라고 하여[27] 李義旼을 제거할 뜻을 분명히 했다는데 이르면, 보다 구체적으로 알 수 있다. 무인들은 무신란의 성공과 함께 의종을 폐위시키고 명종을 새로운 국왕으로 옹립했다. 폐위된 의종을 이의민이 살해한 것은 동북면병마사 김보

---

27) 《高麗史》 권 100, 列傳 13, 慶大升.

당이 의종의 복립을 내세워 기병했기 때문이다. 따라서 이의민에 의한 의종의 살해는 그의 독자적인 판단에 의해 취해진 행동이 아니었다. 이의방정권의 존립을 위해서는 불가피한 조치였던 것이다. 이의방은 난의 진압을 위해서는 기병의 명분부터 제거해야만 했던 것이다. 결국 이의민에 의한 의종 살해는 무신란과 이후의 무신정권 성립에 기여한 무인들의 의사가 집약된 행동이었다고 할 수 있다. 그렇다면 '임금을 시해한 자'라는 이의민에 대한 경대승의 비난도 이의민 개인에 대한 것이 아닌, 무신란과 이후의 무신정권 성립에 적극적으로 기여한 인물 모두를 겨냥한 것이었다고 생각된다.

국왕의 살해는 기존체제에 대한 전면적인 부인과 다를 바 없다. 국왕은 자기 당대의 정치세력을 대표했을 뿐만 아니라 王朝를 상징하기도 했기 때문이다. 따라서 무신란 이후 국왕이 폐위되고 또한 살해되었다는 사실은 곧 무신란이 커다란 변화를 수반했음을 알려 주는 것으로 이해된다. 아울러 의종을 살해한 이의민 등은 기존체제를 거부하고 변화를 추구하고 나선 장본인이었다고 할 수 있다. 한편 이러한 행위를 맹렬히 비난한 경대승은 급격한 변화를 달가워하지 않은 인물이었을 것이다. 결국 무신란 이후의 변화에 대한 불만이 경대승으로 하여금 무신란이나 무신정권을 부정적으로 평가하게 하였다고 할 수 있다.

정중부 일당을 제거하고 정권을 장악한 경대승이었지만, 그는 심리적으로 매우 불안해했었다. 이러한 그의 불안은 정적의 위협으로부터 비롯된 것이었다. 그는 都房을 조직하여 이에 대처하였다.

도방은 경대승의 사병조직이었다. 이러한 사병조직은 그 이전에는 볼 수 없던 것으로 그에 의해 최초로 조직되었던 것이다. 이러한 도방의 주된 구성분자는 「死士」였다. 이 사사 가운데는 경대승이 쿠데타 당시 거느렸던 30여인의 사사도 포함되었을 것이다. 그런데 "이 때에 京城에 도둑이 많이 일어났는데, 스스로 경대승의 도방이라 칭하였다. 관리가 체포하여 이를 가두면 경대승이 즉시 이를 석방하였다"라는 기록에 따르면,[28] 이들 도방원은 도둑과 다를 바 없는 존재였다. 그 도둑의 실체가 무엇인가 여기에서 논의할 겨를이 없지만, 적어도 분명한 것은 이들이 치안을 어지럽히는 행위를 한 자들

28) 《高麗史》 권 100, 列傳 13, 慶大升.

이었다는 사실이다. 경대승이 이러한 자들을 쿠데타에 동원했고 도방에 불러들였다는 사실은 간과하기 어렵다.

사사 혹은 도둑은 개인적인 완력을 사용하여 생계를 유지한 자들이었다고 생각된다. 이들은 안정된 사회 분위기에서는 환영받기 어려운 존재들이다. 그들의 능력을 발휘할 수 있는 여건이 조성되었기에 그들은 등장했다고 생각되는 것이다. 그런데 그들은 무신란의 산물이었다. 이러한 용어들이 무신란 이후에 집중적으로 나타나는 것만으로 미루어서도 그렇게 말할 수 있다.[29] 따라서 이들의 등장을 통해서도, 무신란 이후는 개인의 용력을 중시하는 분위기가 팽배해 있었다고 할 수 있다.

한편 도방에는 牽龍이 소속되어 있었다. 경대승이 견룡 金子格을 시켜서 도방을 거느리게 했다는 기록으로 미루어 알 수 있다. 김자격은 견룡의 지휘관으로서, 아울러 도방을 통솔했을 것이다. 그런데 견룡은 禁軍이었다. 국가의 군인이 개인의 사병으로 이용된 구체적인 예를 확인한 셈이다.

경대승이 사사나 도둑 그리고 금군을 도방의 구성원으로 삼은 것은 기존의 법질서를 무시한 것과 다를 바 없다. 사실 사병의 조직 자체가 기존 질서의 파괴와 무관하지 않을 것이다. 경대승 역시 무신란 이후의 변화에 냉담할 수 없었음을 알려 주는 단적인 예가 아닌가 한다.

경대승은 도방원에게 "긴 베개와 큰 이불을 만들어 날을 번갈아 숙직케 하였는데, 혹은 스스로 함께 이불을 덮음으로써 성의를 표시하기도 했다" 한다.[30] 복고의 뜻을 품었다고까지 표현된, 좋은 가문 출신의 경대승이 무뢰배와 다를 바 없는 사사들과 한 이불을 덮고 지냈다는 사실은 주목되어 마땅하다. 자신의 권위만을 고집할 수 없는 상황임을 경대승이 인식한 결과가 아니었나 한다. 그 역시 변화의 대세에 순응할 수밖에 없었던 것이다.

경대승은 집권과 더불어 이의민의 제거를 공언하고 나섰다. 이에 이의민은 경대승을 피해 그의 고향인 경주로 낙향하기에 이르렀다. 경대승은 또한 학식이나 용략이 없는 자들을 거부했다 하는데, 여기에 해당되는 인물들은 대체로 한미한 가문 출신으로서 무신란에 적극 참여하여 출세의 계기를 마련한 무인

29) 鄭杜熙, 〈高麗武臣執權期의 武士集團〉(《韓國學報》 8, 一志社, 1977), 78~80쪽.
30) 《高麗史》 권 100, 列傳 13, 慶大升.

돌이었다고 이해된다. 이는 李英搢의 경우를 통해서도 확인되는데, 물고기를 잡아 생계를 유지했을 정도의 가문 출신인 이영진은 경대승의 집권기에 정치적으로 커다란 타격을 입었던 것이다.

좋은 가문 출신의 경대승이 이들을 용납하기는 어려웠을 것이다. 더구나 그들은 무신란 이후의 변화를 주도한 장본인이었다고 해도 무리가 없는 인물들이었다. 따라서 경대승이 '弑君者'라고 이의민을 비난한 것이나, '학식이나 용략이 없는 자'를 거부한 데에는 미천한 출신 무인들의 정치적 진출과 이로 인한 사회적 변화에 대한 그의 반감이 내재되어 있었다고 생각된다. 이의민이나 이영진과 같은 무인들 역시 경대승에게 호의적이었을 까닭이 없다. 자신들의 노력에 의해 무신란이 성공했고 무신정권이 성립되었음에도 불구하고, 무신란을 부정하는 등 그들과는 판이한 정치적 성격의 소유자가 정중부의 뒤를 이어 집권한 데 대한 불만이 없을 수 없는 것이다. 더구나 경대승은 그들에 대한 응징의사를 표시하기까지 했던 것이다.

경대승은 이의민 등에 대한 응징의사만 비쳤을 뿐 그를 제거하지는 못 했다. 그들에 대해서는 공격적이었다기보다는 오히려 소극적이었다는 느낌마저 든다. 이는 이의민 등이 무시 못할 정도로 성장한 데에 그 원인이 있지 않았나 한다. 이의민과 동일한 정치적 성격의 소유자로 파악되는 崔世輔·曺元正 등이 경대승정권 아래서도 고위직을 점하고 있었던 것이다. 따라서 당시의 대세는 이미 무신란에 적극적으로 참여한 무인들에게 기울어지고 있었다고 할 수 있다.

사실 경대승은 그의 집권기에도 "심리적으로 불안하여 항상 몇 사람씩 거리로 내보내어 잠복시켰다가 유언비어를 들으면 즉시 잡아 가두어 국문하였다. 자주 옥사를 일으켰고 형벌을 사용함이 매우 가혹하였다" 한다.[31] 그가 심리적으로 불안했던 것은 정적으로부터의 위협이 심각했음을 알려 준다. 또한 정보원을 풀어 유언비어를 단속했다던가, 많은 사람을 감옥에 가두는 등의 행위는 그만큼 그가 집권에 자신이 없었음을 말해 준다 하겠다. 즉 그를 지지하는 세력이 미약했기에 경대승의 정치는 잔인할 수밖에 없었던 것이 아닌가 한다. 그의 집권은 순리가 아닌, 당시의 대세에 역행하는 것이었다고 생각된다.

31) 《高麗史》 권 100, 列傳 13, 慶大升.

경대승은 30세의 짧은 나이에 일생을 마쳤다. 정중부가 칼을 잡고 큰 소리로 꾸짖는 꿈을 꾸고 난 다음 병을 얻어 사망했다는 것이다. 이는 그가 정적에 대한 심리적인 불안을 끝까지 극복하지 못했음을 말해 준다. 그의 집권 자체가 순리가 아닌 이상, 잔인한 정치만으로 대세를 돌이킬 수는 없었던 것이다. 그가 죽은 후, 그의 뒤를 이어 무신란에 적극적이었던 賤系의 이의민이 집권한 것은 당연한 결과였다.

5) 이의민 정권

경대승이 죽은 것은 명종 13년 7월이었다. 그 후 무신정권의 새로운 집권자가 된 인물은 李義旼이었다. 그는 경주인이었는데, 그의 아버지는 소금과 체를 파는 것을 생업으로 삼았으며 어머니는 玉靈寺의 노비였다. 이러한 신분적 열세와는 달리, 그의 신체적 조건은 뛰어났다. 그는 신장이 8척에다가 남다른 용력까지를 지니고 있었다. 신분제사회였던 고려에 불만이 있을 수밖에 없었던 그가 뛰어난 신체적 조건을 갖추었다면 그의 행동이 어떠했겠는가는 쉽게 짐작할 수 있는 일이다. 그는 그의 형들과 함께 경주에서 무뢰한 행동을 일삼았던 것이다. 경주인들의 고발에 따라 이의민은 옥에 갇혔는데, 그의 두 형들은 고문을 이기지 못해 죽었으나 그만은 건재하였다. 이에 그를 장하게 여긴 按察使 金子陽이 그를 京軍에 선발하였다.

고려의 경군은 관료체계의 말단을 차지하는 존재였다. 田柴科를 지급 받은 사실로 미루어 그렇게 말할 수 있다. 따라서 천계의 인물들은 원칙적으로 경군이 될 수 없었다. 그러나 군인을 보충할 목적으로 選軍을 실시할 경우, 여기에는 천계의 인물들이라 하더라도 용력이 뛰어나면 선발될 수가 있었다.[32) 이의민을 비롯한 천계의 인물들이 군인이었던 이유가 여기에 있다.

경군에 선발된 이의민은 手搏을 잘하여 국왕인 의종의 사랑을 받았다 한다. 이로 인해 그는 대정을 거쳐 별장에 올랐다. 그것만으로도 천계인 그로서는 대단한 출세가 아닐 수 없다. 그러나 무신란은 그로 하여금 이러한 출

32) 李基白, 〈高麗軍人考〉(《高麗兵制史研究》, 一潮閣, 1968), 114~123쪽.

세에 만족할 수 없게 만들었다. 그는 무신란 직후 곧 바로 中郞將에 올랐으며, 얼마 후 다시 장군으로 진급하였던 것이다. 거의 모든 무인들이 무신란을 통해 승진을 하기는 했지만 그의 경우처럼 파격적이지는 않았다. 이의민의 예외적인 승진은 "죽인 자가 많았다"는 표현이 말해 주듯,[33] 무신란에 있어서 그의 활약이 누구보다 두드러졌던 데에 기인한 것이었다.

일찍이 이의민의 아버지는 이의민이 푸른 옷을 입고 皇龍寺 9층탑을 올라가는 꿈을 꾸었다 한다. 이후 그는 이의민이 크게 귀하게 될 것으로 믿었다는 것이다. 이의민 역시 그의 출세를 암시해 주는 꿈을 꾼 적이 있었다. 경군에 선발되어 서울에 온 첫날밤의 꿈에 "긴 사다리가 성문에서부터 궁궐에 이르러 있어, 사다리를 타고 올라갔다"는 것이다.[34] 무신란은 이러한 꿈들을 현실적인 것으로 만들어 주었던 것이다.

이의민은 이의방정권 아래서도 순탄한 출세를 지속하였다. 그는 명종 3년에 일어난 金甫當의 亂을 진압하는데 결정적으로 기여함으로써, 대장군에 올랐던 것이다. 김보당은 의종의 복립을 내세워 군사를 일으키면서, 거제도에 유배되어 있던 의종을 경주에 옮겨 놓았다. 이에 이의민은 경주에 내려가 손으로 의종의 등뼈를 추려 죽이고, 연못 속에 던져버렸다 한다. 그를 총애해 준 국왕에 대한 보답을 이처럼 잔인한 행동으로 대신했던 것이다. 아무튼 이로써 김보당이 내세운 난의 명분을 제거한 셈이다. 이후 명종 4년에는 趙位寵을 토벌한 공으로 상장군에까지 이르렀다.

이의민의 정치적 진출은 정중부가 정권을 장악하면서 상당한 제약을 받았다. 이는 그가 조위총의 남은 무리들을 토벌하기 위해서, 또는 병마사의 직임을 맡아 주로 변방인 서북계에 머물러 있었던 사실로 짐작된다. 그가 서북계에 머물러 있었던 것은 정중부정권이 무인으로서의 그의 재질을 인정했다기보다는 중앙의 정치에서 그를 제외시키려는 의도적인 조치였다고 이해되기 때문이다. 사실 무신란에 임한 그들의 태도가 달랐음을 감안하더라도, 정중부정권에서 이의민이 중요한 직위를 차지하기는 어려웠을 것이다.

이의민이 정치적으로 크게 타격을 입은 시기는 경대승의 집권기였다. 앞서

33) 《高麗史》 권 128, 列傳 41, 李義旼.
34) 위와 같음.

말했듯이, 경대승은 이의민의 제거를 공언했던 것이다. 이의민 역시 경대승을 제거할 기회를 노리고 있었다. 무신란에 참여하지도 않았을 뿐만 아니라, 무신란을 부정하기까지 했던 경대승의 집권에 그가 분개하지 않았을 까닭이 없는 것이다. 그러나 당시의 집권자 경대승에 정면으로 맞서 싸우기에는 아직 역부족이었다. 그는 경대승으로부터의 공격에 대비하기 위해 용사를 모았는가 하면, 그가 사는 마을의 거리에 「閭門」이라 부르는 큰 문을 세워 밤새 경계하기도 했었다. 그러했음에도 불구하고 이의민은 스스로 불안을 느낀 나머지 결국은 병을 칭탁하고 고향인 경주로 낙향하고 말았다. 명종 11년의 일이었다. 경대승의 이의민 제거 의지가 그만큼 집요했음을 알려 준다.

경대승이 죽자, 국왕인 명종은 사신을 파견하여 경주에 내려가 있던 이의민을 불러 들였다. 그가 경주에서 난을 일으킬 것을 두려워 한 때문이었다 한다. 그러나 설사 이의민이 경주에서 난을 일으킬 소지가 있었다고 하더라도 국왕이 그에게 工部尙書까지 제수하면서 누차 그를 부른 데에는 다른 이유가 있었다고 생각된다. 이의민의 상경이 왕에게 불리한 결과를 초래했다면, 사신을 파견하면서까지 그의 상경을 권유하지는 않았을 것이기 때문이다.

명종은 경대승을 꺼려했다 한다. 경대승이 '復古의 뜻'을 품고 있었던 인물임을 염두에 두면 무리가 아니다. 명종은 무신란의 소산이었던 것이다. 무신란이 아니었더라면 그는 왕이 되기 힘든 존재였다. 그런데 경대승이 품었다는 '복고의 뜻'은 무신정권만이 아니고 무신란으로 인해 왕위에 오른 명종까지도 부정하는 것으로 해석될 수 있다. 따라서 명종은 경대승과 같은 정치적 성격을 지닌 인물의 등장을 사전에 저지할 필요가 있었을 것이다. 이에 그는 이의민을 내세웠던 것이 아닌가 한다. 이의민과 명종은 적어도 무신란을 통해 당시의 지위에 오른 공통점을 가진 인물이었던 것이다.

경주에서 올라와 집권한 이의민은 무인들에 대해서 회유로 일관했던 듯하다. 그와 정치적 성격을 같이 한 무인은 물론이거니와 그렇지 아니한 무인들까지도 그의 정권에 다수 참여한 것으로 미루어 짐작된다. 경대승의 집권기 동안 그에 눌려 활동을 못했던 이영진이나 경대승의 족형이었다는 손석의 경우는 그 대표적인 예가 아닌가 한다. 이영진은 경대승정권에 불만을 품은, 경대승의 적대세력이라 할 수 있는 존재였다. 그러한 그가 경대승이 죽은 후 다시 '橫恣'했다 하는데, 이는 이의민의 집권기에 들어와 정치적으로 복귀했음을 의미한다. 한편 손석은 경대승이 꺼려했던 오광척을 제거하는 등, 경대승의 측근으로서, 경대승이 집권하는데 이를테면 디딤돌과 같은 구실을 했었다. 그는 이의민 집권기에 들어서도 樞密院副使를 역임하는 등 여전히 정치적으로 건재했던 것이다. 이러한 사실은 경대승의 측근세력과 적대세력 모두가 이의민 집권기에 공존하고 있었음을 보여 주는 것이라 하겠다. 즉 이의민은 이들을 모두 자신의 세력으로 흡수하려 했다고 생각된다. 이의민의 이러한 태도는 남들에게는 '헛된 명예를 낚으려는 노력'으로[35] 비춰지기까지 했던 것이다.

이의민은 경대승의 집권 이후 중앙의 정치로부터 소외되어 상당한 기간 동안 정치적인 공백상태를 가졌었다. 그러므로 그가 갑자기 집권자로 부상한데 따른 반발은 상상하기 어렵지 않다. 또한 그는 이의방처럼 무신란을 주도하여 집권했던 것도 아니고 정중부와 같은 무인들의 지도적 인물도 아니었다. 경대승처럼 그의 가문을 이용할 처지는 더욱이 되지 못하였다. 이의민의 무인에 대한 회유는 이러한 사정을 반영한 것으로서 당연히 취할 수밖에 없는 조치였는지도 모른다.

이의민이 비록 정치적 성격이 상이한 여러 무인들을 그의 정권에 흡수했다 하더라도, 그의 정권을 주도해 나갔던 핵심적인 인물들은 역시 이의민과 정치적 견해를 같이 했던 무인들이었다고 생각된다. 이는 崔世輔의 亞相 승진을 통해서도 알 수 있는 일이다. 명종 14년 당시의 재상 서열은, 제1위의 총재는 이광정의 퇴임으로 궐석이었고 제2위는 한문준이었으며 3위가 문극겸, 그리고 제4위가 최세보였다. 그런데 동년 12월의 인사발령에서 한문준이 총재가 되었으므로, 제2위의 아상은 당연히 문극겸이 되어야 했다. 그러함에도 불구하고 문극겸의 하위에 있던 최세보가 아상에 올랐던 것이다. 그 까닭은 문극겸이 최세보의 윗자리에 앉을 수 없다고 사양했기 때문이었다 한다.

문극겸이 최세보의 윗자리에 앉기를 거부한 분명한 이유는 드러나 있지 않다. 그런데 당시는 이의민의 집권기였고 이의민과 최세보는 매우 밀착된 관계를 맺고 있었다. 이는 최세보의 아들이 태자가 사랑한 婢를 범했는데도, 이의민이 그를 구해주었다는 것으로 미루어 짐작된다. 또한 최충헌의 집권과

35) 《高麗史》 권 128, 列傳 41, 李義旼.

더불어 최세보의 가문이 완전히 몰락했다는 것도 최충헌의 이의민에 대한 감정이 최세보의 가문에까지 미친 것으로 생각된다. 따라서 문극겸이 최세보에게 아상을 양보한 것은 그가 새로운 집권세력이었기 때문이었을 것이다.

최세보 이외에, 경대승이 죽은 후인 명종 13년에 추밀원부사에 올랐던 조원정과 동왕 14년에 知御史臺事에 임명된 鄭邦祐도 무신란에 적극 참여한 자들로서 이의민과 정치노선을 같이 했던 인물들이었다고 여겨진다.

그러나 이의민집권기에 권력의 핵심에 있었던 무인들이 어떠한 인물들이었는가를 단적으로 보여주는 것은 무엇보다 명종 20년의 인사발령이다. 여기서는 이제까지 7인이었던 재상의 숫자를 늘려 8인으로 하였는데, 이 때 임명된 재상은 다음과 같다.

최세보 : 특진수태사	두경승 : 수태위
이의민 : 동중서문하평장사	박순필 : 중서시랑평장사
사정유 : 수사공·좌복야·참지정사	이혁유 : 참지정사
이지명 : 태자소부	백임지 : 지문하성사

위에서 우리의 주목을 끄는 것은 문신인 사정유·이지명·이혁유를 제외한 5인의 재상 가운데 두경승만을 예외로 돌려놓고 보면, 나머지는 모두가 무신란에 적극적으로 참여한 무인들이었다는 사실이다. 이것은 이의민정권을 주도해 나갔던 무인들이 무신란에 적극 참여함으로써 현달한 인물들이었음을 알려 주는 것이다.

이의민을 비롯하여 무신란에 적극적이었던 무인들의 대부분이 신분적으로 천계 내지는 사회의 하급 신분층이었다는 사실은 앞의 검토에서 이미 밝혀진 바 있다. 그러나 이들에게 씌워졌던 신분적 굴레는 이들이 집권층으로 부상됨에 따라 자연히 제거되었을 것이다. 따라서 기존의 신분질서가 그대로 유지될 수 없었음은 말할 나위도 없다.

조원정은 7품 이상은 오를 수 없는 限職의 대상자였음에도 정3품의 추밀원부사에 올랐었다. 또한 명종 14년에 지어사대사가 된 정방우는 잡류 출신이었다. 물론 잡류라 하더라도 군공에 의하여 서반으로 나아갈 경우 종3품까지는 오를 수 있었다고 하지만,[36] 정방우처럼 대장군으로서 지어사대사를 겸

36) 洪承基, 앞의 글, 78~80쪽.

했던 예는 찾아볼 수 없다. 지어사대사는 風憲官으로서 문신들 가운데서도 덕망이 높은 인물만을 가려서 임명했기 때문이다.[37]

이의민정권을 주도해 나간 무인들의 대부분은 자신의 힘에 의존하여 출세한 인물들이었다. 그들은 문벌이나 학식에 의존한 것이 아니었다. 이러한 인물들의 부상은 개인의 용력이 중시되는 사회 분위기를 조성하였을 것이다. 다음의 기록은 이와 관련하여 참고된다.

> 어느 날 이의민이 두경승과 함께 중서성에 있으면서 자랑하기를 '어떤 사람이 용력을 뽐내기에 내가 이와 같이 쳐서 넘어뜨렸다'하고 주먹으로 기둥을 치니 서까래가 움직였다. 그러자 두경승이 '언제인가 내가 빈주먹을 휘두르니 사람들이 모두 달아나더라'하면서 벽을 치니, 뒷벽이 무너졌다(《高麗史》 권 128, 列傳 41, 李義旼).

무인 실력자들의 이와 같은 태도에서 힘이 우위를 차지했던 당시 사회의 한 단면을 엿볼 수 있을 것 같다.

행동집단 무인들에 의해 주도되었던 이의민정권 아래서는 기존 법제와는 다른 여러 변혁들이 일어났었다. 무인들을 內侍院이나 茶房에 兼屬시킨 것이 그 하나이다. 무인들에게 문반직을 겸임케 한 것은 이의방정권 이래의 일이었지만, 귀족의 자제나 儒士들만이 임명되었던 내시직에 무인들의 겸직이 가능했던 것은 이의민정권에서 비롯되었던 것이다. 또한 '글을 알지 못했다'는 최세보가, 문신 가운데서도 학식이 뛰어난 자들이 보임되는 것이 일반적인 同修國史에 임명된 것도 상당히 충격적인 사건이었다. 국왕이었던 명종이 이제까지의 제도와 다름을 들어, 同修國史의 '史'字를 '事'로 고쳐, 최세보에게 同修國事의 직함을 내릴 정도였던 것이다.[38]

당시의 고려인들도 이의민정권을 이제까지의 무신정권과는 다른 것으로 이해했던 것이 아닌가 한다. 이는 이의민을 '新道宰相'이라고 불렀다는 것으로 미루어 추측된다. '신도재상'은 이의민이 제방을 쌓고 거기에 버드나무를 심었기에 사람들이 그렇게 불렀다는 것이다.[39] 그러나 새로운 제방 하나를 쌓은 사실만을 가지고 이의민을 그렇게 불렀을 것 같지만은 않다. 이의민이

37) 朴龍雲, 〈高麗朝의 臺諫制度〉(《歷史學報》 52, 1971), 30~37쪽.

38) 《高麗史節要》 권 13, 명종 16년 12월.

39) 《高麗史》 권 128, 列傳 41, 李義旼.

이제까지의 재상들과 구별되었기에, 제방 쌓은 것을 빙자해서 붙여진 이름이 아닌가 생각되는 것이다.

명종 14년부터 12년 동안 지속되었던 이의민정권은 동왕 26년 崔忠獻과 崔忠粹 형제에 의해 무너졌다. 그런데 우리의 주목을 끄는 것은 그 이전에 이미 다수의 행동집단 무인들이 죽었다는 사실이다. 조원정·석린은 명종 18년에 반란죄로 처단되었으므로 차치한다 하더라도, 동왕 21년에는 백임지·박순필·이영진이, 그리고 동왕 23년에는 최세보가 사망하였던 것이다. 이러한 사실은, 무신란에 적극 참여하여 무신란을 성공으로 이끌었던 무인들의 세대가 끝났음을 보여 주는 것이 아닌가 한다. 이제 무신정권은 그들과는 다른 새로운 세력들에 의해 교체될 가능성을 내포하고 있었던 것이다.

〈金塘澤〉

2. 최씨무신정권의 성립과 전개

1) 최씨정권의 성립

명종 14년(1184)에서 26년(1196)까지 12년 동안 지속되었던 李義旼政權은 이의민의 아들 李至榮과 최충헌의 동생 최충수 사이의 비둘기를 둘러싼 분쟁을 계기로 하루아침에 무너지고 말았다. 이지영이 최충수의 비둘기를 뺏은 것이 계기가 되어 최충수는 그의 형 최충헌과 함께 이의민 제거를 결심하게 되었다는 것이다. 이의민에게는 여러 아들이 있었는데, 그들은 모두 아비의 권세에 의지하여 횡포하고 방자했다 한다. 그 아들 가운데서도 이지영과 李至光이 특히 심해서, 아름다운 여자를 보면 반드시 범하는 등의 횡포를 일삼아 사람들은 그들을「雙刀子」라고 불렀다는 것이다.[1] 따라서 이지영의 행위가 이의민의 실각에 전혀 영향을 주지 않았다고 보기는 어렵다. 그렇다고 이러한 우발적인 사건이 이의민 실각의 결정적인 원인이었다고 할 수도 없다. 당대 제일의 실력자 이의민이 그 이전까지 이렇다 하게 두각을 나타내지 못했던 최충

1)《高麗史》권 128, 列傳 41, 李義旼.

헌에게 살해된 것은, 이의민에 대한 불만이 최충헌을 비롯한 그 주위의 인물들에게 누적되어 있었음을 알려 준다.

이러한 불만의 원인은 어디에 있었으며, 또 불만을 느꼈던 사람들은 어떠한 인물이었나를 살펴보는 것은 이의민 실각의 원인을 밝히는 하나의 방법이 될 것이다. 먼저 이의민을 살해한 장본인인 최충헌에 대하여 알아 보자.

최충헌은 상장군 崔元浩의 아들이었다. 그의 外祖 柳挺先 역시 상장군에 오른 무반 가문이었다.[2] 따라서 그는 무인으로서는 매우 좋은 가문의 출신이었다고 할 수 있다. 음서에 의해 관도에 진출한 그는 「刀筆吏」로서 관리생활을 시작하였다. 그가 행정실무를 담당했다는 것은 어느 정도의 학식을 갖추고 있었음을 의미한다. 문자를 알지 못하고 오로지 미신만을 믿었다는 이의민과는[3] 이 점에 있어서도 좋은 대조를 이룬다.

최충헌은 도필리를 버리고 무반직으로 출사로를 바꾸었다. 도필리를 수치로 여겼기 때문이었다 한다. 그가 이처럼 吏職에서 무반직으로 벼슬길을 바꾼 정확한 연대는 알 수 없지만, 무신란 직후였다고 해서 크게 무리는 없을 것이다. 남달리 이름을 빛내는 데 뜻을 두었다는 그가[4] 무신란 이후 무신들의 권력 장악에 자극되지 않았을 까닭이 없기 때문이다. 따라서 최충헌은 무신란에 참여하지는 않았고, 이후의 상황에 대처하기 위한 방법의 하나로 무반으로 나아갔다고 생각된다.

최충헌은 명종 4년(1174) 조위총의 난 진압 때, 부원수 기탁성에게 발탁되어 別抄都領에 選補되고 이어 별장에 올랐다. 기탁성이 최충헌을 발탁한 것은 최충헌의 용맹 때문이었다 한다. 그러나 만일 최충헌이 모든 면에서 기탁성과 견해를 달리한 인물이었다면, 기탁성이 그를 발탁했을 가능성은 없었을 것이다. 이는 金平이 최충헌의 집권기에 추밀원부사, 지공거 등의 요직을 맡고 있었던 것으로도 짐작되는 일이다. 김평은 김보당과 함께 군사를 일으켜 죽음을 당한 한언국의 사위인데, 그는 기탁성에 의해 등용되었던 인물이었다. 그가 최충헌에게 다시 기용된 것은 최충헌과 기탁성의 정치적 성격이 비

2) 李慶喜, 〈崔忠獻家門硏究〉(《釜山女大史學》 5, 1987), 11~15쪽.
3) 《高麗史》 권 128, 列傳 41, 李義旼.
4) 〈崔忠獻墓誌銘〉(《朝鮮金石總覽》 上, 朝鮮總督府, 1919).

숫하다는 사실에 기인했던 것이 아닐까 한다.

최충헌은 이의민 제거 직후인 명종 27년(1197)에, 尹鱗瞻과 기탁성의 서경 토벌의 공을 높이 평가하여 이들에게 功臣號를 추증하였다. 그런데 윤인첨과 기탁성이 조위총을 벤 것은 명종 6년(1176)의 일이었다. 이들이 20년이 지난 이때에 비로소 추증된 데에는 최충헌의 정치적인 의도가 개재되어 있었다고 생각된다. 즉 윤인첨과 기탁성계의 인물들에 대한 최충헌의 접근의 결과가 아니었나 의심되는 것이다. 기탁성이 비록 최충헌을 발탁한 인물임을 상기하더라도, 이에 대한 보답치고는 조금 과한 것으로 보이기 때문이다. 그런데 윤인첨은 문신이었으며 기탁성은 무신란에 소극적인 인물이었다. 이로써 보면 최충헌은 문신들과도 협력관계를 이룰 수 있는 소지를 갖춘 인물이었다.

최충헌은 이의민 제거 직전에 겨우 攝將軍에 이르렀다. 그의 이러한 진급은 매우 완만한 것이었다.[5] 벼슬길에 나아간 후 8~9년만에 장군에 올랐던 경대승의 경우와 비교해 보면 알 수 있는 일이다. 그의 진급이 느렸던 정확한 이유는 알 수 없으나 그를 이끌어 줄만한 무인들이 실권을 장악하지 못했다는 점만은 지적해서 좋을 것이다. 즉 그와 뜻을 같이 할 수 있는 무인들이 그의 집권 이전의 무신정권에서 소외되었던 때문이 아니었을까 한다.

이렇듯 더딘 출세에 그는 결코 만족하지 못했을 것이다. 더구나 그보다 훨씬 낮은 신분의 출신들이 그의 상급자로서 군림했을 때의 불만은 상상하기 힘들지 않다.[6] 그러므로 그는 무인실력자들과 갈등을 일으키기도 했었다. 그가 慶尙晉州道의 按察使로 파견되었으나 權臣의 뜻에 거슬려 파면되었다는 것이 그것이다. 명종 17년(1187)이므로 이의민집권기의 일이었다. 여기에서 그를 파면시킨 권신이 반드시 이의민이었다고 할 수는 없다. 그러나 그러한 가능성을 배제하는 것이 아니며, 비록 아니라 하더라도 이의민집권기에 실권을 가지고 있던 인물임에는 틀림없을 것이다. 그리고 해임을 당한 최충헌의 입장에서 보면 그를 파면시킨 권신이나 이의민은 동일한 집권세력으로 간주되었을 것이다. 안찰사의 직에서 해임된 그가 권신에 불만을 가졌음은 당연하다. 따라서

5) 朴菖熙, 〈崔忠獻小考〉(《史學志》 3, 단국대 사학회, 1969), 107쪽.

6) E. J. Shultz, *Institutional Development in Korea under the Ch'oe House : 1196~1258*, Unpublished Dissertation, University of Hawaii, 1976, p.130.

권신에 대한 그의 불만은 이의민정권 자체에 대한 불만이었다고 해도 과언은 아닐 것이다. 이후 그는 중요한 직책은 거의 맡지 못했는데, 그 당시 그의 처지는 "여러 해 동안 막히고 오그라들었다"는[7] 것으로 잘 대변된다.

지금까지 최충헌의 출세과정을 더듬어 보면서 그의 정치적 성격의 일면도 함께 검토하였다. 그러면 최충헌의 이의민 제거에 직접 참여하였거나, 최충헌정권의 성립에 기여한 무인들은 어떠한 인물인가 알아보기로 하자. 최충헌의 이의민 제거에 직접 참여했던 인물은 그의 조카인 朴晉材와 族人 盧碩崇 등이었다. 이들이 이의민 제거에 앞장서게 된 동기는 자세히 알 수 없지만, 최충헌의 족인이었다는 점만으로도 어느 정도의 이유는 성립할 수 있을 것이다. 이들 외에, 監行領將軍 白存儒와 대장군 李景儒·崔文淸 등이 협력했으나, 어떠한 성격의 인물들인가는 확실치 않다.

최충헌정권의 성립에 기여한 무인들을 알아보는 방법의 하나로 필자는 최충헌정권 초기에 宰樞에 오른 무인들에 주목하고자 한다. 이들이 어떠한 성격의 인물들이었나를 파악할 수 있다면, 최충헌정권이 성립할 수 있었던 시대적인 배경이나 최충헌정권의 성격을 이해하는데 도움이 될 수 있을 것이다. 이들은 재추에 올랐다는 사실만으로, 최충헌정권의 성립에 기여했거나, 성립 이후 최충헌과 정치적 견해를 같이 했다고 할 수 있는 것이다.

최충헌은 명종 26년(1196) 4월에 이의민을 제거했는데, 11월에는 이의민정권 아래에서 문하시중을 역임한 두경승을 中書令에 임명하였다. 중서령은 실직이 아니었고 종친에게 일종의 명예직으로 수여하는 것이 일반적이었으며, 일반관료의 경우는 致仕職으로 제수하여 일을 보지 않게 하는 것이 원칙이었다. 또한 사망한 사람에게 증직으로 많이 이용되기도 했던 것이다.[8] 따라서 최충헌에 의한 두경승의 중서령 제수는, 두경승이 최충헌정권의 성립에 기여했기 때문이 아니고, 이의민 제거에 따른 인심의 동요를 막기 위해 임시로 취해진 조치에 불과했다는 이해도 불가능하지만은 않을 것이다. 두경승과 최충헌의 관계에 대해서는 후에 자세히 살필 기회가 있을 것인데, 설사 두경승의 중서령

7) 〈崔忠獻墓誌銘〉(《朝鮮金石總覽》 上).
8) 邊太燮, 〈高麗宰相考-3省의 權力關係를 중심으로-〉(《歷史學報》 35·36, 1967 ; 《高麗政治制度史硏究》, 一潮閣, 1971, 61~64쪽).

임명이 인심 회유를 위한 것이었다 하더라도, 왜 하필 두경승을 내세워 그러한 효과를 기대했는가 하는 점은 검토되어야 할 것이다.

杜景升은 全州 萬頃縣人이었다. 그의 가계가 어떠했는가에 대해서는 기록이 없으나, 그의 장인이 상장군인 文儒寶였다는 데 이르면, 결코 무시할 수 없는 가문의 출신이었다는 생각이 든다. 그는 무신란 당시 다른 무인들과는 달리 남의 재산을 추호도 범하지 않았다 한다. 따라서 그는 무신란에 소극적이었던 인물로 이해된다. 난의 수행과정에서 범할 수 있는 여러 가지 불법들을 그만이 추호도 범하지 않았다는 사실을 두경승의 개인적인 성품 탓으로만 돌려버릴 수는 없기 때문이다. 이러한 두경승이었던 만큼, 이의민과 정치적 갈등이 없을 수 없었다. 이의민의 집권기 동안에도 이의민과 종종 정치적 갈등을 빚었던 것이다. 결국 두경승의 출신 가문이나 정치적 성격이 이의민과 달랐던 점이, 최충헌으로 하여금 두경승을 내세워 쿠데타 이후의 민심을 수습해 보려 했던 이유였다고 이해된다.

신종 즉위년(1197)에 守司徒·中書侍郎平章事·監修國史·判兵部事·太子太傅에 임명되었던 奇洪壽는 최충헌과 함께 신종의 폐위를 단행한, 최충헌정권에 누구보다 깊이 관여한 인물이었다. 그는 어려서부터 詩書를 교육받을 정도의 환경에서 자랐다는 사실로 미루어 보아서 그는 상당한 가문의 출신이었다고 추측된다.

역시 신종 즉위년에 참지정사에 임명되었던 李文中에 관해서는 명종 13년과 동왕 17년에 金에 사신으로 파견되었다는 기록이 있을 뿐이다. 무인들을 외국에 사신으로 파견한 예는 무신란 이후 흔히 나타나는데, 이들은 비록 무인이라 하더라도 어느 정도의 학식을 갖춘, 따라서 좋은 가문의 출신들이었다고 생각된다. 이러한 점은 미천한 출신의 이영진이 금에 사신으로 파견되었다가 온갖 수모를 당했다는 기록이 있는 것으로[9] 미루어 보더라도 짐작된다.

신종 4년(1201) 평장사에 오른 金晙은 경진의 사위였다. 경진은 경대승의 아버지로 당시 그의 가문은 무반으로서의 확고한 지위를 구축하고 있었다. 그는 무신란 이후 중서시랑평장사를 역임하였다. 이러한 경진의 딸을 처로 맞이한 김준의 가문 역시 경진의 그것에 크게 뒤지지 않았을 것이다.

---

9) 《高麗史》 권 100, 列傳 13, 李英搢.

車若松은 신종 즉위년에 추밀원부사에 올랐었다. 그는 直史館의 벼슬을 지낸 車擧首의 작은 아들이었다. 직사관은 비록 정8품에 불과하지만 春秋館에 소속된 벼슬로 문신 가운데서도 문명이 있는 자들이 임명되었던 것으로 생각된다. 이러한 점으로 미루어 그의 출신 신분도 좋았던 것으로 이해된다.

金元義는 이의민 제거 직후 장군으로서 급사중을 겸임하였다. 이로 미루어 최충헌의 이의민 제거에 협력했을 가능성이 크다. 그런데 그의 부친 金位는 守司空左僕射에 추증되었으며, 장인은 상장군 印榮寶였다. 김위가 역임한 실질적인 관직은 알 수 없지만, 수사공좌복야에 추증했다는 사실만으로 상당한 관직에 올라 있었음이 분명하다. 김원의의 정치적 지위가 높았다고 하더라도 지나치게 낮은 관직의 인물을 수사공좌복야에 추증했을 것 같지는 않은 것이다. 김원의는 강종 2년에 평장사가 되었다.

신종 7년 문하시랑평장사로 죽은 盧孝敦은 盧永淳의 아들이었다. 노영순은 의종 말에 承宣의 지위에 올랐었는데, '兵家의 子'였기에 무신란에서 화를 면하고 이후 평장사에까지 이르렀던 인물이다. 그는 전통적인 무반 가문 출신이었던 것이다. 따라서 노효돈 역시 좋은 가문 출신이었음을 알 수 있다.

최충헌의 집권 초기에 정치적 실력자의 한 사람으로 등장한 무인은 于承慶이었다. 최충헌의 쿠데타 직후인 명종 27년, 무인들은 利賓門 밖의 서쪽 행랑 기둥에 구멍이 뚫린 사실을 두고, 이는 문신들이 무신들을 저주하여 저지른 행동이라 하였다. 문신들은 이에 대한 해명을 못하고 있었는데, 당시 대장군이었던 우승경이 간악한 자의 행위임을 지적하여 문신들을 곤란한 처지에서 벗어나게 했다 한다. 최충헌의 쿠데타는 무인들이 주도한 것이었기에, 당시의 문신들은 무인들의 움직임에 따라 갈 수밖에 없는 상황이었다. 이러한 시기에 문신들을 위해 무인들의 행동을 저지할 수 있었다면, 그의 정치적 위치는 대단했을 것이다. 최충헌과 밀착된 인물이었다고 이해하는 편이 타당해 보인다. 더구나 우승경은 쿠데타 직후인 명종 26년 6월에 최충헌과 함께 승선에 임명되었다. 쿠데타 직후 최충헌이 승선직을 장악한 것은 국왕의 정치적 향방을 중시한 때문이었을 것이다. 따라서 그와 함께 우승선이 된 우승경이었고 보면, 쿠데타의 주도세력이었을 가능성마저 없지 않다. 그는 희종대에 참지정사에 올랐었다.

우승경의 출신에 관해서는 그가 우승선이었다는 사실로 어느 정도의 추측은 가능할 것 같다. 일찍이 경대승은 명종으로부터 승선직 제수를 제의 받은 적이 있었다. 경대승이 정중부를 제거하자, 국왕인 명종은 정중부의 아들 鄭筠이 가지고 있던 승선직을 경대승에게 제수하여 그의 환심을 사려고 했던 것이다. 그러나 경대승은 이를 거절하였다. 승선은 왕명의 출납을 담당하는 직책이므로 儒者가 아니면 맡을 수 없다는 것이 그 이유였다.[10] 경대승의 이러한 주장은 물론 원칙론적인 것이었다. 무신란 이후에는 무인들도 승선직을 역임했기 때문이다. 다만 무인이라 하더라도 학식을 갖춘 자들이 이를 담당했음은 부인하기 어려운 것이다. 그렇다면 우승경도 무인이었지만 학식이 있는 인물이었고, 따라서 유교 교육을 받을 수 있는 가문에서 성장했다고 이해된다.

鄭叔瞻은 최충헌의 아들인 崔怡(또는 瑀)의 장인이었다. 그의 가계에 관해서는, 그의 아버지 鄭世裕가 명종조에 형부상서에 이르렀다는 점이나, 그가 崔惟淸의 아들인 崔詵의 딸을 처로 맞이했다는 사실[11]이 참고된다. 그의 처가는 당대 최고의 재상가였던 것이다. 그는 명종 24년에 不軌를 꾀했다는 죄목으로 그의 부형 鄭世裕·鄭允當과 함께 남쪽지방에 유배되었다. 따라서 정숙첨이, 최충헌가와 통혼한 시기가 언제인가 분명치 않지만 설령 최충헌의 쿠데타 이후였다 하더라도, 최충헌의 이의민 제거에 협력할 소지는 그 이전부터 이미 갖추고 있었다고 생각된다.

이제까지의 검토를 통하여, 최충헌을 비롯한 그의 정권 성립에 기여했던 무인들은 대체로 좋은 가문의 출신이었음을 알았다. 이러한 사실은 무엇을 말해 주는 것일까. 이에 대한 해답은 최충헌정권의 무인들과 이의민정권을 주도했던 무인들과의 출신을 비교하면 구할 수 있을 것이다.

이의민정권을 주도한 무인들 가운데는 賤系를 포함하여 한미한 가문의 출신이 많았다. 절에 딸린 노비의 아들이었다는 이의민을 비롯하여, 옥공의 아들인 조원정, 電吏 출신의 정방우, 창고 곁에서 쌀을 주워 먹고 살았다는 석린 등이 이의민집권기의 무인들로 눈에 띈다. 이들 외에도 '門地가 賤微했다' '세계가 본래 한미했다' '가문이 대대로 천했다'라고 표현된 무인들이 이의민

10) 《高麗史》 권 100, 列傳 13, 慶大升.

11) 朴龍雲, 〈高麗時代의 定安任氏·鐵原崔氏·孔巖許氏 家門分析〉(《韓國學論叢》 3, 誠信女大, 1978), 62쪽.

정권을 주도했던 것이다.

이처럼 한미한 가문 출신인 무인들이 이의민정권을 주도할 수 있었던 것은 무신란에서 그들의 역할이 두드러진 때문이었다. 무신란은 하급 무신을 비롯한 다수의 일반 군인들이 참여함으로써 성공할 수 있었다. 따라서 여기에서 적극적으로 활동한 하급 무신들은 신분에 구애됨이 없이 정권의 핵심 세력으로 부상할 수 있었고, 이것이 표면화된 시기가 이의민집권기였던 것이다. 그러한 만큼 이의민집권기는 커다란 변화를 수반한 시기였다.

이의민정권 아래에서 한미한 가문 출신 무인들의 정치적 부상은 좋은 가문 출신의 무인들에게 적지 않은 자극을 주었을 것이다. 그들은 그들의 가문에 힘입어 순탄한 출세를 보장받을 수 있는 인물들이었다. 특히 무신정권 아래서는 정치적인 특권을 누릴 수 있는 인물들이었다. 그러함에도 불구하고 이의민집권기에는 그들이 누릴 수 있는 지위를 양도할 수밖에 없었다. 최충헌에게 이의민의 제거를 제의한 최충수의 경우를 예로 들어보자.

상장군 최원호의 아들이자 충헌의 동생이었던 崔忠粹는, 특히 그의 사위가 趙永仁의 아들인 趙準이었음이 주목된다. 조영인은 명종조에 이미 참지정사와 정당문학을 역임한 인물이었다. 최충수가 조영인가와 혼인한 것은 그의 쿠데타 이전이었다고 생각된다. 그는 쿠데타의 성공 이후 곧 최충헌에 의해 제거되었기 때문이다. 따라서 최충수는 쿠데타 이전에 이미 재상가와 혼인할 수 있는 가문의 배경을 갖추고 있었던 셈이다. 이러한 가문의 배경과는 어울리지 않게, 쿠데타 당시 최충수의 관직은 東部錄事에 불과하였다. 동부록사는 서울의 5부 가운데 하나인 동부의 녹사로 甲科權務가 이 직에 임명되었다.[12] 즉 최충수는 정식 품관도 못되었던 것이다.[13]

물론 좋은 가문 출신의 무인이 이의민집권기에 고위 관직에 올랐던 예가 없었던 것은 아니다. 그러나 권력의 핵심에는 접근할 수 없었던 듯하다. 그것은 杜景升을 통해서 짐작된다. 두경승은 이의민집권기에 평장사를 거쳐 문하시중에까지 이르렀으며, 三韓後壁上功臣에 책봉되기도 했던 인물이다. 《高麗史》에 그의 공신 책봉을 축하하는 연회에 관한 기록이 있다. 이에 따르면 연

12) 邊太燮, 〈高麗時代 京畿의 統治制〉(《高麗政治制度史硏究》, 일조각, 1971), 60쪽.
13) 金光洙, 〈高麗時代의 權務職〉(《韓國史硏究》 30, 1980), 41·47쪽.

회장에서 그가 노래를 부르자 이의민이 이를 꾸짖었고, 이에 연회는 파했다 한다. 공신에 책봉되고 직위도 이의민보다 위에 있던 두경승이었으나, 이의민의 뜻을 거역할 수 없었던 것이다.

최충수와 같은, 좋은 가문의 출신임에도 불구하고 출세에 제약을 받았던 무인들은 이의민정권을 무너뜨릴 기회를 기다렸을 것이다. 한편 두경승과 같이, 이의민정권 아래에서 고위직에 올라 있었지만 정치적인 실권을 장악하지 못한 인물들에게는 이의민 제거에 동조할 가능성이 충분히 있었다. 이는 최충헌과 두경승의 관계를 통해서도 짐작되는 일이다. 최충헌이 이의민을 제거한 직후, 두경승은 명종을 폐위하는데 있어서 최충헌의 의논 상대였던 것이다.

최충헌은 쿠데타의 성공 직후 10조목에 달하는 건의사항을 국왕에게 올렸다. 소위「封事十條」가 그것이다. 그 첫머리에서 최충헌은 이제까지의 정치가 태조가 제정한 법제와는 크게 어긋난 것임을 지적하였다. 그런데 봉사10조는 이의민정권의 失政을 지적하고 자신의 쿠데타가 정당한 것임을 입증하기 위해 올린 것이었다. 말하자면 쿠데타 이후 제시한 공약과 같은 것이다. 기존의 정치가 태조의 법제와 달랐음을 강조한 것은, 최충헌 자신이 그러하지 않겠다는 의지를 나타내 보임으로써 다수의 지지를 얻으려는 것이었다. 이의민집권기의 변화에 많은 사람들이 불만을 느끼고 있었음을 알려 준다 하겠다.

이상과 같은 이해가 정당한 것이라고 한다면, 최충헌정권의 성립은 단순히 우발적인 사건의 결과이기보다도 이의민정권을 주도했던 무인들과 최충헌으로 대표되는, 그들과는 다른 정치적 성격의 소유자들 간의 대립의 결과였다고 이해해야 옳을 것이다. 이와 아울러 무신란을 계기로 정권을 장악한 미천한 출신의 무인들이 좋은 가문출신의 무인들에게 정권을 양도할 수밖에 없었다는 사실은, 고려가 신분제사회였음을 단적으로 알려 주는 것이 아닌가 한다.

최충헌정권의 성립 이후에 재추에 오른 무인들 역시 초기 최충헌정권의 성립에 기여한 무인들과 마찬가지로 좋은 가문의 출신이 대부분이었다. 鄭克溫·金就礪·鄭邦輔 등을 통해 확인되는 사실이다.

고종 2년(1215)에 참지정사로 죽은 정방보는 대장군 鄭元寧의 아들이었다. 한편 고종 5년 추밀원부사에 오른 김취려의 조부는 金吾衛攝郎將을 지낸 金彦良이었으며, 부 金富는 金吾衛大將軍을 역임하였다. 김언량이나 김부 모두가 무반직에 올라 있었던 셈이다. 특히 김부는 명종 16년에 장군으로서 예부시랑을 겸임하기도 했다.

정방보가 어떠한 가문의 출신인가는 현존하는 그의 묘지명을 통해서도 확인하기 어려운데, 다만 신종 원년에 그가 예부시랑으로서 금에 사신으로 파견된 적이 있다는 사실에서 어느 정도의 단서는 얻을 수 있을 것 같다. 앞서도 언급했지만, 외국에 사신으로 파견되었다는 것 자체가 학식을 갖춘 무인이었음을 알려 주는 것이다. 더구나 당시는 최충헌에 의해 명종이 폐위되고 신종이 옹립된 시기로 어느 때보다 對金外交가 중요한 시기였다. 금은 명종의 퇴위가 석연치 않다는 것을 빌미로 고려에 정치적인 압력을 가해 왔던 것이다. 정방보는 상당한 정도의 교육을 받을 수 있었던 가문의 출신이었음이 분명하다.

이처럼 최충헌집권기의 무인 재추들이 좋은 가문의 출신이었다는 사실은 최충헌정권을 이해하는데 적지 않은 시사를 준다. 이들은 고려의 기본적인 제도를 변화시키지 않고도 그들의 지위를 유지할 수 있는 인물들이었다. 따라서 급격한 변화를 달가와 했을 까닭이 없다. 급격한 변화는 오히려 그들의 현실적인 지위를 위태롭게 만들 수 있는 것이었다. 이러한 점에서 최충헌정권은 그 이전의 이의민정권과 좋은 대조를 이룬다. 즉 미천한 가문 출신의 인물들에 의해 주도된 이의민정권이 커다란 변화를 수반했던 것과는 달리 최충헌정권은 과격한 개혁은 단행하지 않았을 것으로 추측된다.

최충헌집권기 무인 출신 재추들의 자손 가운데는 최충헌 이후 崔怡(瑀)·崔沆정권 아래에서 현달한 자가 적지 않았다. 우선 김준의 아들 金仲龜는 최이정권 아래에서 평장사를 역임하였다. 김중귀는 그의 장녀를 최충헌의 아들 崔球에게 출가시킴으로써, 최씨가와 혼인을 맺기도 했다.

車若松의 후예로는 車倜이 눈에 띈다. 차척은 약송의 형인 若椿의 손자였던 것이다. 그는 최충헌정권 아래에서 좌승선을 거친 후 최이집권기에 참지정사를 역임하였다.

정숙첨의 아들은 鄭晏이었다. 정안은 최항의 집권과 더불어 知門下省事에 오른 후, 참지정사를 역임하였다. 한편 김취려의 아들은 金佺인데, 그는 원종 원년에 추밀원부사가 되었다.

정방보의 후손에 대해서는 그들이 누구였는가 조차도 확인하기 어렵다. 그러나 그들의 정치적 지위는 정방보가 襄平公에 추증되었다는 것으로 어느 정도 가늠해 볼 수 있을 것이다. 정방보가 사망한 것은 고종 13년인데, 그는 고종 7년에 평장사에서 安東副使로 폄출되었다. 이러한 그가 사후 양평공에 추증된 것은 그의 자손들의 정치적 지위에 힘입었기에 가능하지 않았나 생각된다.

최충헌집권기에 재추에 오른 인물들의 자손이 최충헌 이후의 최씨정권 아래에서 정치적으로 중요한 위치를 차지했던 것은 무인들의 경우에만 국한된 것은 아니었다. 문신의 경우, 이러한 현상은 더욱 현저하였다. 최씨집권기 동안에 만 3명 이상의 문신 재추를 배출한 가계가 넷이나 되었다는 사실로 알 수 있는 일이다. 慶州金氏 金鳳毛의 가계와 横川趙氏 趙永仁의 가계, 그리고 定安任氏 任濡와 鐵原崔氏 崔惟淸의 가계가 그들이다.

김봉모의 가계는 김봉모가 참지정사에 오른 이후 그의 아들 金台瑞가 평장사가 되었으며, 손자 金起孫 역시 고종 말에 평장사가 되었다. 이들 외에 김태서의 또 다른 아들 若先과 慶孫도 각각 무인으로 재추의 지위에 올랐었다. 이 가운데 약선은 최이의 사위로서 그의 후계자로 시목되기도 했다. 결국 무반으로 진출한 인물들까지를 포함하면, 김봉모의 가계는 최씨집권기 동안 5명의 재상을 배출한 셈이다.

횡천 조씨는 조영인이 신종조에 평장사에 오른 이후, 그의 아들 趙冲과 손자 趙季珣이 대를 이어 재상이 되었다. 그런데 조충의 동생으로서 우승선을 역임한 趙準은 최충헌의 아우 최충수의 사위였다. 한편, 조계순은 그의 딸을 최항에게 출가시켜 최항의 장인이 되었다. 조영인의 가계는 3대에 걸쳐 재상의 지위에 올랐으며, 2대에 걸쳐 최씨가와 혼인을 맺었던 것이다.

신종조에 평장사에 임명된 任濡는 숙종조에 평장사를 지낸 任懿의 손자였으며, 부친은 의종조에 문하시중을 역임한 任元厚였다. 따라서 그의 가문은 여러 대의 재상가였다고 할 수 있다. 그런데 최충헌은 임유의 형인 任溥의 딸과 혼인했으며 자신의 딸은 임유의 아들 任孝明에게 출가시켰다. 최충헌이 이처럼 임유가와 중첩적인 혼인관계를 맺은 것은 누대의 재상가인 정안 임씨와 혼인함으로써 자신의 사회적 지위를 높이려 했던 것으로 이해된다.[14] 정안 임씨

14) 朴菖熙, 앞의 글, 109쪽.
閔賢九, 〈高麗後期의 權門世族〉(《한국사》 8, 국사편찬위원회, 1977), 17쪽.

는 임유의 새 아들 景肅·景謙·孝順이 또한 모두 최씨정권 아래에서 재상이 되었다.

신종 즉위년에 중서시랑평장사에 임명된 崔讜과 지추밀원사에 오른 崔詵은 모두 무신란 직후인 명종조에 평장사를 역임한 최유청의 아들이었다. 최유청의 자손들은 최당이나 최선에 그치지 않고 그들 이후에도 최씨정권 아래에서 현달하였다. 최당의 손자 崔璘이 재상의 지위에 올랐으며, 최선의 후손들은 이보다 더욱 번성하였다. 최선의 아들인 崔宗峻은 문하시중에 이르렀고, 손자 崔昷과 崔坪 역시 재상이 되었다. 철원 최씨는 최씨정권 아래에서만 6명의 문신 재상을 배출했던 것이다. 그런데 최충헌의 아들인 최이는 최종준의 조카 사위였다 한다. 또한 최선의 사위가 최이의 장인인 정숙첨이었던 것이다. 또한 최온의 딸은 후일 최항의 배필이 되었다. 따라서 최선의 후손들은 최충헌가와 중첩적인 혼인을 통해 그들의 지위를 굳혀 나갔다고 할 수 있다.

최씨집권기 동안 소수의 가문에서 많은 수의 재상을 배출했다거나 최씨가 이들과 혼인을 통해 자신의 사회적 지위를 높이려 했다는 사실은 당시로서는 문벌에 대한 강한 집착을 사회로부터 씻어 버릴 수 없었음을 의미하며, 아울러 최씨집권기에는 정치적 지배세력에 커다란 변화가 없었음을 암시해준다 하겠다. 따라서 최충헌정권과 이후의 최씨정권은 그 성격에 있어서 커다란 차이가 없었다고 할 수 있다.

2) 최씨가의 권력세습

최씨정권은 대를 이어 권력을 세습하였다. 최충헌에서 최의에 이르는 4대 60여 년 동안 최씨정권은 지속되었던 것이다. 명종 26년(1196)에 정권을 장악한 최충헌은 고종 6년(1219) 사망할 때까지 23년 동안 집권하였으며, 이후는 그의 아들 崔瑀, 즉 최이가 권력을 세습하였다. 그리고 고종 36년(1249)에는 최이의 서자 최항이 집권자가 되었으며, 동왕 44년(1257) 최항이 병사하자 그의 노비 소생인 崔竩가 그의 뒤를 이었다. 이러한 최씨정권은 최의가 고종 45년(1258) 3월 柳璥·金俊 등에게 제거됨으로써 막을 내리고 말았다.

이러한 형태의 권력세습은 한국의 역사상 유일한 것이었다. 따라서 여기에서는 주로 이러한 점에 초점을 맞추어 최씨정권의 전개과정을 살펴 볼 예정인데, 이에 관해서는 이미 일찍부터 학계의 관심이 모아진 바 있다. 그 결과 최충헌은 강력한 사병조직을 통해 정적을 제어했고 따라서 권력의 세습도 가능했을 것이라는 견해가 제기되었다. 이에 이의를 제기하기는 어렵다. 그러나 과연 무력만으로 정적의 제어가 가능했는가, 또한 최충헌에 의해 조직된 사병이 어떻게 그의 후계자에게까지 충성을 바칠 수 있었는가 하는 등의 의문은 남는다. 우선 최씨정권이 정적들을 어떻게 제어했을까 하는 점을 최충헌의 경우를 통해 알아보기로 하자.

최충헌집권기에 재추에 오른 무인 가운데 상당수는 최충헌에 의해 숙청되었다. 이러한 인물 가운데는 정권의 성립에 기여함으로써, 그의 집권 초기에 재추에 올랐던 인물들이 특히 많았다. 두경승·우승경·정숙첨은 그 대표적인 인물들일 것이다. 최충헌정권의 성립에 크게 기여한 이들이었고 보면, 그들의 숙청 이유가 궁금해진다.

쿠데타 직후 최충헌에 의해 중서령에 임명되었던 두경승이 숙청된 이유를 밝혀주는 적절한 사료는 없다. 다만 최충헌의 쿠데타가 그의 족인들을 중심으로 계획되고 추진되었다는 사실과 쿠데타 당시 최충헌의 지위가 攝將軍에 불과했다는 점은 이와 관련하여 염두에 둘 필요가 있을 것이다. 최충헌보다 직위가 높았던 무인들은 최충헌의 독주를 방관했을 것 같지 않다. 그들은 직위를 이용하여 최충헌보다 우위를 점하려 했을 가능성도 배제하기 어렵다. 이는 이의민의 餘黨 토벌에 협력했던 대장군 李景儒·崔文淸 등의 무인들을 최충헌이 제거한 사실에서 엿볼 수 있다. 따라서 최충헌은 고위 무신의 대표적인 존재였던 두경승 역시 방치해 두기는 어려웠던 것이 아닌가 한다. 결국 두경승이 최충헌을 모해하려 한다는, 사실이 아니었을지도 모르는 익명서 하나로 최충헌은 두경승을 紫燕島에 유배시켰던 것이다.

우승경이 최충헌에 의해 유배된 것은 희종 7년(1211)이었다. 희종과 王濬明이 최충헌을 살해하려 한 사건에 그가 연루된 때문이었다. 그런데 사실은 이 사건이 있기 이전부터 우승경은 최충헌과 갈등이 있었던 듯하다. 우승경이 최충헌을 살해하려 한다는 내용의 익명서가 최충헌의 집에 던져졌던 사실로 미루어 그러하다.[15] 이 익명서의 내용은 사실이 아니었으나, 이러한 익명서가 나타날 수 있었다는 것 자체가 최충헌과 우승경의 틈이 벌어져 있었음을 알려 주는 것이 아닌가 한다. 이들 사이의 갈등은, 우승경이 쿠데타 직후부터 정치적 실력자였음을 감안하면, 불가피한 것이었는지도 모른다.

정숙첨은 최이의 장인으로, 그에 대해서는 후에 상술될 기회가 있을 것이나, 아무튼 이 사실만으로도 그가 대단한 정치적 지위를 누렸을 것임은 쉽게 짐작할 수 있다. 따라서 최충헌에 의해 숙청된 인물들은 무인 재추 가운데서도 정치적인 실력자였던 셈이다. 사실 최충헌과 함께 쿠데타를 모의하고 수행한 최충수·박진재는 재추에 오르기도 전에 제거되고 말았던 것이다.

최충헌집권기의 정치적 실력자들이 최충헌에 의해 제거되었다는 사실은 최충헌의 무인에 대한 통제가 그만큼 철저했음을 알려 준다. 따라서 최충헌의 무인에 대한 통제방법을 구체적으로 알 수 있다면, 최충헌정권의 전개를 이해하는데 보탬이 될 것이다. 그와 최충수의 관계에 대한 검토로부터 이 문제에 대한 실마리를 풀어보기로 하자.

이의민의 제거 이후 최충헌의 가장 강력한 정적으로 등장한 인물은 그의 동생 최충수였다. 이의민의 제거를 먼저 제의했음에도 불구하고 쿠데타 이후의 정치적인 주도권을 최충헌이 장악한 데 대한 불만으로 최충수는 그의 형에게 반기를 들었던 것이다.

최충헌과 최충수의 마찰은 최충수가 그의 딸을 太子妃로 들이려 한 것을 계기로 권력쟁탈전의 양상을 띄었다. 여기에서 세력의 열세를 실감한 최충수는 최충헌과의 싸움을 포기하려 하였다. 그러자 장군 吳淑庇·俊存深·朴挺夫 등은 최충수를 부추겨 일전을 독려하였다. 다음의 기록에 주목해 보자.

> 충수가(국왕과 諸衛의 장군들이 충헌을 돕는다는 사실을 듣고) 두려워하여 그 무리에게 말하기를 '아우가 형을 공격하는 것은 悖德이다. 내가 어머니를 모시고 毬庭에 들어가 형에게 죄를 빌고자 하니 너희들은 마땅히 각기 도망하여 가라' 하였다. 장군 오숙비·준존심·박정부 등이 말하기를 '우리가 公의 門에서 놀았던 것은 공에게 세상을 덮을 만한 기개가 있었기 때문이었는데, 이제 도리어 겁냄이 이와 같으니 이는 우리들을 멸족시키는 것과 다를 바 없습니다. 청컨대 일전하여 자웅을 가립시다'고 하였다(《高麗史》 권 129, 列傳 42, 崔忠獻).

---

15) 《高麗史節要》 권 14, 희종 6년 3월.

최충수는 최충헌에게 잘못을 빌겠다는 뜻을 그의「무리」에게 알렸는데, 장군 오숙비 등이 이에 반대하고 나섰다 한다. 따라서 오숙비 등은 최충수의「무리」의 구성원이었음을 알 수 있다.

최충수와 그의 무리는 생사를 같이 할 정도로 밀착된 관계를 맺고 있었다. 최충수가 최충헌에게 그의 죄를 빌기로 한 후, "너희들은 마땅히 각기 도망하여 가라"고 그들에게 숨을 것을 권유한 것이나, 그들이 "(공이) 이제 도리어 겁냄이 이와 같으니 이는 우리들을 멸족시키는 것이다"라고 하여, 최충수가 최충헌에게 항복하면 그들도 죽음을 면하지 못할 것을 강조한 사실에서 엿볼 수 있다.

최충수의「무리」가 최충수의「門」에 모였던 이유는, 오숙비 등의 지적처럼, 그가 '세상을 덮을 만한 기개가 있었기 때문'이었다. '세상을 덮을 만한 기개'란 정권을 장악할 수 있는 능력을 말하는 것으로 이해되므로, 그들은 최충수의 정권 장악을 기대하고 모여든 자들이었다고 할 수 있다. 최충수가 정권을 장악한다면 그들도 그들의 지위 향상을 기대할 수 있었을 것이다. 한편 최충수에게 있어서 그의「무리」는 곧 그의 세력기반이었다. 이들 최충수의 무리는 최충수의 門客이었음이 분명하다.[16] 오숙비 등의 말 가운데 '우리가 公의 門에서 놀았다'는 표현으로 미루어서도 짐작된다.

최충수의 문객이 최충수로 하여금 최충헌과의 일전을 불가피하게 만들었다면, 문객을 보유한 무인이야말로 항상 최충헌의 경계의 대상이었을 것이다. 박진재의 경우를 예로 들어 검토해 보자.

박진재의 문객은 그 수에 있어서 최충헌의 문객에 비교될 정도였다. 박진재가 이처럼 많은 수의 문객을 보유할 수 있었던 것은 최충헌이 묵인하였기에 가능했다고 생각된다. 최충헌은 그의 조카였던 박진재의 도움을 바탕으로 그의 정권을 성립시킬 수 있었으므로, 박진재의 문객은 때에 따라 최충헌의 군사적인 기반이 되었던 것이다.[17] 따라서 최충헌은 박진재의 문객 보유를 허용했다고 할 수 있다. 그러나 최충헌정권이 자리를 잡아감에 따라 이러한 사정은 변할 수밖에 없었다. 외부의 정적이 제거된 상황에서 최충헌에게 위

---

16) 金鍾國, 〈高麗武臣政權の特質に關する一考察〉(《朝鮮學報》 17, 1960), 64쪽.
17) E. J. Schultz, 앞의 글, 137쪽.

협적인 존재가 될 수 있는 자들은 그 내부에서 나타나기 마련이다. 박진재는 바로 그 대표적인 인물이었고, 이에 최충헌은 정권 유지를 위해 박진재를 제거할 수밖에 없었을 것이다.

최충헌이 박진재에 대한 제어의 한 방법은 그의 문객에게 관직을 제수하지 않는 것으로 나타났다. 박진재의 문객에게 관직을 제수하는 것은 곧 박진재의 세력 확대와 직결되었기 때문이다. 이에 박진재를 비롯한 그의 문객들이 반발했음은 물론이다. 박진재는 "외숙은 임금을 업신여기는 마음이 있다"고 최충헌을 노골적으로 비난했는가 하면, "만약 최충헌이 없다면 정권을 오로지 할 수 있다"라고 하여, 최충헌 제거를 암시하기도 했던 것이다. 그의 문객 역시 최충헌에게 반기를 들었음은 최충헌이 박진재를 제거하기 이전인 신종 2년에 박진재의 문객인 神騎指諭 李勛中이 黃州牧守 金俊琚와 함께 난을 모의했던 사실로 미루어 알 수 있다.

박진재의 문객은 최충수의 제거과정에서 최충헌 자신이 이용하기도 했던 자들이다. 이들에게 관직을 제수하지 않았다면, 다른 무인들의 문객에게는 말할 나위도 없었을 것이다. 한편 문객은 그 주인에게 충성을 바치고 그에 상응하는 대가를 기대하는 자들이었다. 따라서 봉사에 대한 대가를 기대하기 어려웠을 때 문객은 흩어지기 마련이다. 李義方의 형인 李俊儀와 그의 문객과의 관계에서 그 실례를 엿볼 수 있다. 이준의는 당시의 집권자였던 그의 동생 이의방과 틈이 벌어져 이의방에게 죽음을 당할 뻔하였다. 다른 사람들의 만류로 이준의는 목숨을 보전하였으나 문객은 흩어졌다. 당시의 집권자 이의방의 미움을 산 이준의의 문객이 되어 보았자, 그들에게 돌아 올 것은 없다는 사실을 그들은 알았을 것이다. 그렇다면 문객이 되어도 관직을 제수받기 어려웠을 경우 문객은 모여들지 않았을 것이다. 최충헌이 집권한 이후 다른 무인들의 문제에 관한 기록이 그 이전과는 달리 거의 나타나지 않는 까닭이 여기에 있다고 생각한다.

무인들의 문객 보유를 철저하게 견제한 것은 최충헌만이 아니었다. 그 이후의 최씨집권자들도 마찬가지였다. 최이집권기의 기록인 다음을 참고해 보자.

> (李子晟이) 東京을 평정한 후에 장사들이 매일 그 문에 모여들었다. (자성은) 權貴의 꺼려하는 바가 될 것을 두려워하여 병을 칭탁하고 문을 닫았다. 사람들

이 그 知幾를 칭찬하였다(《高麗史》 권 103, 列傳 16, 李子晟).

이자성이 동경에서 일어난 崔山·李儒의 亂을 토벌한 것은 고종 20년(1233)의 일이었다. 이자성이 동경을 평정하자 장사들이 날마다 그 「문」에 모여들었다 한다. 이자성의 「문」에 모여든 장사들은 이자성의 문객이 되려는 자들이었다고 생각된다. 이에 이자성은 「권귀」의 꺼리는 바가 될 것을 두려워하여 병을 칭하고 문을 닫았다는 것이다. 여기의 「권귀」는 당시의 집권자 최이를 가리키는 것이 분명하다. 문객이 모여드는 것을 최이가 꺼릴까 두려워하여 이자성이 병을 칭하고 문을 닫았다는 사실로 미루어, 최이가 무인들의 문객 보유를 어느 정도로 철저하게 견제했는가를 알 수 있다. 무인들의 문객 보유는 곧 자신의 정권을 위협하는 것과 마찬가지이므로, 최이가 이를 견제했을 것은 당연하다.

결국 최충헌은 무인들의 문객에게 관직을 제수하지 않음으로써, 무인들이 문객을 보유할 수 없게 만들었고, 따라서 그들의 세력 확보를 저지했던 것이다. 여기에 더하여 최충헌은 무인들이 그들의 합의기구를 통하여 공동으로 힘을 발휘할 수 있는 길마저 봉쇄하였다. 重房의 권한을 약화시킨 것이 그것이다.

무신란 이후의 중방은 궁성의 시위와 일반 치안을 담당하였으며, 시장의 교역을 살폈는가 하면 인사행정에도 관여하였다.[18] 최고의 권력기구였음을 감안하면 당연하다 하겠다. 그런데 중방의 역할과 관련하여 특히 강조하고 싶은 것은 정치적인 모반 사건을 중방에서 처리했다는 점이다.

이의방집권기인 명종 4년(1174)에 西京留守 조위총은, 중방이 북계의 여러 성을 토벌하려 한다는 것을 내세워 군사를 일으켰다. 즉 북계인은 중방의 북계토벌 계획에 대처해야 한다는 것이 조위총의 주장이었다. 그런데 중방이 북계의 여러 성을 토벌하려 했던 것은 무신란 이후 북계의 여러 성에서 모반사건이 빈번하게 일어난 때문이었다. 특히 명종 2년 6월의 昌州人·成州人·鐵州人의 반란은 병마사가 제어하지 못할 정도였던 것이다. 이로 미루어 중방은 모반사건의 대책을 논의한 기구였다고 이해된다. 이러한 점은 정중부집권기나 경대승집권기, 그리고 이의민집권기에도 마찬가지였던 듯하다. 정중부집권기에는 興

---

18) 金庠基, 〈高麗武人政治機構考〉(《東方文化交流史論攷》, 乙酉文化社, 1948), 209~213쪽.

王寺의 승려가 德水縣人의 모반 사실을 중방에 고했다는 기록이 있으며,[19] 경대승 집권기에는 중방이 난에 대비하여 철저하게 경비할 것을 주장하기도 했던 것이다.[20] 또한 이의민집권기였던 명종 16년(1186) 校尉 張彦夫 등이 난을 일으키려 한다는 뜬소문에 접한 중방은 주모자인 장언부를 색출하여 처단하였다.[21]

중방은 독자적으로 군대를 동원할 수 있는 권한을 보유했었다. 명종 9년, 연말에 變이 있을 것이라는 妖言에 중방은 금군으로 하여금 칼을 뽑아 들고 국왕을 호위케 하였으며,[22] 동왕 16년에는 중방이 남을 무고한 자를 잡기 위해 금군을 풀어 시정을 엿보게 했다는 기록도 있는 것이다.[23] 비록 금군을 동원한 예이기는 하지만, 이를 통해 중방이 군대를 동원할 수 있었음을 아는 데는 부족함이 없을 것이다. 중방이 정치적인 모반사건의 처리를 담당한 기구였음을 감안하면 무리가 아니다.

중방은 무인집권자에게 위협을 가하는 경우가 종종 있었다. 이는 중방이 이의방을 살해한 승려 宗昆을 유배보냈다거나, 정중부가 죽은 뒤에 경대승의 제거를 공언한 무관이 있어서 경대승이 도방을 조직하여 이에 대비하였다는 사실로 미루어 짐작된다. 이의방이 죽은 후, 중방의 무인들은 이의방을 살해한 종감 등 10여 인을 유배보냈다. 그런데 종감 등이 이의방을 살해한 것은 정중부의 아들 鄭筠의 사주에 의해서였다. 따라서 중방무인들의 종감 유배는 곧 정중부정권에 대한 일종의 반발로 이해할 수 있을 것이다. 한편 경대승의 정중부 살해에 불만을 품고 경대승의 제거를 선언한 무관은 중방의 무인이었다고 생각된다. 이 무관이 단순히 한 개인에 불과했다면, 당시의 집권자 경대승이 도방을 조직하여 이에 대비할 만큼 두려워했을까 의심된다. 정중부정권 아래에서 특권을 누려온 고위 무신으로서 중방을 배경으로 경대승을 비난했을 것이라는 생각은 지우기 어려운 것이다. 고위 무신들은 그들의 합의기구인 중방을 통해서 집권자를 위협했던 것이다. 상·대장군의 합의기구였을 뿐만 아니라 병력 동원의 능력까지 갖춘 중방이었고 보면 이상할 것은 없다.

---

19) 《高麗史》 권 19, 世家 19, 명종 8년 정월 무오.
20) 《高麗史》 권 82, 志 36, 兵 2, 宿衛.
21) 《高麗史》 권 20, 世家 20, 명종 16년 정월 계미.
22) 《高麗史》 권 20, 世家 20, 명종 9년 12월 임자.
23) 《高麗史》 권 20, 世家 20, 명종 16년 10월 정축.

최충헌으로서는 이러한 중방을 약화시키는 방책을 강구하지 않을 수 없었을 것이다. 敎定都監의 설치와 재추회의의 활성화는 이러한 방책의 일부였다고 이해된다.

교정도감은 靑郊驛吏의 최충헌 살해 모의를 계기로 설치되었다. 희종 5년(1209) 청교역리 3인은 최충헌을 살해하기로 모의하고 公牒을 돌려 절의 승도를 모았다. 이에 최충헌은 교정도감을 설치하여 그 일당을 색출했는가 하면 연루자를 처벌하였던 것이다. 따라서 교정도감의 기능은 정치적인 모반사건의 처리에 있었다고 할 수 있다. 이러한 기능을 담당하는 중방이 있었음에도 불구하고 교정도감을 설치한 것은, 이로 하여금 중방을 대신하려 한 최충헌의 정치적인 의도 때문이었다고 생각된다.

정치적 모반사건에 대한 처리의 권한을 중방에 대신하여 교정도감이 행사했다면, 이와 함께 중방의 병력 동원의 능력도 소멸된 것이 아닌가 한다. 이에 관한 구체적인 기록은 없다. 다만 尹世儒라는 인물이 고종에게 "(우복야) 鄭稹과 그의 동생 추밀원사 정숙첨이 不軌를 꾀하려 하니 신으로 교정별감을 삼아 巡檢軍 일번을 붙여 주면 가히 (이들을) 소탕하겠습니다"라고 했다는 사실을[24] 참고할 수 있을 것이다. 이는 고종 2년의 기록으로 최충헌집권기에 해당한다. 여기에서 주목되는 것은 윤세유가 국왕에게 교정별감의 직책과 아울러 순검군을 이용할 수 있도록 청한 점이다. 이로 미루어 교정도감에서는 모반사건의 치죄를 위해 순검군과 같은 국왕의 시위부대까지 동원할 수 있었다고 생각된다. 따라서 모반사건의 치죄권을 교정도감에 이양한 중방은 병력을 동원할 수 있는 권리마저 상실했을 것이다. 이렇게 된 이상 중방이 무인집권자에게 위협을 가할 수 있는 소지는 줄어들 수밖에 없었을 것이다.

교정도감은, 그 구조를 분명히 밝히기는 어렵지만 합의기구는 아니었다. 그 장관인 別監이 정권을 행사할 수 있던 기구였다고 이해된다. 그런데 교정별감이 누구였는가에 대해서는 상반된 견해가 있어, 여기에서 무어라고 단언하기는 어렵다. 즉 최충헌 자신이 교정별감이었다는 견해와,[25] 다른 인물이 임명되었을 것이라는 주장이[26] 그것이다. 설사 최충헌 아닌 다른 인물이 교

---

24) 《高麗史》 권 96, 列傳 9, 尹瓘 附 世儒.

25) 金庠基, 앞의 글, 217쪽.

26) 邊太燮, 〈武臣亂과 崔氏政權의 成立〉(《한국사》 7, 국사편찬위원회, 1973), 120쪽.

정도감에 임명되었다 하더라도, 그가 최충헌과 밀착된 인물이었을 것임은 말할 나위도 없다. 따라서 교정도감은 최충헌의 의도대로 움직여질 수밖에 없었을 것이다.

중방은 최고의 권력기구였기에 인사행정에 관여했는가 하면, 시장의 교역을 규찰하기도 했다. 그런데 교정도감이 정치적인 모반사건의 처리를 목적으로 설치되면서 중방의 이러한 권한까지를 대신하였다. 여기에 더하여 정보기관으로서의 역할도 수행하였다.[27] 정보의 수집은 정치적인 모반의 방지나 치죄를 위해서는 필수적인 것이므로, 교정도감에서 이러한 역할을 수행한 것은 매우 당연하다 하겠다. 이제 교정도감이 최고의 권력기구가 된 것이다. 사실 정치적인 모반사건의 진압이야말로 정권의 최대 과제이기에, 이를 관장하는 기구가 최고의 권력기구화되리라는 것은 쉽게 짐작할 수 있는 일이다.

한편 최씨집권기에는 宰樞會議가 빈번하게 개최되어 국가의 중대사를 논의하였다. 최충헌의 집권과 더불어 재추는 山川裨補·延基에 관한 일이나 지방반란의 진압, 그리고 국왕의 사망에 따른 복상기간의 결정 등에 관한 사항을 논의했던 것이다. 이러한 논의에 국가의 고위 관료들인 재추가 참여한 것은 당연해 보인다. 따라서 최씨집권기의 재추가 국정에 관여한 사실을 여기에서 특기하는 것 자체가 무의미할지도 모른다. 그러나 최충헌 이전의 무신정권 아래에서는 재추의 역할이 이처럼 돋보이지 않았으므로 문제가 되는 것이다.

무신란 이후 최충헌의 집권에 이르는 기간 동안에도 재추가 국정에 참여했다는 기록은 있다. 재추는 조위총의 난 이후 지속된 서경지방의 반발을 무마하기 위한 회의에 문무 3품 이상과 함께 참석하였으며,[28] 중방·대간과 함께 시중의 되[斛]와 말[斗]을 일정하게 하는 데도 관여했던 것이다.[29] 그러나 재추가 국가의 중대사를 결정하는 데 빠짐없이 참여한 것은 아니었다. 국가의 중대사는 재추보다는 중방에 의해 처리된 경우가 대부분이었다.[30] 재추가 문무 3품 이상이나 대간과 함께 국정에 참여했던 것으로 미루어, 국가의 중요한 관료들 모두가 참여한 경우에만 재추도 의례적으로 참여했던 것이

27) 金潤坤, 〈高麗 武臣政權時代의 敎定都監〉(《文理大學報》 11, 嶺南大, 1978).
28) 《高麗史節要》 권 12, 명종 8년 3월.
29) 《高麗史節要》 권 12, 명종 11년 3월.
30) 이에 관해서는 金庠基, 앞의 글, 208~215쪽 참조.

아닌가 한다.

무신란 이후 재추의 역할이 감소되었음은 都兵馬使에 관한 기록이 무신란 이후 보이지 않는 것에서도 짐작할 수 있다. 도병마사는 변경의 군사적인 문제를 비롯하여 국정 전반을 논의하는 기구였는데, 그 고위직은 재추가 겸임하였다.[31] 이러한 도병마사가 무신란 이후 사료에 나타나지 않은 것은,[32] 중방의 출현과 무관하지 않을 것이다. 중방이 그 기능을 대신한 때문이었다. 따라서 재추는 도병마사를 통해서 국정에 참여할 기회마저 잃었었다.

무신란 이후 국정에 참여하지 못했던 재추가 최충헌의 집권과 더불어 국가의 중대사를 결정하는 데에 예외 없이 관여한 까닭은 어디에 있었을까. 이에 대한 해답과 관련해서 주목되는 사실은, 이러한 논의에 중방이 배제되었다는 사실이다. 재추들만의 회의에 의해 국가의 중대사는 결정되었던 것이다. 국가의 중대사가 중방을 제외한 재추들의 합의에 의해 결정되었다면, 중방의 권한은 그 만큼 약화되었다고 할 수 있다. 그렇다면 최충헌은 중방을 약화시키는 방법의 하나로 집권과 더불어 의도적으로 재추를 국정에 참여시켰던 것이 아닌가 한다. 물론 재추가 모두 문신만으로 구성된 것은 아니었다. 그러나 재추회의는 중방과 달리 다수의 문신들이 참여하는 모임이었다. 그러한 만큼 중방처럼 무인들이 그들의 힘을 모아 집권자에게 영향력을 행사하기는 쉽지 않았을 것이다.

최씨집권기의 재추회의는 최씨에 의해 소집되었고 그들의 私第에서 국정을 논의하였다. 재추회의의 회의 장소가 최씨의 사제였던 셈이다. 이러한 상황에서 재추들이 최씨와 반대되는 견해를 제시할 수 있었을까는 의문스럽다. 최이집권기의 기록인 다음은 이와 관련해서 참고된다.

> 최우(즉 최이)가 재추들을 그의 집에 모아 천도를 논의하였다. 이 때는 오랜 동안 태평하여, 京都의 인구는 10만에 이르렀고 좋은 집들이 즐비하였으며, 사람들이 편히 살고 있었으므로 옮기기를 어렵게 여겼다. 그러나 최우를 두려워하여 감히 한 마디도 말하는 자가 없었다(《高麗史節要》 권 15, 고종 19년 6월).

몽고의 침입에 대처하기 위한 방법의 하나로 강화천도를 논의하는 과정을

---

31) 邊太燮, 〈高麗都堂考〉(《高麗政治制度史硏究》, 1971), 85~92쪽.
32) 邊太燮, 위의 글, 93쪽.

알려 주는 기록이다. 여기에서 재추들은 천도를 반대했음에도 불구하고 최이가 두려워 감히 한 마디의 말도 못했다는 것이다. 이로 미루어 보면 최이는 이미 천도를 결심하고 있었다고 할 수 있다. 최이는 천도를 결심한 후, 자신의 결정을 지지해 주도록 하기 위해 재추를 소집했다고 이해되는 것이다. 정책의 결정에 재추의 의사가 제대로 반영되지 않았음을 보여준다.

재추는 고려의 최고 관리들이었다. 이들에 의해 국가의 중대사가 결정된다는 것은 매우 자연스럽다. 또한 이들에 의한 결정은 설득력을 지닐 수 있었을 것이다. 설사 최씨의 의도대로 재추가 움직였다 하더라도, 단순히 최씨 개인 의사가 아닌, 재추회의의 결정이라는 사실은 훨씬 설득력을 지닐 수 있는 것이다.

이상의 검토에서, 최충헌은 재추회의의 활성화와 교정도감의 설치를 통해 중방의 약화를 기도했음을 알았다. 결국 최충헌은 무인들의 문객에게 관직을 제수하지 않음으로써 무인들의 세력확보를 저지했을 뿐만 아니라, 무인들이 그들의 합의기구를 통해 자신의 정권에 위협을 가할 수 있는 가능성마저 제도적인 장치를 통해서 배제시켰다고 할 수 있다. 그렇게 함으로써 그는 권력세습의 기틀을 마련할 수 있었던 것이다. 그렇다면 이제 권력세습과 관련된 또 다른 의문, 즉 최충헌의 사병이 어떻게 그의 후계자에게도 충성을 바칠 수 있었는가 하는 점을 검토해 보기로 하겠다.

다른 무인들의 문객 보유를 철저히 방해했던 것과는 달리, 최충헌 자신은 거대한 문객집단을 거느렸다. 그가 궁성을 출입할 때 그를 시종한 문객은 3천 명에 이르렀다 한다. 3천 명에 이르는 최충헌의 문객집단은 都房이라는 이름으로 불려졌다.[33] 이러한 도방은 '文·武·閑良·軍卒 가운데 강하고 힘센 자들'을 그 구성원으로 하여 6번으로 나뉘어 최충헌가를 숙직하고, 그가 출입할 때 그를 옹위하는 조직적인 체계를 갖춘 집단이었다. 즉 최충헌이 그의 문객 집단을 보다 조직적인 체계로 편성한 것이 도방이었던 것이다.

이러한 최충헌의 도방은 최이·최항·최의에게 차례로 계승되었다. 즉 도방은 최충헌의 뒤를 이어 권력을 세습한 자들에 의해 거느려졌던 것이다. 최

---

33) 柳昌圭, 〈崔氏武人政權下의 都房의 설치와 그 向方〉(《東亞硏究》 6, 西江大, 1985), 387~389쪽.

씨가의 권력세습과 도방의 승계가 불가분의 관계에 있었음을 알 수 있는데, 궁금한 것은 최씨가의 권력세습에 있어서 도방이 행한 구체적인 역할과 아울러 최충헌의 도방이 어떻게 그의 후계자에 의해 거느려질 수 있었는가 하는 점이다. 이에 관한 해답을 구하는 것은 결국 최씨가의 권력세습이 가능했던 이유를 밝히는 것과 같다고 할 수 있다. 최의의 권력세습 과정을 예로 들어 검토해 보기로 하자.

> 일찍이 최항은 최의를 宣仁烈과 柳能에게 부탁하여 '만약 (최의를) 도와서 (그가) 가업을 계승하게 되면, 이는 오직 너희들의 공로이다'라고 말하였다. 최항이 병이 들자 (그는) 인열·능 등의 손을 잡고 '그대들이 이 자식을 보호하여 주니 나는 죽어도 한이 없다'하였다. 최항이 죽자 殿前 崔良白은 이를 숨겨 發喪하지 않고, 칼을 어루만지면서 侍婢를 꾸짖어 울지 못하게 하는 한편, 선인열과 함께 최항의 말을 문객 대장군 崔瑛과 蔡楨, 그리고 유능 등에게 전했다. (그들이) 야별초·신의군·서방 3번·도방 36번을 모아 (최의를) 옹위하고 이에 발상하니, 왕이 최의에게 借將軍을 제배하고 또 명하여 교정별감을 삼았다(《高麗史》 권 129, 列傳 42, 崔忠獻 附 竩).

선인열과 유능은 최항의 문신 문객이었음이 분명한데, 최항이 그들에게 최의가 권력을 계승할 수 있도록 부탁했다는 점이 주목된다. 또한 최의가 권력을 계승할 수 있도록 해달라는 최항의 말을 최양백과 선인열이 문객 대장군인 최영과 채정 등에게 전했다는 것도 권력 세습에 있어서 문객의 역할을 이해하는데 도움을 준다. 무엇보다 중요한 것은 선인열과 최영·채정 등이 야별초·신의군·서방 3번·도방 36번을 모아 최의를 옹위하자, 국왕이 최의를 교정별감에 임명했다는 사실이다. 이는 국왕에 의한 최의의 교정별감 임명이 문객의 지지를 전제로 하였음을 알려 준다. 교정별감에 임명되었다는 사실 자체가 곧 무신집권자가 되었다는 것과 다를 바 없음을 감안하면, 최항 문객의 동의에 의해 최의는 집권자로 결정되었다고 할 수 있다.

최항이 선인열에게 최의로 하여금 이을 수 있도록 해달라고 당부한 「가업」이 결국은 정권의 장악을 의미하는 것임은 말할 나위도 없다. 다만 최항이 권력의 승계를 「가업」의 계승으로 표현한 점이나, 이를 그의 문객들에게 당부한 사실은 음미해 볼 가치가 있을 것이다.

최항이 말한 「가업」의 계승이란, 정권 장악 이전에 그의 문객을 거느릴 수 있는 권리의 계승을 의미하는 것이 아닌가 한다. 그의 문객에게 '가업'의 계승을 당부한 사실로 미루어 그러하다. 따라서 최의로 하여금 '가업'을 계승할 수 있도록 한 최항의 부탁은 곧 최의를 구심점으로 문객이 단합해 달라는 의미로 이해된다. 최의가 최항 문객의 구심점이 되면, 정권의 장악은 자연스럽게 뒤따를 수밖에 없었을 것이다. 가장 강력한 세력집단의 우두머리가 집권자가 된다는 것은 매우 당연해 보이기 때문이다. 최의와 최영·채정의 관계에서 그 실례를 엿볼 수 있다.

최의가 권력을 계승할 당시 최항의 문객인 최영과 채정은 모두 대장군이었으며, 최의는 그 이후에야 비로소 借將軍에 오를 정도로 낮은 직위에 머물러 있었다. 즉 최의는 최항의 문객보다 공적인 지위가 낮았던 것이다. 최의가 집권자가 된 것은 그가 그들의 구심점이었기 때문이다. 최씨집권자와 문객과의 관계에 대해서는, 그들의 관계가 종속관계였다거나[34] 혹은 복종을 강요하는 주종관계였을 것이라는 견해가[35] 있는데, 아무튼 공적인 지위보다는 사적인 지위가 최씨가의 문객 내부에서는 중시되었던 듯하다.

최씨와 문객과의 이러한 관계를 통해서 볼 때, 최항 문객의 대부분은 최의를 중심으로 다시 결속하는데 어려움이 없었을 것이다. 그들은 최항에게 충성을 바치고 그 대가를 기대하는 자들이었다. 즉 최항을 통해서 그들의 현실적인 지위를 누려온 인물들이었다. 최항이 죽은 뒤에, 그들은 최항의 가계를 잇는 자를 내세워 그들의 지위를 유지해 보려고 했을 것이다. 따라서 최씨의 가문을 잇는 자는 최씨의 문객을 거느리게 되고, 나아가 권력을 계승할 수 있었다고 할 수 있다.

최씨가의 권력 계승에 있어서, 문객의 승계가 권력 계승의 전제가 되었음은 최항의 경우에서도 확인된다. 최이는 최항에게 그의 「家兵」 5백여 명을 나누어 주었던 것이다. 이러한 「가병」이 문객의 일부인가 아니면 별개인가는 단언하기 어렵다. 다만 최이의 군사적인 기반이었다는 점에서, 설사 별개의 존재였다 하더라도 그 기능적인 면에서는 문객과 크게 다를 것 같지 않은 것이다.

---

34) 金鍾國, 앞의 글, 137쪽.

35) 鄭杜熙, 〈高麗武臣執權期의 武士集團〉(《韓國學報》 8, 1977), 83쪽.

최씨집권자들이 도방을 거느리게 됨으로써 정권을 장악할 수 있었음은 분명한 사실이다. 그렇다고 모든 도방 무인들이 최씨가 후계자로 지목한 인물을 지지했던 것은 아니었다. 일부는 후계자로 지목된 인물에게 반기를 들기도 했던 것이다. 어떠한 무인들이 후계자에게 반기를 들었으며, 그 까닭은 무엇이었나를 알아보기 위해 최이의 권력계승 과정을 주목해 보기로 하자.

> 최충헌이 병이 나자 글을 올려 사직할 것을 청했다. (국왕이 그에게) 姓을 내림에 미쳐, (그는) 아들 瑀(怡)에게 몰래 이르기를 '병이 장차 낫지 않으면 내부에서 변이 일어날까 두려우니, 너는 다시 오지 말라'고 하였다. 우는 그의 사위 金若先을 보내 병을 시중들게 하고, (자신은) 병을 칭탁하고 가지 않았다. 일찍이 충헌에게는 桐花라는 여종이 있었는데, 용모가 아름다워 마을 사람들이 많이 사통하였으며 충헌도 역시 사통하였다. 어느 날 (충헌이) 희롱하여 말하기를 '너는 누구를 남편으로 삼겠느냐' 하니 그 여종이 興海貢生 崔俊文이라고 대답하였다. 충헌은 즉시 준문을 불러 집에 머무르게 하고 종처럼 부리다가 隊正에 보임시켰는데, 날로 총애를 더하자 (충헌에게) 부탁하려는 자들은 모두 그에게 붙었다. (준문은) 여러 번 옮겨 (벼슬이) 대장군에 이르렀다. 또 충헌의 집 곁에 사제를 크게 지어 놓고 용사들과 사귀었으며, 上將軍 池允深·將軍 柳松節·郎將 金德明 등과 더불어 충헌의 羽翼이 되었다. 충헌이 병이 나자 4인이 모의하기를 '공이 세상을 버리면 우리는 반드시 우에게 참혹한 죽음을 당할 것이다. 막내 아들 珦은 담력이 뛰어나니 가히 대사를 맡길 만 하다' 하였다. 이에 최우가 문병하는 것을 엿보아 이를 제거하고자 하여, 우에게 사람을 보내어 말하기를 '영공께서 병이 위독하여 급히 공을 보고자 한다' 하고 사람을 여러 차례 보내니, 우가 더욱 의심하여 이르지 않았다. 덕명이 도리어 그 모의를 瑀에게 고하니 우가 그를 위로하여 머물게 하였다. 조금 있다가 준문과 윤심 등이 와서 말하기를 '공의 병이 급하니 속히 가서 뵈라'고 하자 우가 곧 2인을 잡아 송절과 함께 먼 섬에 나누어 귀양보냈는데, 도중에 준문을 죽였다(《高麗史節要》 권 15, 고종 6년 9월).

최준문 등이 최우, 즉 최이의 권력계승을 저지하다가 도리어 죽음을 당했다는 내용의 기록이다. 최준문은 도방 무인이었음이 분명하다. 최충헌의 집에서 노예처럼 부림을 당한 그가 대정을 거쳐 대장군에 이르렀다거나, 최충헌의 집 곁에 사제를 지어 놓고 용사들과 사귀었다는 사실을 통해 알 수 있는 일이다. 이는 곧 그가 최충헌의 신변호위를 담당했음을 말해 주기 때문이다. 최준문과 함께 최충헌의 우익이었다는 상장군 지윤심·장군 유송절·낭장 김덕명도 도방 소속의 무인이었음은 의심의 여지가 없다.

'우익'이라는 표현으로 미루어 그들은 도방 무인들 가운데서도 최충헌의 심복이었음을 알 수 있다. 그렇다면 최충헌의 심복이 최이의 습권을 저지한 셈이다. 그들이 최이의 권력계승을 반대한 이유는 최이에 의해 죽음을 당할 것을 두려워했기 때문이다. 그들은 최이가 정권을 장악하면 자신들이 무사하지 못할 것을 알았던 것이다. 그런데 우리에게는 바로 이 점이 쉽게 이해되지 않는다. 최충헌의 심복이면 최이로부터도 적절한 대우를 기대할 수 있었을 것 같은데, 그렇지 않았으므로 의문이 제기되는 것이다.

최충헌의 후계자와 최충헌의 심복이 정치적으로 적대관계에 놓이게 된 이유를 밝히기 위해서는 최충헌과 최이의 정치적인 관계를 검토하지 않을 수 없다. 그런데 부자 사이였을 뿐만 아니라 정치적으로 집권자와 후계자 사이였던 최충헌과 최이의 관계를 달리 설명할 수 있는 사료를 발견하기는 쉽지 않다. 이에 최이와 그의 사위였던 김약선의 관계를 참고해 볼까 한다. 그들 역시 집권자와 그 후계자였기에 적지 않은 시사를 줄 수 있을 것이다.

최이의 후계자로 내정되었던 김약선은 그의 처, 즉 최이의 딸의 무고로 최이에 의해 살해되었다. 일찍이 김약선의 처는 종과 사통했는데, 김약선이 이를 알자 그의 처는 '다른 일'로써 최이에게 고했다는 것이다.[36] 김약선의 처가 최이에게 고한 '다른 일'의 구체적인 내용은 알 수 없지만, 김약선의 최이에 대한 정치적인 모반사건이었을 가능성이 크다. 그가 후계자로 지목한 인물을 평범한 계기에서 살해했을 까닭이 없는 것이다.

김약선의 처가 최이에게 고한 '다른 일'이 무고였음이 밝혀진 것은 김약선이 제거된 이후였다. 최이는 김약선의 처가 고한 '다른 일'의 내용을 구체적으로 조사해 보지도 않고 김약선을 제거했던 것이다. 김약선에 대한 최이의 경계심이 대단했음을 알려 주는 것이 아닌가 한다.

김약선은 고종 22년 그의 딸을 태자비로 들임으로써 명실상부하게 실력자로서의 위치를 굳혔던 듯하다. 그의 처가 궁궐에 들어갈 때, 국왕은 그녀가 태자비의 어머니라 하여 왕비의 例에 의거하여 儀仗을 갖추게 했던 것으로[37] 미루어서도 짐작되는 일이다. 김약선의 이러한 위치에 최이는 불안을

36) 《高麗史》 권 101, 列傳 14, 金台瑞 附 若先.
37) 《高麗史節要》 권 16, 고종 23년 2월.

느꼈고, 따라서 그를 제거하기에 이르렀던 것이 아닌가 한다. 결국 최이는, 비록 그의 후계자라 하더라도 그를 능가할 정도의 세력 확대는 용납하지 않았다고 할 수 있다.

김약선에 대한 최이의 태도가 그러했다면, 최충헌 역시 그의 독자적인 세력 확대를 달갑지 않게 여겼을 가능성이 있다. 鄭叔瞻의 행동에서 그러한 단서를 잡을 수 있다.

정숙첨은 최이의 장인으로서, 희종 6년 희종과 王濬明 등의 최충헌 살해 음모 사건 당시 거의 죽게 된 최충헌을 구하는 데 결정적인 역할을 한 인물이었다. 그런데 그는 契丹의 침입을 막기 위해 출정한 종군승들의 최충헌 살해 모의에 연루되어 河東에 유배되었다. 고종 4년의 일인데 당시 그는 中軍元帥로 출정하였다. 출정 중이었던 그가, 거란의 침입을 최충헌의 실정의 결과로 돌려 최충헌을 비난했다는 것으로 미루어 보면, 이 사건에 무관했다고 보기는 어렵다. 설사 무관했다 하더라도, 종군승들이 그를 끌어들일 만큼 그와 최충헌의 관계는 이미 멀어졌던 것 같다. 당시 정숙첨은 거란 토벌의 원수로 임명된 것에 불만을 품었다 한다. 최이의 장인으로서, 최충헌정권의 실력자였던 그가 출정군의 원수직을 반겨했을 까닭이 없을 듯하다. 그러나 그의 불만의 근본적인 원인은 다른 곳에서 찾아야 할 것 같다.

정숙첨은 최이에 힘입어 죽음을 면하고 하동에 유배되었는데, 곧 최이에 의해 소환되고 평장사에 임명되었다. 최이가 정숙첨을 구했다는 것이나, 그가 집권과 더불어 정숙첨을 소환하여 평장사에 임명한 사실에서, 정숙첨의 최충헌에 대한 적대행위는 최이를 의식한 데서 비롯된 것이 아닌가 한다. 정숙첨은 그의 사위인 최이의 독자적인 세력 확대를 기도했고, 이를 못마땅하게 생각한 최충헌과 갈등을 일으켰던 것은 아니었을까. 사실 정숙첨의 출정군 원수직 임명도 최이 세력에 대한 최충헌의 견제책의 일부였는지도 모른다. 최이와 적대 관계의 최충헌 심복이 존재했다는 사실은 최충헌의 최이에 대한 견제의 가능성을 한층 크게 만들어 준다. 결국 최충헌은 그의 심복들을 통해서 최이의 독자적인 세력 확대를 견제했고, 따라서 그들은 최이의 권력 계승을 반대했던 것으로 이해된다.

최충헌의 심복이 최이의 권력 계승을 저지하려 했지만, 그는 대부분 문객의 지지에 의해 권력을 승계할 수 있었다. 가장 강력한 세력집단인 최충헌의 문객을 거느린 최이는 자연스럽게 정치권력을 장악했던 것이다.

3) 최씨정권의 붕괴

최씨정권은 제4대 집권자인 최의에 이르러 무너지고 말았다. 최의가 권력을 계승한 후 불과 11개월만인 고종 45년(1258)의 일이었다. 최의는 최항의 심복이었던 金俊·柳璥 등에 의해 살해되었던 것이다.

김준·유경 등이 최의를 제거하게 된 원인은, 그들이 최의로부터 정치적으로 소외된 데에 있었다 한다. 그렇다고 이것으로 최씨정권의 몰락 이유가 모두 설명될 수 있는 것은 아니다. 4대 62년 동안 지속되었던 최씨정권의 몰락을 단순히 최의와 김준·유경 등의 인간관계에서만 구할 수는 없는 것이다. 최씨정권을 지탱해 온 여러 요인들이 와해되는 과정에서 최씨정권은 몰락했다고 이해된다.

최씨가의 마지막 집권자인 최의는 불과 11개월을 집권했을 뿐이었다. 따라서 최씨정권의 몰락을 가능하게 한 요인들이 최의집권기에 갑자기 나타났다고 보기는 어렵다. 몰락의 징후는 그 이전부터 최씨정권에 내재되어 있었음이 분명한데, 주목되는 것은 최항의 권력 계승을 계기로 이에 대한 불만이 최씨정권 내부 인물들 사이에 심각하게 표출되었다는 사실이다. 따라서 최씨정권의 붕괴과정을 이해하기 위해서는 최항정권에 대한 이해가 선행되어야 할 것으로 생각된다.

최항은 애초부터 최이의 후계자로 지목된 것은 아니었다. 최이가 처음에 그의 후계자로 내정한 인물은 그의 사위인 김약선이었던 것이다. 김약선의 후계자 지명과 함께 최이는 그의 서자인 萬宗과 萬全을 松廣寺에 출가시켰다. 그들이 여기에 불만을 품고 난을 일으킬까 두려워한 때문이었다 한다. 만전은, 최항이란 이름으로 환속하기 전까지 禪僧이었던 것이다.

최항이 최이의 아들이었음에도 불구하고 그의 후계자가 되지 못하고 김약선을 피해 출가하지 않으면 안되었던 데에는 그가 嫡子가 아닌 서자였으며, 더구나 그의 모계가 천했던 점이 큰 요인으로 작용하였다. 그는 최이가 총애하는 기생출신 瑞蓮房의 소생이었던 것이다. 이미 언급하였듯이, 최충헌정권을 성립시킨 무인들은 비교적 좋은 가문의 출신들이었으며, 이들의 자손들 역시 최씨정권 아래에서 크게 출세하였다. 또한 소수의 재상가 가문에서 다수의 문신 재추를 배출시키기도 하였다. 즉 최씨정권의 지배세력은 여전히 좋은 가문의 출신들이었던 것이다. 이러한 사실을 바탕으로, 최씨정권 아래서는 기존의 신분질서가 존중되었다고 판단해서 좋을 것이다. 따라서 기생의 소생인 최항은 당시의 정치적 지배세력으로부터 환영받기 어려웠을 것이라는 점도 쉽게 짐작된다.

한편 앞 절에서 이미 살펴 본 바와 같이 김약선이 최이의 사위가 될 수 있었던 데에는 가문의 배경이 크게 작용했을 것이다. 더구나 그의 처는 최이와 河東鄭氏 사이의 소생이었다. 하동 정씨는 정숙첨의 딸인데, 정숙첨은 최충헌·최이집권기의 정치적 실력자로서 관직이 평장사에 이르렀다. 따라서 김약선은 최이의 사위라는 점과 아울러 자신의 가문 배경을 이용하여 당시의 정치세력과 긴밀한 관계를 유지할 수 있었을 것이다.

최항이 김약선을 피해 송광사에 출가했다가 환속하여 최이의 후계자가 된 것은 최이에 의해 김약선이 제거된 이후였다. 그렇다고 최이에 의한 최항의 후계자 지명이 순조로웠던 것은 아니다. 최항에 반대하는 김약선의 세력은 그의 아들 金敉를 최이의 후계자로 밀었던 것이다. 사실 모계가 천했을 뿐만 아니라 오랫동안 정치와 결별해 있었던 최항이었고 보면, 설사 김약선 세력이 아니었다 하더라도, 그를 달가워 할 인물들은 많지 않았을 것이다. 더욱이 최항이 출가한 이후의 행적은 당시의 관료들로부터 비난의 대상이 될 수 있는 것이었다. 그는 門徒를 모아 재물 불리기를 일삼았던 것이다. 집권자의 아들이었으면서도 정치권력에서 소외된 그로서는, 사원을 통한 재산 증식이 유일한 즐거움이었는지도 모른다. 아무튼 이로 인해 조세가 결핍되고, 그의 문도들이 지방수령을 업신여기자 관료들은 최항의 행위를 규탄하기에 이르렀다.

다수의 반대에도 불구하고 최이의 후계자로 내정된 최항은 권력승계 과정에서 또 한 차례의 진통을 겪지 않으면 안되었다. 최이의 심복인 지이부사·상장군 周肅이 반발했던 것이다. 그는 夜別抄와 內外都房을 거느리고 정권을 국왕에게 돌리려 하였다. 주숙은 최씨가의 家奴였던 李公柱·崔良伯·金俊 등이 최항에 귀부하자, 반발을 포기하고 최항에게 협력하였다. 주숙의 협력으로 최이의 군사력 대부분이 최항의 권력계승에 협조한 셈이다. 그러나 최항은 여전히 불안을 느꼈던 듯하다. 이러한 사실은 최이의 복상 기간이 2일에 불과했다거나 그가 '杜門不出' 했다는[38] 것으로 미루어 알 수 있다. 권력 계승에 따른 최항의 이러한 불안은 그가 최씨정권 내부의 인물들로부터 지지를 받지 못한 데 기인한 것이었다.

최항은 정권을 장악하자 그의 적대세력의 제거에 착수하였다. 그와 더불어 후계자 경쟁을 벌였던 김미의 세력은 첫 대상일 수밖에 없었다. 김미를 후원했던 최이의 後室 大氏, 大氏의 전 남편의 아들인 吳承績, 그리고 김미의 숙부인 金慶孫 등이 여기에 포함될 수 있다. 아울러 최항이 승려였을 당시 그를 규탄했던 朴瑄도 제거 대상이 되었다. 또한 그의 권력 승계를 저지하려했던 주숙도 제외될 까닭이 없었다.

그렇다고 자신에게 반대한 인물들 모두를 최항이 제거할 수 있었던 것은 물론 아니다. 일찍이 그가 승려였을 당시 全羅道按察使로서 그와 마찰을 빚었던 金之岱나 그의 무뢰한 행동을 최이에게 보고한 宋國瞻 등은 해하지 못하였다. 최항은 그들의 제거에 따른 관료들의 반발을 우려했던 것이다. 사실 집권자로서 결점이 있었던 최항이고 보면, 그를 달갑지 않게 여긴 인물들이라고 해서 모두 제거할 수는 없었을 것이다. 더구나 최항을 달갑지 않게 생각한 인물들의 대다수는 오랫동안 최씨가에 충성을 바침으로써 그들의 지위를 높여온 자들이었다. 따라서 그들의 제거는 최씨정권을 지탱해 온 관료들의 離反을 부채질할 수 있는 것이었고, 그렇게 되면 최항정권의 존립 자체가 위태로울 수 있는 것이었다. 최항으로서는 기존 관료들의 회유에 주력할 수밖에 없었다. 최항은 그와 정치적 견해를 달리한 인물들이라 하더라도 자신의 정권에 포용하려 했는데, 이는 鄭晏이나 金起孫의 경우를 통해 알 수 있다.

고종 43년에 지문하성사가 된 김기손은 김약선의 아우였고, 김미의 숙부였던 것이다. 따라서 그는 최항과 김미의 경쟁에서 당연히 김미를 지지했을 것이다. 한편 鄭晏은 최이의 장인인 정숙첨의 아들로서, 김약선에 협력한 인물이었다. 그러했던 만큼 그는 최항과 평소에 사이가 나빴다 한다. 이러한 정

---

38) 《高麗史》 권 129, 列傳 42, 崔忠獻 附 沆.

안이었지만 최항은 집권과 더불어 그를 지문하성사에 임명하였는데 인망을 얻기 위함이었다는 것이다. 최항으로서는 인망을 얻지 않으면 안될 정치적 상황에 처해 있었던 것이다. 이처럼 최항과 정치적 이해관계를 달리한 정안이나 김기손이 최항정권에서 고위직을 차지하고 있었다는 사실은, 최항에 의한 새로운 정치질서의 개편이 불가능했음을 시사해 준다 하겠다.

최항은 관료들을 철저하게 장악하지 못하였다. 崔滋나 崔璘을 비롯한 당시의 재상들이 몽고와의 강화를 강력하게 주장했던 사실로 미루어 짐작되는 일이다. 이러한 주장은 최항의 의도와는 상반된 것이었다. 최자는 일찍이 강화도를 '金城湯池' 또는 '萬世帝王之都'라고 칭송하였다.[39] 그가 강화도의 지리적인 형세를 이처럼 칭찬한 것은 곧 최이정권에 의한 강화천도를 정당화시킨 것과 다를 바 없다. 그런데 최자가 최항정권에 들어와서 몽고와의 강화를 주장하고 나섰던 것이다. 최자의 이러한 태도 변화는 대몽관계에 대한 그의 태도가 바뀌었기 때문이 아니라, 정치적 상황의 변화에 기인한 것이었다. 즉 최이정권 아래에서는 어떤 정책에 대한 반대 의견을 제시하기 어려웠으나, 최항정권에서는 최항과 다른 정치적 견해를 피력할 수 있었다고 생각되는 것이다. 최항에 의한 새로운 정치질서의 개편이 불가능했음을 감안하면 무리가 아니다.

최항정권은 최이정권과는 달리 일정한 한계를 지니고 있었다. 그것은 4차에 걸친 국왕의 권유에도 불구하고 '封侯立府'를 거절했던 사실로 미루어 짐작된다.[40] 고려의 경우 관료들이 설치한 府는 왕자와 왕비의 예에 따른 것으로서, 봉작된 인물이 立府하게 되면 작위에 따른 권위를 현실적으로 인정받는 것과 다를 바 없었다. 따라서 그들에게 주어진 식읍도 현실적인 의미를 갖게 되었던 것으로 이해된다. 이러한 입부는 당시로서는 집권자라 하더라도 자신의 정권이 안정된 상태에서 가능했던 것 같다. 최이의 경우, 고종 8년에 입부를 거절했다가 동왕 21년에는 부를 설치한 사실이 이를 말해 준다. 최이가 고종 8년에 봉후입부를 고사했던 것은, 이 때가 그의 집권 초기였음과 무

39) 尹龍爀, 《高麗對蒙抗爭史研究》(一志社, 1991), 159~161쪽.

40) 이와는 달리, 최항이 府를 설치했다고 주장한 논고도 있다. 金翰奎, 〈高麗崔氏政權의 진양부〉(《東亞硏究》 17, 1989)가 그것이다. 이에 대해서는 필자가 제3절 〈무신란과 최씨무신정권의 역사적 성격〉에서 비판하였으므로 참고하기 바란다.

관하지 않을 것이다. 즉 자신의 독재체제를 구축하지 못한 시기였던 것이다. 이와는 달리 최이가 입부한 고종 21년은 그에 의해 강화천도가 이루어진 직후로서 그가 정권을 장악한 시기였다. 따라서 최항이 봉후입부를 고사한 것은 곧 그가 강력한 전권을 구축하지 못했음과 무관하지 않을 것이다.

최이의 후계자로 내정된 과정이나 권력승계의 과정에서 적지 않은 관료들의 반발을 감수해야 했던 최항은, 집권 이후 그의 심복에게 크게 의존하였다. 그의 심복으로는 우선 최씨가의 가노였던 이공주·최양백·김준 등을 들 수 있다. 또는 朴松庇나 宋吉儒도 빼놓을 수 없다. 이들과 아울러 문신으로는 宣仁烈과 柳能, 그리고 최항의 두터운 은덕을 입었다는 柳璥과 兪千遇를 꼽을 수 있다.

최항의 심복들은 막강한 정치권력을 행사했었다. 정7품 별장에 불과했던 김준의 경우, 장군 송길유의 비행에 관한 안찰사 宋彦庠의 탄핵보고가 都堂에 올라가지 못하도록 조치한 적이 있었다.41) 최의가 집권한 직후의 일이기는 하지만, 이를 통해 최항집권기 사정을 짐작할 수 있는 것이다. 국가의 통치질서를 무시한 김준의 이러한 행동은 최항의 심복이었기에 가능했다.

집권자의 심복이 그들의 지위를 능가하는 권력을 행사한다는 것은 어쩌면 당연한 것인지도 모른다. 다만 최항 심복들의 경우, 최충헌이나 최이의 심복들보다 그 정도가 지나쳤다는데 문제가 있다. 이는 최항이 그의 심복들에 의존하는 바가 컸음을 보여 준다고 하겠다. 또한 최항이 관리들 내부에 강력한 지지기반을 구축하지 못하였음을 감안하면 무리가 아닌 것이다.

이러한 최항의 심복들은 최의가 권력을 승계한 것을 계기로 내부 분열을 일으켰다. 즉 김준은 최의가 최양백과 유능만을 총애하고 신임하여 자신을 소외시킨 데 대해 불평을 품었다 한다. 사실 정치권력의 핵심에 근접해 있는 심복들 간에 집권자의 총애를 독차지하기 위한 갈등은 있을 수 있는 법이다. 다만 집권자가 강력한 정치적 지지기반을 확보하고 있을 경우 심복들의 갈등은 표면화되기 어려운 것이다. 이와는 달리 집권자의 심복에 대한 의존도가 크면 클수록 심복들 간의 갈등은 심각할 수밖에 없을 것이다. 최항의 뒤를 이어 집권한 최의는 최항과 마찬가지로 모계가 천했을 뿐만 아니라 나이가 어렸다. 그의 어머니는 장군 宋愭의 여종이었던 것이다. 따라서 심복에

41) 《高麗史》 권 122, 列傳 35, 宋吉儒.

대한 그의 의존도는 클 수밖에 없었다. 그가 심복들의 갈등을 무마시킬 수 없었음도 무리가 아니다. 정권을 지탱해 온 심복들의 내부 분열은 결국 정권의 종말을 의미하는 것이었다.

최의를 제거하는 과정에서 김준은 추밀원사 崔昷과 상장군 朴成梓를 그 주모자로 내세웠다. 그런데 최온은 최항의 장인이었다. 鐵原崔氏인 그의 가문은 최충헌의 집안과 중첩적인 혼인을 맺은 당대 최고의 귀족가문이었다. 한편 박성재는 최항의 문객이었다. 김준이 최의 제거의 주모자로 이들을 내세운 것은 최씨정권과 밀착한 인물들의 호응을 얻기 위함이었다.

최온과 박성재는 김준에게 협력하였다. 이는 최씨정권에 밀착되었던 다수의 인물들이 최씨정권에 불만을 품고 있었고, 따라서 최의 제거는 이미 기정사실화되었음을 말해 준다. 결국 최씨정권은 오랫동안 최씨가에 충성을 바쳐 온 인물들에 의해 막을 내렸다. 야별초와 신의군, 그리고 도방이 최의 제거에 이용되었음은 물론이다. 야별초나 신의군도 도방과 마찬가지로 최씨가의 사병처럼 이용되어 온 부대였음을 감안하면, 최의는 최씨정권이 의존해 온 군사력에 의해 제거되었음을 알 수 있다. 강력한 독재체제를 구축해 온 최씨정권을 무너뜨릴 수 있는 힘은 그 내부에서 나올 수밖에 없었던 것이다. 따라서 이후의 정치권력도 최씨정권과 밀착되었던 인물들이 장악했으리라는 점은 쉽게 추측할 수 있다.

〈金塘澤〉

3. 무신란과 최씨무신정권의 역사적 성격

1) 무신란의 역사적 의의

무신란은 고위 무신들의 정치적인 쿠데타가 아니었다.[1] 난에 참여한 인물

---

1) 본고의 서술은 본 1장 1절의 주 1)과 〈崔滋의 '補閑集' 저술동기〉(《震檀學報》 65, 1988)에 크게 의존하였다. 따라서 앞의 책이나 논문을 인용할 경우, 일일이 전거를 밝히지 않기로 한다.

들의 성격이나 그들이 난에 참여했던 이유 등을 살펴 볼 때 그러하다. 애초에 난을 모의한 인물들은 국왕의 시위부대인 牽龍軍 소속의 장교들이었고, 여기에 고위 무신들이 참여하였다. 그리고 특히 주목되는 것은 미천한 신분 출신의 무신들을 비롯하여 일반군인들이 대거 참여하였다는 사실이다. 무신란은 이들 하급 무신들과 일반 군인들의 적극적인 참여가 있었기에 성공할 수 있었던 것이다.

고위 무신들이 무신란에 가담한 목적은 의종의 총애를 독차지한 문신 몇 명의 제거에 있었다. 무신란에서 드러난 바와 같은 국왕의 제거나 다수 문신들의 살해는 염두에 두지 않았던 것이다. 그들이 난에 참여한 것은 그들이 불만을 품고 있던 문신 몇 명의 제거에 있었다. 무신란과 같은 커다란 변화는 결코 원하지 않았던 것이다. 당시 그들의 지위가 높았음을 염두에 두면 무리가 아니다. 급격한 변화는 그들의 지위를 위협할 소지가 있었던 것이다. 그러했던 만큼 무신란에 대한 그들의 태도는 소극적일 수밖에 없었다. 흔히 무신란의 三巨頭 중 하나로 알려진 鄭仲夫는 이러한 인물들의 대표였다고 할 수 있다.

한편 하급 무신들, 특히 그 가운데서도 미천한 신분 출신의 인물들은 무신란에 매우 적극적이었다. 玉靈寺 종의 아들이었던 李義旼의 경우는 그 대표적인 예가 될 것이다. 그는 무신란 직후 두 계급을 뛰어 넘어서 승진했는데, 무신란에서 죽인 사람이 많았기 때문이었다는 것이다. 이러한 인물들은 그들의 불우한 처지를 개선해 볼 목적으로 무신란에 적극적이었다고 생각된다. 따라서 그들은 무신란을 일대 변혁의 계기로 삼았음이 분명하다. "文冠을 쓴 자는 비록 胥吏라고 하더라도 씨를 남기지 말라"는 것은[2] 이들에게 적합한 행동 지침이었던 것이다.

하급무신들에 호응하여 "군졸들이 벌떼처럼 일어났다"고 한다.[3] 군졸 즉 일반군인들이 봉기했다는 것은 통제가 불가능한 상태에 이르렀음을 말해 준다. 그들은 무신란을 통해 그들의 누적된 불만을 표출했던 것으로 이해된다. 온갖 力役에 시달렸던 그들은 무신란과 같은 기회가 오기만을 기다렸는지도 모른다. 그런데 이제 문신이라면 누구를 막론하고 살육하라는 상급자의 지시

2) 《高麗史節要》 권 11, 의종 24년 8월 병자.

3) 위와 같음.

까지 있었고 보면 그들의 행동이 걷잡을 수 없게 된 것은 당연하다 하겠다. 그들은 문신 50여 인을 살해하는데 협력했을 뿐만 아니라 그들에게 가혹하게 굴었던 인물들을 색출하여 처단하였다.

결국 하급 무신들과 일반 군인들의 참여로 인해 무신란은 애초의 계획과는 다른 방향으로 전개될 수밖에 없었다. 훨씬 과격한 양상을 띠고 확대된 형태로 무신란은 전개되었던 것이다. 국왕의 총애를 독차지한 문신 몇 명만이 제거된 것이 아니라, 서리까지 살해하라는 지시가 내려진 것으로 짐작되는 일이지만, 실제로 많은 문신들이 피해를 당했으며 국왕인 의종도 폐위되기에 이르렀던 것이다.

일반 군인들의 무신란에의 광범위한 참여는 지방민들에게까지 커다란 영향을 미쳤던 듯하다. 무신란으로 인해 지방으로 피신한 문신들을 지방의 주민들이 용납하지 않았다는 사실로 미루어 짐작된다.[4] 또한 무신란 이후 서북 양계의 주민들이 끊임없이 중앙정부에 대항했던 것도 무신란의 영향이었다. 이와 아울러 명종 3년, 이의민에 의한 의종의 살해에 慶州民이 협력했던 것도 기존 체제에 대한 경주민의 불만을 대변한 것으로 이해된다. 결국 무신란의 성공으로 고무된 것은 일반군인들 뿐만 아니라 지방민들도 마찬가지였다고 생각된다. 무신란 이후 민란이 빈발했던 이유 가운데 하나는 여기에서 찾아진다.

무신란의 성공으로 성립된 최초의 무신정권은 李義方政權이었다. 이 이의방정권 아래서는 문신들의 반발이 두드러졌다. 명종 3년에 일어난 金甫當의 亂과 동왕 4년의 趙位寵의 亂은 그 대표적인 예가 될 것이다. 당시 김보당은 간의대부·동북면병마사였으며, 조위총은 서경유수였다. 따라서 이들은 어느 정도 무신정권에 협력한 문신들이었다고 할 수 있다. 이들이 태도를 바꾸어 무신정권에 반기를 든 것은 그들의 예상과는 달리 무신란 이후의 변화가 컸던 데에 그 원인이 있었지 않았나 한다. 그들 역시 의종 때에는 정치적으로 다소 소외된 인물들로서, 의종의 총애를 독차지한 문신들에게 반감을 가지고 있었다. 그러나 무신란 이후와 같은 변화를 원한 것은 결코 아니었던 것이다. 사실 이의방정권은 무신란에서의 일반 군인들의 역할을 과소 평가할 수 없었다. 따라서 당시는 일반 군인들이 상당한 정치적 영향력을 행사할 수 있

4) 《高麗史》 권 99, 列傳 12, 李知命.

던 시기였다. 명종 3년, 일찍이 延福亭의 터를 잡아 工役을 크게 일으키는데 일조를 했던 李公升을 이의방이 살해하려고 했던 것으로[5] 미루어서도 짐작되는 일이다. 이의방의 이러한 행동은 공역에 동원되었던 일반 군인들을 의식한 행동이었다고 이해되기 때문이다.

이의방정권 아래에서는 상·대장군의 합의기구였던 重房이 최고의 권력기구화되었는가 하면 문신만이 보임되던 지방관에 무신이 임명되기도 했다. 특히 김보당이 군사를 일으킨 직후에는 전왕인 의종을 살해하기까지 하였다. 국왕이 王朝를 상징하는 존재였음을 감안하면, 국왕의 살해는 기존체제에 대한 전면적인 부인과 다를 바 없는 것이다.

이의방정권을 무너뜨리고 성립한 정중부정권은 변화에 적극적이지 않았다. 그 자신 무신란에 소극적이었음을 감안하면 무리가 아니다. 따라서 하급 무신이나 일반 군인과 마찰을 빚을 수밖에 없었는데, 정중부정권은 그들의 반발에 강력하게 대처하지 못했다. 그들의 요구를 어느 정도 수용할 수밖에 없었다. 무신란을 성공으로 이끄는데 그들의 역할이 결정적이었음을 감안하면 이상할 것은 없다. 그런데 바로 이러한 점 때문에 정중부정권은 일부 고위 무신들로부터도 비난을 받아야 했던 것이다. 고위 무신들 가운데 상당수는, 하급 무신을 포함한 일반군인들에 의해 주도된 무신란 이후의 급격한 변화에 두려움을 느꼈던 것이다.

고위 무신들이 무신란 이후의 급격한 변화에 불만을 품었음은 좋은 가문의 출신으로서 '復古의 뜻'을 품었다는 慶大升이 정권을 장악한 것으로도 미루어 알 수 있는 일이다. 경대승이 품었다는 복고는 무신란 이전의 상태로 되돌아가는 것을 말한다. 따라서 그는 무신란이나 그 이후 성립된 무신정권을 부인한 인물이었다. 이러한 그가 정중부를 제거하고 정권을 장악한 데에는, 정중부 정권이 하급 무신들의 변화에 대한 요구를 제어하지 못한 데 불만을 느낀, 고위 무신들의 묵인이 있었기에 가능하였다.

보수적 성향의 경대승은 집권기 동안 내내 정적으로부터의 위협에 시달려야 했다. 都房을 조직하여 이에 대처한 것으로 미루어 그의 불안이 어느 정도였는가 짐작할 수 있다. 그의 가장 커다란 정적은 두말할 나위도 없이 무

5) 《高麗史》 권 99, 列傳 12, 李公升.

신란을 성공으로 이끄는데 결정적으로 기여했던 인물들이었다. 무신란에 참여하지 않았을 뿐만 아니라 무신란을 부정하기까지 했던 경대승의 집권에 그들이 분개하지 않았을 까닭이 없었던 것이다. 결국 경대승은 이들에 대한 심리적인 불안을 극복하지 못한 채 30세의 젊은 나이에 세상을 뜨고 말았다.

경대승이 죽은 후 정권을 장악한 인물들은 李義旼으로 대표되는, 무신란에 적극 참여함으로써 출세의 계기를 마련한 자들이었다. 그들 대부분은 한미한 가문의 출신들로서 限品의 대상이 되었다. 그러나 그들이 집권층으로 부상함에 따라 그들에게 씌워졌던 신분적 굴레는 자연스럽게 제거되었을 것이다. 기존의 신분질서가 그대로 유지될 수 없었음은 당연하다. 그들은 문벌이나 학식에 의존하지 않고, 자신의 힘에 의존하여 출세한 자들이었다. 따라서 이러한 인물들에 의해 주도된 이의민집권기는 그 이전과는 크게 다른 사회 분위기를 조성하였다.

이의민정권은 崔忠獻에 의해 타도되었다. 그런데 최충헌을 비롯하여, 그의 이의민 제거에 협력한 무인들은 모두 좋은 가문의 출신들이었다. 그들은 이의민집권기의 급격한 변화를 달가워하지 않았던 것이다. 무신란을 계기로 정권을 장악한 미천한 신분 출신의 무인들이 좋은 가문 출신의 무인들에게 정권을 양도할 수밖에 없었다는 것은 고려가 신분제 사회였음을 알려 주는 단적인 예가 될 것이다.

무신란 이후 최충헌의 집권에 이르는 약 25년 동안 5인에 이르는 무신 집권자들이 바뀌었다. 李義方·鄭仲夫·慶大升·李義旼·崔忠獻이 그들이다. 이처럼 많은 수의 무신 집권자가 등장한 것도 변화를 추구하는 자들과 보수적 성격의 무인들과의 갈등의 결과였다. 따라서 이러한 정권의 변동을 혼란으로만 이해해서는 안될 것이다. 무신란 이후 역사의 전개 과정에서 당연히 나타날 수밖에 없는 현상의 일부였던 것이다.

결국 무신란과 이후 성립된 무신정권은 고려 역사에 커다란 변동을 초래하였다. 만일 무신란이 정중부를 비롯한 고위 무신들의 정치적인 쿠데타에 불과했다면, 이러한 변동은 초래될 수 없었을 것이다. 하급 무신들을 비롯한 일반 군인들의 적극적인 참여가 있었기에 가능했던 것이다. 그러한 점에서 무신란은 매우 긍정적으로 평가할 만하다.

2) 최씨무신정권의 성격

기왕의 연구들 가운데는 초기 최충헌정권을 긍정적으로 평가한 경우를 발견할 수 있다. 최충헌이 이의민의 제거 직후 국왕에게 올린「封事十條」가 개혁적인 내용을 포함하고 있다는 점에서 그러하였다.[6] 그러나 최충헌의「봉사10조」는 최충헌 자신이 쿠데타를 합리화시키기 위해 올린 것에 불과했던 것이다. 이의민정권의 失政을 열거함으로써 자신에 의한 이의민 제거가 정당한 것이었음을 알리기 위한 것이었다. 최충헌이「봉사10조」에서 보이는 바와 같은 개혁의지를 가지고 있었다거나, 이를 정책에 반영시키려 했다고는 결코 생각되지 않는다.[7] 따라서 이의민 집권기를 이해하려 할 때「봉사10조」는 참고될 수 있지만, 이를 통해 최충헌정권의 성격을 이해하려 한다면 이는 커다란 오류를 범하는 것과 다름없다고 생각된다. 최충헌정권에 대한 평가는 최충헌정권에 대한 구체적인 검토를 거친 연후에 내려져야 할 것이다.

최충헌정권의 성립에 기여했거나, 이후 최충헌정권을 주도한 무인들은 좋은 가문 출신이었다. 최충헌집권기에 宰樞에 오른 무인들에 대한 분석의 결과 얻어진 결론이다. 그런데 이들 재추들의 자손 가운데는 최충헌 이후 崔怡·崔沆의 정권 아래에서 현달한 자가 적지 않았다. 이러한 사실은 최씨집권기에는 정치적 지배세력에 커다란 변화가 없었음을 암시해 준다 하겠다. 아울러 최충헌정권과 이후의 최씨정권은 그 기본적인 성격에 있어서 커다란 차이가 없었음을 짐작케 해 준다.

최충헌집권기에 재추에 오른 인물들의 상당수가 좋은 가문의 출신이었고, 그들의 대부분이 최이·최항정권 아래에서도 가문의 번성을 유지하였음은 문신의 경우도 마찬가지였다. 최씨집권기에 3인 이상의 문신 재추를 배출한 가문으로는 金鳳毛의 慶州金氏, 趙永仁의 橫川趙氏, 任濡의 定安任氏, 崔惟淸의 鐵原崔氏 등이 찾아지는데, 이들은 최충헌의 집권 이전부터 높은 정치 사회적 지위를 유지한 가문들이었던 것이다. 이들 가문은 또한 최씨가와 혼인을 통해 연결되었다. 최씨가는 혼인을 통해 그들과 연결됨으로써, 그들의 정

6) 邊太燮, 〈武臣亂과 崔氏政權의 成立〉(《한국사》 7, 국사편찬위원회, 1973), 110쪽.
7) 林允卿, 〈崔忠獻政權의 成立과 그 性格〉(《梨大史苑》 20, 1983), 165쪽.

치 사회적인 지위를 이용하려 했었는데 이는 당시의 사회에서도 문벌을 여전히 중시하였음을 알려 주는 예가 아닌가 한다.

최씨 무신집권기의 재추들이 좋은 가문 출신이 많았다는 사실은 최충헌정권을 비롯하여 이후의 최씨무신정권을 이해하는 데 적지 않은 시사를 던져준다. 이들은 고려의 기본적인 제도들을 변화시키지 않고서도 그들의 지위를 유지할 수 있는 인물들이었다. 급격한 변화는 오히려 그들의 현실적인 지위를 위태롭게 만들 수 있는 것이다. 이러한 점에서 최충헌정권을 비롯한 최씨무신정권은 과격한 개혁은 단행하지 않았을 것이라는 사실을 쉽게 짐작할 수 있다. 최씨정권이 기존의 제도들을 크게 변화시키지 않고 그 틀 위에서 전개되었음은, 최씨 자신이 국왕에 오르지 않았던 점을 통해서도 확인할 수 있는 일이다.

최충헌은 명종과 희종을 폐하고 신종·희종·강종 및 고종의 4왕을 옹립하였다. 그럼에도 불구하고 그 스스로가 왕이 되지는 않았다. 최씨정권 내부에서도 국왕을 내세워 최씨를 공격하는 자가 있었기 때문이다. 이에 최충헌은 왕위에 오름으로써 초래할 수 있는 성권의 몰락보다는, 국왕의 권위를 이용하여 정권을 안정시키는 것이 유리하다고 판단했을 것이다. 최씨정권이 국왕의 권위를 이용한 구체적인 예는 왕실과의 통혼이나 蒙古와의 관계 등에서 드러난다.

최충헌은 강종의 서녀를 취함으로써 자신이 직접 왕실과 통혼하는 계기를 마련하였다. 그의 아우 崔忠粹가 딸을 太子妃로 들이려 한 데 반대하여 최충수를 제거했던 최충헌이었고 보면, 스스로 모순을 드러내 보인 셈이다. 이후 그의 아들 珦은 종친인 壽春侯 沆의 딸과 혼인했으며, 또 다른 아들 珹은 희종의 딸과 혼인하였다. 최씨가의 이러한 왕실과의 혼인은 최이집권기에도 지속되었다. 최이의 사위인 金若先의 아들 敉는 襄陽公의 딸과 혼인하였고, 김약선의 딸은 원종의 왕비가 되었던 것이다. 김약선 자녀의 왕실과의 혼인은 언뜻 최씨가와는 무관한 것이 아닌가 생각되기도 한다. 그러나 김약선이 최이의 후계자였음을 감안하면, 이러한 혼인 역시 최이의 정치적인 의도에서 비롯했다고 하여 무리는 없을 것이다. 최씨집권자들이 이처럼 왕실과 통혼한 것은, 혼인을 통해 왕실과 밀착됨으로써, 정적들에게 그들에 대한 도전은 곧 국왕에 대한 도전과 다를 바 없다는 것을 인식시키기 위함이 아니었나 생각된다.

최씨정권은 江華遷都 후 몽고와의 대화 책임자로서 국왕을 내세웠다. 그들이 대화의 당사자로 나서게 되면, 몽고와의 강화를 갈망하는 국내의 여론을 묵살하기 어려웠기 때문이었을 것이다. 그런데 몽고와의 강화는 곧 그들을 불필요한 존재로 만들고 말리라는 것은 누구보다도 최씨 자신들이 잘 알고 있었다. 따라서 그들은 抗蒙으로 일관할 수밖에 없었다. 이에 그들은 국왕을 내세워, 강화가 이루어지지 못한 책임을 그에게 돌림으로써 정권의 안정을 누릴 수 있었던 것이다.

최씨정권의 지배세력은 좋은 가문의 출신들로서 그들의 자손들 역시 대대로 최씨정권 아래에서 현달했다는 필자의 주장은, 최씨무신정권 아래에서 '能文能吏'가 등장했다거나[8] 金俊과 같이 노비출신으로서 정치적으로 두각을 나타낸 인물이 있었던 사실과는 상반된 것처럼 보인다. '능문능리'와 '노비'는 기존의 지배세력과는 다른 존재들로서, 이들의 등장은 곧 새로운 세력의 진출로 이해되기 때문이다. 그런데 기왕의 연구들은 '능문능리'의 등장만을 강조했을 뿐, 이들이 등장하게 된 배경에 대한 검토는 결여하고 있다. 따라서 충분한 설득력을 지니고 있다고는 생각되지 않는다. 여기에서 '능문능리'가 등장하게 된 배경과 아울러, 최씨집권기에 노비들이 정치적으로 두각을 나타내게 된 이유에 관해서도 알아보고자 한다.

최씨집권자들은 무인들을 철저하게 견제하였다. 무인들은 무력을 배경으로 자신들에게 도전할 가능성이 있었기 때문이다. 따라서 최씨집권자들이 자신의 정권에 위협을 줄 만한 무인들을 모두 제거하였음은 물론이다. 최충헌이 그의 동생 최충수나 조카 박진재를 제거한 것은 그 좋은 예가 될 것이다. 여기에 그치지 않고, 최씨집권자들에게는 자신의 후계자도 경계의 대상이었다. 최충헌이 최이의 장인인 鄭叔瞻을 유배보냈던 점이나 최이가 자신의 사위이며 후계자였던 김약선을 살해한 사실은 이를 잘 설명해 주는 것이 아닌가 한다. 정숙첨이 최충헌에 의해 유배된 것은 최이의 독자적인 세력 확보를 기도했기 때문이며, 김약선 역시 최이와는 별도의 세력 확대를 기도했기에 최이에 의해 제거되었던 것이다.

최씨집권자들이 그들의 후계자를 견제하는 데 크게 기여한 인물들은 그들

---

8) 李佑成, 〈高麗朝의 '吏'에 대하여〉(《歷史學報》 23, 1964 ; 《韓國中世社會史研究》, 一潮閣, 1991, 110쪽).

의 심복 무인들이었다. 따라서 최씨의 심복 무인들과 최씨의 후계자는 적대적인 관계에 있었다. 최충헌의 심복인 崔俊文·池允深·柳松節·金德明이 최이의 권력승계를 반대한 사실로 미루어 알 수 있다. 따라서 그들은 최씨가의 새로운 집권자가 권력을 승계함과 동시에 제거되기가 일쑤였다. 최충헌의 심복인 최준문 등이 최이에게 제거되었으며, 최이의 심복인 周肅은 최항에게 제거되었던 것이다.

최씨의 심복 무인들에게 있어서 주목되는 것 가운데 하나는 그들의 신분이 보잘 것 없었다는 점이다. 최충헌의 심복이었던 최준문은 興海貢生이었으며, 김덕명은 음양에 밝았다 한다. 더구나 최이와 최항의 심복인 김준·이공주·최양백 등은 최씨가의 가노였던 것이다.[9] 이것만을 놓고 보면, 최씨집권기에는 노비 출신으로서 정치적으로 출세한 무인들이 있었다고 할 수 있다. 그렇다고 이러한 현상을 가지고 노비들의 정치적 진출이 활발했다거나 노비들의 지위가 향상된 시기였다고는 결코 말할 수 없을 것이다. 그들은 극히 소수에 불과하였다. 더구나 최씨집권자들이 노비를 심복으로 삼은 것은, 그들이 자신들에게만 충성을 바칠 수 있는 인물로 기대한 때문이었다. 노비들의 지위 향상의 결과는 아니었던 것이다. 최씨집권자들은 가문이 좋은 인물들의 경우 그렇지 못한 인물들보다 가문을 바탕으로 그들에게 반발할 소지가 많다고 판단했을른지도 모른다.

한편 최씨집권자들은 문신들을 발탁하여 등용하기도 했다. 그들은 대부분 한미한 가문 출신이었으며, 또한 예외 없이 과거합격자였다. 즉 그들 가운데 상당수는 향리 출신이었으며, 그들은 학문과 행정실무에 능한 자들이었던 것이다. 이른바 '能文能吏'가 그들이다. 그런데 최씨가 문인들에게 요구한 '능문능리'의 '文'은 학문이라기보다는 문장의 작성이었다.[10] 즉 군왕이 올바른 정치를 할 수 있도록 도와주는데 필요한 經史 등의 학문이 아니라, 表箋이나 詔勅 등의 작성에 필요한 문장이었던 것이다. 따라서 최씨가 필요로 한 문인은 경사에 박통한, 정치적인 능력을 갖춘 인물이 아닌 문장에 뛰어난 인물이

9) 洪承基, 〈崔氏武人政權과 崔氏家의 家奴〉(《高麗貴族社會와 奴婢》, 一潮閣, 1983), 275~283쪽.

10) 趙仁成, 〈崔瑀政權下의 文翰官 -'能文'·'能吏'의 인사기준을 중심으로-〉(《東亞硏究》 6, 1985), 364쪽.

었음을 알 수 있다. 당시의 문인들 대부분이 여기에 부응하여 학문보다는 章句 다듬는데 주력하였음은 물론이다.

'능문능리'는 그들이 최씨에 발탁되기까지는 반드시 최씨정권과 밀착된 인물의 천거를 필요로 했다. 설사 문학과 행정실무 모두에 능한 인물이라 하더라도 최씨와 밀착된 인물의 천거가 없으면 최씨에게 발탁되기 어려웠다. 따라서 한미한 가문 출신의 과거 합격자가 최씨에게 발탁되기 위해서는 그들의 座主에 의존하는 수밖에 없었다. 최씨정권 아래에서 과거를 주관할 정도였다면, 최씨와 밀착된 인물임이 분명하기 때문이다. 최씨집권기에 천거가 활발했다거나[11] 좌주와 문생의 관계가 강화된 이유가[12] 여기에 있다. 한편 이들은 문학과 吏務에 능하였기 때문에 政房이나 대간을 거쳐 승진하는 경우가 일반적이었다. 그렇다면 최씨가 이들을 등용한 이유는 분명해진다. 즉 자신들의 문신 심복을 삼으려는 의도였던 것이다. 이는 그들의 역할로 미루어서도 짐작된다. 李奎報와 金敞, 그리고 朴暄의 경우를 예로 들어보자.

이규보는 고종 19년의 江華遷都를 칭송하는 글을 여러 곳에 남기었다. 그런데 강화천도는 최씨정권의 유지를 위해 단행된 것이었다. 최이는 본토의 인민들을 몽고군의 침입에 버려둔 채, 국왕과 관료들의 반대에도 불구하고 천도를 단행했던 것이다. 이러한 최씨정권의 강화천도를 이규보가 찬양한 것은 최씨정권에 의한 강화천도를 합리화시킨 것과 다를 바 없다. 한편 김창은 정방에서 인사행정을 맡아보았는데, 모든 것을 최이의 결정에 따라 처리하였다. 사람들이 그 이유를 묻자 김창은 "최이는 하늘로부터 힘을 빌려 받은 인물"이라고 했다 한다. 최이를 우상화시켰다고 할 수 있다. 또한 박훤은 史館의 수찬관이 되어 최이의 공적을 과장하여 기술하였다. 그는 최이를 역사적인 인물로 미화하려 했던 셈이다.

최씨집권기「能文能吏」의 진출이 이처럼 최씨의 정치적인 의도에서 비롯된 것이었다면,「능문능리」의 진출에 커다란 역사적 의미를 부여할 필요는 없을 것이다.「능문능리」의 진출을 지방 향리계층의 대두와 관련시켜 이해해서는 안되는 것이다.「능문능리」의 진출은 지방 향리계층이 대두한 결과가

---

11) 金翰奎, 〈高麗時代의 薦擧制에 대하여〉(《歷史學報》 73, 1977).
12) 朴菖熙, 〈武臣政權時代의 文人〉(《한국사》 7, 국사편찬위원회, 1973), 283쪽.

아니고 최씨가 자신들의 문신 심복을 삼기 위해 일부 향리 출신을 발탁한 결과였던 것이다. 결국 최씨집권기는 새로운 세력의 진출이 불가능한 시기였다. 최씨정권에 협력할 소지를 갖춘 인물들만이 득세할 수 있었던 것이다. 건전한 여론 형성이나 이를 주도할 인물의 등용은 기대하기 어려운 상황이었다.

이러한 사실은 최씨집권자들이 개최한 詩會를 통해서도 짐작할 수 있는 일이다. 최씨집권자들은 빈번하게 시회를 개최하였다. 그런데 그들이 개최한 시회에서는 최씨가 詩題를 정하면 참석자들은 여기에 맞추어 시를 짓는 것이 일반적이었다. 또한 최씨는 走筆을 시험하기도 했다.[13] 물론 참석자들은 시로써 최씨의 덕을 칭송하기도 했다. 현실 문제를 시의 주제로 선정할 여지가 없었음은 두말할 나위도 없다. 한편 최씨가 시회에 초치한 문신들은 당대의 명유였다. 따라서 이들의 주제 선정의 경향은 다른 문인들에게도 적지 않은 영향을 미쳤을 것이다. 시나 문장은 여기에 뛰어난 사람의 것을 본받기 십상이기 때문이다. 최씨는 자신들이 시회를 주도함으로써, 문인들의 현실 비판의 경향을 둔화시키는 효과도 얻었던 것이다.

최씨집권기에는 새로운 기구가 설치되기도 하였다. 최씨집권기에 새로이 설치된 기구로는 敎定都監과 政房, 그리고 都房, 書房이 있었다. 또한 夜別抄와 神義軍도 최씨가 조직한 부대였다. 한편 최씨는 최충헌이 晋康府, 최이가 晋陽府를 설치하였다. 그런데 府는 최씨만이 설치한 것이 아니었다. 최씨 이전은 물론이고 이후에도 부를 세운 관료들은 존재하였던 것이다. 따라서 부는 최씨집권기에 설치된 새로운 기구는 아니었다. 그러나 최씨정권의 이해를 위해서는 이에 대한 검토 역시 생략하기 어렵다. 서술의 편의상 부에 관해서 먼저 검토해 보자.

최씨정권의 부에 대해서는 기왕의 연구들 대부분이 커다란 의미를 부여하지 않았다. 최충헌이나 최이가 설치한 부는 왕자나 왕비, 그리고 공주에게 설치한 부와 동일한 것으로서, 부의 설치로 인해 최충헌과 최이는 왕자와 동등하게 대우받는 것으로 이해한 정도가 고작이었다. 이와 아울러 최충헌과 최이는 이 부를 설치했기에 식읍을 소유할 수 있었던 것으로 이해하였다. 즉 고려시대의 식읍은 형식적인 것이었는데, 立府와 더불어 비로소 실제로 收租

13) 朴菖熙, 위의 글, 281~282쪽.

가 가능했다는 것이다.14)

그런데 최근의 연구에 따르면, 부야말로 최씨정권이 권력을 행사할 수 있도록 한 제도적인 장치였다 한다. 최씨정권의 진양부는 최씨정권의 다른 기관, 즉 정방·도방·서방 등의 통합적 기구였다는 것이다. 즉 정방·도방·서방 등은 진양부 중에 설치되어, 진양부에 의해 그 개별적 기능이 유기적으로 통합·조직되었다는 것이다. 따라서 진양부는 최씨정권의 심복집단이었으며 두뇌집단이었다는 것이다. 진양부에 대한 이러한 연구는 고대 중국의 幕府를 염두에 두고 이루어진 것이었다.15)

최씨집권자들은 권력의 장악과 동시에 부를 설치한 것이 아니었다. 최충헌의 경우 그가 부를 설치한 것은 희종 2년(1206)인데, 이는 이의민을 제거한 해로부터 20년 후였던 것이다. 그 이전인 신종 3년(1200)에 최충헌은 이미 도방을 조직하여 정적으로부터 자신을 보호하는 한편, 권력세습의 기틀을 마련하였다. 진양부가 최씨정권의 최고 권력기구였다면, 최이의 경우는 최충헌의 경우보다 더욱 이해되지 않는다. 그가 최충헌으로부터 권력을 승계 받은 것은 고종 6년(1219)인데, 부를 설치한 것은 고종 21년(1234)이었던 것이다. 최이는 권력의 승계와 더불어 막강한 권력을 행사했을 뿐만 아니라, 이미 고종 12년(1225)에는 정방을 설치하여 인사행정까지 완전하게 장악하고 있었다. 부의 설치와는 무관하게 정방을 설치했고, 정치권력을 행사했음을 알 수 있다.

崔沆의 경우는 부의 설치 자체부터가 불분명하다. 《高麗史》에는 최항의 開府와 관련된 기록이 4번이나 나타난다. 고종 38년에 국왕은 최항에게 晋陽侯를 봉하고 開府를 명했으나 최항은 사양하여 받지 않았고, 그 해에 또 한 차례 立府를 명했으나 역시 사양하였다. 고종 40년에 국왕은 制를 내려 최항에게 봉후입부하였는데, 이때는 최항이 사양했다는 기록이 없다. 그럼에도 불구하고 동왕 42년에는 다음과 같은 기록이 보인다.

> (왕이 詔하여 말하기를) 有司에게 명하여 (최항의) 府를 열고 식읍을 益封하고 考妃에게 加贈하며, 2子의 秩을 높이라고 했다. …(그러나) 최항은 사양하고 받지 않았다(《高麗史》 권 129, 列傳 42, 崔忠獻 附 沆).

---

14) 金塘澤, 〈崔氏政權과 國王〉(《高麗武人政權硏究》, 새문사, 1987), 156~158쪽.
15) 金翰奎, 〈高麗崔氏政權의 晋陽府〉(《東亞硏究》 17, 서강대, 1989).

최항이 부를 설치했다는 주장에 따르면, 최항은 고종 40년에 부를 설치했다는 것이다. 최항이 사양했다는 기록이 없다는 것이 그 이유이다. 이 견해에 의하면, 위의 사료에서 최항이 사양한 것은 부의 설치가 아니라 식읍을 益封하고 考妃에게 加贈하며 2子의 秩을 높이라는 것이었다 한다. 즉 국왕이 유사에게 명한 내용의 일부만을 최항은 사양했다는 것이다.[16] 그러나 이러한 해석은 자연스럽지 못하다. 국왕이 유사에게 명한 내용의 전부를 최항이 사양했다고 이해하는 것은 무리가 없어 보인다. 만일 고종 40년에 최항이 부를 설치했다면, 동왕 42년에 다시 국왕이 개부를 명령했을 까닭도 없어 보인다. 고종 42년의 경우처럼 동왕 40년에도 최항은 부의 설치를 사양했다고 이해된다.

이처럼 최씨집권자들이 부의 설치 여부에 관계없이 정치권력을 행사했다는 사실은, 부가 곧 최씨정권의 통합적 권력기구였다는 주장이 타당한 것이 아님을 알려준다.

교정도감이 최씨집권기 최고의 권력기구였음은 기왕의 연구에서 밝혀진 바 있다. 교정도감은 정치적인 모반사건을 처리했을 뿐만 아니라, 지방의 庶政이나 稅政에까지 관여했던 것이다.[17] 또한 巡檢軍 등 군대를 동원할 수 있는 권리도 보유하고 있었다. 그런데 이러한 교정도감이 青郊驛吏의 최충헌 살해모의 사건을 계기로 설치되었음은 주목된다. 따라서 교정도감은, 정치적인 모반 사건의 처리라고 하지만, 사실은 최씨의 정적들에 대한 처단을 주로 담당한 기구였다고 할 수 있다. 교정도감에 소속된 관리들이 최씨를 위해 정보를 수집하고 이를 최씨에게 보고했다는 사실[18]이 이를 방증해 준다. 최씨는 공적인 기구를 사적인 목적으로 사용했던 것이다.

정방은 백관의 銓注를 처리하기 위해 최이가 자신의 私第에 설치한 기구였다. 고려시대 백관의 전주는 이·병부와 중서문하성의 관여 하에 이루어졌다. 백관의 전주가 이처럼 복잡한 과정을 거친 것은 인사행정에 대한 공정을 기하기 위함이었다. 이러한 상황 아래서는 어느 한 사람이 전주를 오로지하기는 어려웠던 것이다. 그런데 전주권의 장악은 집권자에게는 필수적인 것이었다.

---

16) 金翰奎, 위의 글, 158~159쪽.
17) 金庠基, 앞의 글, 215~221쪽.
    金潤坤, 〈高麗武臣政權時代의 敎定都監〉(《文理大學報》 11, 영남대, 1978).
18) 金潤坤, 위의 글.

최충헌의 경우도 예외는 아니었다. 그는 집권 초기 전주권을 장악하기 위해 병부상서에 지이부사를 겸하여 문무의 전주를 관장했으며, 후에는 그의 사제에서 전주를 행하였는데 이것이 후일 정방으로 발전했던 것이다.

정방에서 주목되는 것은 여기에 承宣과 더불어 3품관과 4품관 등이 소속되어 있었다는 사실이다. 정방에 참여한 승선을 政色承宣이라 하고, 3품관을 政色尙書, 4품관을 政色少卿이라고 했다는 사실로[19] 알 수 있다. 그 뿐만 아니라 내시가 政事點筆員을 겸하기도 하였다.[20] 정방참여자의 대부분이 국가의 관료였음을 확인할 수 있다. 국가의 공무인 인사행정을 개인의 사제에 설치된 정방에서, 국가의 관료들로 구성된 정방원이 시행했다는 사실이야말로 정방의 큰 특징이 아닌가 한다.[21] 국가의 관료들을 자신의 필요에 따라 효과적으로 이용할 수 있었기에 최씨의 장기집권은 가능했다고 생각된다.

도방은 '文·武·閑良·軍卒 가운데 강하고 힘센 자들'을 초치하여 구성하였다 한다. 도방은 최씨의 신변호위를 목적으로 한 사적인 기구였다. 그런데 여기의 지휘관들은 모두 현직의 무신이었다. 한편 군졸은 관군 가운데서 용력이 뛰어났기에 뽑힌 자들이었다. 즉 관군 가운데 용력이 뛰어난 자들은 모두 뽑아서 도방에 소속시켰다고 이해되는 것이다. 契丹이 침입했을 때, "曉勇者는 모두 최충헌 부자의 문객이고 관군은 파리하고 약하여 쓸모가 없었다"는 것으로[22] 미루어 짐작된다. 또한 "문객으로서 종군하려는 자들을 (최충헌이) 모두 먼 섬에 유배했다"는 기록도[23] 이와 관련하여 참고된다. 이는 최충헌의 문객과 거란과의 전투에 참여한 관군이 기본적으로 차이가 없음을 알려 주는 것으로 이해된다. 최씨는 개인의 신변호위를 국방보다 중요시했던 것이다.

서방은 최씨의 문인과 문객으로 구성된 기구였다. 따라서 이의 설치와 더

---

19) 《櫟翁稗說》 前集 1.

20) 《高麗史》 권 105, 列傳 18, 許珙.

21) 필자는 政房이 국가의 공무인 관료들의 인사행정을 담당한 기구였고, 또한 여기에 왕조의 관료들이 참여했음을 중시하여 정방은 애초부터 왕조의 공적인 기구였을 것으로 이해하였다(金塘澤, 앞의 책, 121쪽). 이는 정방을 최씨의 사적인 기구로 이해한 기왕의 견해와는(金庠基, 〈高麗武人政治機構考〉, 《東方文化交流史論攷》 1948, 222쪽 및 金成俊, 〈高麗政房考〉, 《史學硏究》 13, 韓國史學會, 1962 ; 《韓國中世政治法制史硏究》, 一潮閣, 1985, 212쪽) 다른 것이다.

22) 《高麗史》 권 129, 列傳 42, 叛逆 3, 崔忠獻.

23) 위와 같음.

불어 도방에 소속되었던 문인들은 모두 서방에 참여하였을 것이다. 그런데 이들 가운데도 현직 문신 관료들이 적지 않았다. 서방 출신의 문인들이 현직 관료로 채용되었다고 해서 최씨와의 관계가 청산되었을 리 없기 때문이다. 실제로 박선·유천우 등은 최씨의 문객으로서 관직을 겸했는데, 그들이 문신이었음을 감안하면 서방에 소속되었을 것임은 의심의 여지가 없다.

야별초는 최이에 의해 고종 17년에서 19년 사이에 조직되었다. 도둑이 많아 이를 잡기 위해 용력이 뛰어난 자들을 가려 뽑아 야별초를 조직하였다고 《高麗史》는 전하고 있다. 그런데 이 당시 최이정권은 정적들의 위협에 직면해 있었다. 따라서 야별초 조직의 이면에는 정적을 제거하려는 최이의 의도가 내포되어 있었다고 할 수 있다. 즉 도둑이 많았던 시대적인 분위기를 이용하여 정적을 제어할 목적으로 야별초를 조직하였던 것이다. 도둑을 잡기 위해 조직되었다는 야별초가 최씨의 爪牙로 이용된 까닭이 여기에 있다.

야별초는 국왕의 시위를 담당하기도 했다. 따라서 국왕의 최이에 대한 의존도는 그만큼 커질 수밖에 없었다. 아울러 관군 가운데 용력이 뛰어난 자들로 구성된 야별초를 최이가 그의 사병처럼 이용했다는 사실은 곧 관군 모두가 그의 사병화되었던 것과 다를 바 없다.

야별초와 함께 삼별초를 이루었던 신의군은 고종 41년에서 동왕 44년 사이에 조직되었다. 이 시기는, 몽고가 대거 침입한 후 罷兵의 조건으로 강화정부의 出陸還都를 끈질기게 요구한 때였다. 집권자 최항으로서는 이러한 요구를 받아들일 수 없었다. 출륙환도는 자신의 정권의 종말을 의미하기에, 최항으로서는 항몽을 고집할 수밖에 없었던 것이다. 이에 반해 대다수의 관리들은 출륙환도 쪽으로 기울어졌다. 몽고의 대거침입에 따른 인심의 이반과 본토로부터 수송되는 조세의 감소는 그들이 위기의식을 느끼기에 충분한 것이었다. 최항은 이러한 여론에 쐐기를 박을 필요가 있었다. 이에 몽고로부터의 逃還人들로 신의군을 조직하였다. 그들의 몽고에 대한 적대감을 출륙환도의 여론을 묵살하는데 이용하려 했던 것이다. 결국 야별초나 신의군은 모두 최씨의 정치적 의도 아래 조직된 부대로서 그들의 사병처럼 이용되었던 것이다.

관군 가운데 용력이 뛰어난 자들을 도방에 초치함으로써 관군은 무력화되었다. 따라서 고려는 거란의 침입에 효과적으로 대처할 수 없었다. 그런데 후일 야별초군의 최씨의 사병화는 관군의 무력화를 더욱 부채질하였다. 최씨집권자들은 그들의 정권 유지와 무관한 관군은 육성하지 않았던 것이다. 몽고의 침입에 고려가 속수무책일 수밖에 없었던 이유도 이와 무관하지 않을 것이다.

결국 최씨집권기에 설치된 교정도감이나 삼별초, 그리고 정방·도방·서방 등의 새로운 기구는 모두 사회변화의 산물 아닌, 권력 유지의 수단으로 설치된 것이었다고 할 수 있다. 최씨는 정방·도방·서방 등 자신의 사적인 기구에 왕조의 관료들을 참여시킴으로써 왕조의 권위를 빌려 자신의 권력을 유지해 나갔다. 또한 교정도감이나 삼별초 등 국가의 공적인 기구를 사용화함으로써, 국왕의 권력을 무력화시키는 한편 자신의 권력을 강화해 나갔던 것이다.

최충헌정권과 관련하여 생략될 수 없는 부분의 하나는 몽고 침입과 이에 대한 최씨정권의 태도이다. 그런데 최근 학계의 일반적인 경향은 최씨정권의 몽고와의 항전을 부정적으로 평가하고 있다. 최씨정권의 항전은 정권의 유지만을 위한 고식적인 것이었다는 것이 그 이유였다. 항몽의 주체는 오히려 농민이었다는 것이다.[24] 그러나 이와는 다른 긍정적인 평가도 있을 수 있다고 생각된다. 최씨정권이 몽고와의 항전을 위해 강화도로 천도하였고 또한 그곳에서 항전을 지속하였기 때문에 고려의 사직은 유지될 수 있었다는 이해도 가능해 보이기 때문이다. 최씨정권의 몽고와의 항전을 필자가 거론하는 이유가 여기에 있다.

몽고가 고려에 침입한 것은 고종 18년(1231) 8월이었다. 고려는 3군을 출동시켜 이에 대처하였으나 불가항력이었다. 이에 고려정부는 和議를 추진하여 다음해 1월 몽고와 강화가 성립되었다. 그런데 당시의 집권자 최이는 갑자기 태도를 돌변하여 고종 19년 7월 강화로 천도를 단행하였다. 이는 몽고와의 항쟁을 선언한 것과 다를 바 없다.

이러한 최이의 태도는, 몽고에 끈질기게 저항했다 하여 慈州副使 崔椿命을 그가 처형하려 했음을 염두에 두면 쉽게 이해되지 않는다. 몽고의 침입에 가장 강렬한 저항을 보인 지역은 북계의 龜州였다. 이곳에서는 北界兵馬使 朴犀와 靜州分道將軍 金慶孫 등이 몽고군과 고종 19년까지 전투를 계속하고

24) 대표적으로는 姜晋哲, 〈蒙古의 侵入에 대한 抗爭〉(《한국사》 7, 국사편찬위원회, 1973)을 들 수 있다.

있었다. 그런데 이 때는 몽고와 강화가 성립된 시기였다. 이에 몽고의 추궁을 두려워 한 정부에서는 항복을 권유하였다. 귀주에서는 이를 받아 들여 전투를 중단했으나, 부근의 자주부사 최춘명은 이를 끝까지 거부하자, 고종 19년 5월 재추회의에서 그의 처형을 결의했던 것이다.[25] 몽고와의 강화가 성립된 이후에도 항전을 계속했다는 이유로 최춘명을 처형하려 했다는 것은, 몽고와의 강화에 대한 최이의 의지가 그만큼 강했음을 알려 준다.

최이가 태도를 바꾸어 천도를 결심하게 된 결정적인 원인은 몽고가 다루가치(達魯花赤)를 설치한 데 있었다.[26] 원은 고려에 다루가치를 설치하여 고려의 내정을 간섭하려 했던 것이다. 그렇게 되면 최씨정권이 몽고의 제재를 받게 될 것은 두말할 나위도 없다. 더구나 당시 국내의 정치상황도 최씨에게 유리하지 않았다. 이러한 시기에 천도는 정치적 난국을 타개하는 방법의 하나일 수 있었다. 이에 최이는 국왕과 대부분 관료들의 반대를 무릅쓰고 천도를 단행했던 것이다.

강화천도 이후 최씨정권의 대몽항전은 본토 인민들의 지지를 상실하였다. 최씨정권의 유격전은 본토 인민에 대한 몽고군의 무차별한 살육만을 불러일으켰던 것이다. 西京의 다루가치를 살해하려 한 고려의 관리가 도리어 서경인에게 살해된 사건은 본토 인민들의 최씨정권에 대한 감정이 어떠했는가를 잘 말해 준다. 더구나 최항정권 아래서 추진된 海島入保 정책은 본토에 거주하는 백성들에게는 몽고군의 약탈보다 훨씬 가혹한 것이었다.[27] 다음의 기록은 이와 관련하여 참고된다.

> (大將軍 宋吉儒가) 慶尙州道의 水路防護別監이 되어 州縣의 인물을 검찰하여 섬으로 들여보내는데, 명령을 따르지 않은 자가 있으면 반드시 때려죽이고, 혹은 긴 새끼로 사람의 목을 잇달아 엮어서 별초를 시켜 양끝을 잡고 끌어서 큰 물 속에 던져, 거의 죽게되면 꺼내고 조금 깨어나면 다시 그와 같이 하였다(《高麗史節要》 권 17, 고종 45년 정월).

본토의 백성들은 해도입보를 원하지 않았다. 집과 재산을 버려 둔 채 섬에 들어가기를 즐겨했을 까닭도 없다. 이들에게 송길유가 야별초를 거느리고

---

25) 尹龍爀, 《高麗對蒙抗爭史硏究》(一志社, 1991), 45~50쪽.
26) 周采赫, 〈高麗內地의 達魯花赤 置廢에 관한 小考〉(《淸大史林》 1, 1974).
27) 이에 관해서는 尹龍爀, 〈高麗의 海島入保策과 蒙古의 戰略變化－麗・蒙戰爭 전개의 一樣相－〉(《歷史敎育》 32, 1982) 참조.

취한 행동을 위 기록은 알려준다. 야별초의 이러한 만행은 본토의 거민들로 하여금 몽고군이 오는 것을 기뻐하게 만들었던 것이다.[28]

본토의 거민들이 최씨정권에 반기를 들었음은 물론이다. 강화천도 이후에도 최씨정권에 반대한 민란이 끊임없이 일어났던 이유가 여기에 있다.[29] 최씨정권은 이반된 민심을 수습할 필요가 있었다. 오늘날 우리들이 훌륭한 문화유산으로 떠받들고 있는 八萬大藏經도 이를 위해 만들어진 것이었다.[30] 최씨정권의 항몽이 이러한 성격을 지녔다면, 설사 그들의 항쟁 때문에 고려가 유지될 수 있었다고 하더라도, 이를 긍정적으로 평가할 수는 없다. 고려는 적어도 몽고군이 오는 것을 기뻐했던 당시 본토의 거민들에게는 무의미한 것이었다.

몽고와의 항쟁은 무신정권이 멸망한 뒤에도 三別抄에 의해서 수행되었다. 사실 삼별초의 상당수는 몽고에 대해 적대감을 가지고 있었을 것이다. 오랫동안 몽고와 전투를 수행했던 부대였던 만큼 무리는 아니다. 그렇다고 삼별초가 抗蒙만을 위해 난을 일으켰다고는 생각되지 않는다. 삼별초 가운데 일부는 宋松禮에게 이용되어 몽고와의 항전을 주장했던 林惟茂의 제거에 앞장서기도 했던 것이다. 그들이 개경환도 이후에도 몽고와의 항쟁을 결심한 데에는 몽고에서 그들의 처벌의사를 분명히 했던 것과 무관하지 않았다. 결국 삼별초의 성격이나 그들의 구체적인 활동을 무시한 채, 항몽만을 지나치게 강조하는 것은 바람직한 역사 해석이 아니라고 생각한다. 국가의 군인인 삼별초가 최씨의 사병으로 이용되어, 몽고군보다 더한 만행을 본토의 거민들에게 저질렀다는 사실도[31] 간과되어서는 안될 것이다.

〈金塘澤〉

---

28) 《高麗史》 권 24, 世家 24, 고종 43년 2월.
29) 이에 관해서는 尹龍爀, 〈高麗 對蒙抗爭期의 民亂에 對하여〉(《史叢》 30, 高麗大, 1981 ; 《高麗對蒙抗爭史硏究》) 참조.
30) 이에 관해서는 閔賢九, 〈高麗의 對蒙抗爭과 大藏經〉(《韓國學論叢》 1, 國民大, 1978) 참조.
31) 이와 관련해서는 尹龍爀, 〈崔氏政權의 對蒙抗戰자세〉(《史叢》 21·22, 1977) 참조.

4. 무신정권의 붕괴와 그 역사적 성격

1) 김준 정권

(1) 김준의 출세

金俊의 집권은 곧 4대 60여 년에 걸친 崔氏武臣政權의 몰락을 의미하였다. 최씨가의 마지막 집권자인 崔竩가 고종 45년(1258)에 김준과 그 일파에 의해 살해되었고, 이로써 최씨정권은 막을 내렸던 것이다. 그러나 최씨정권이 붕괴되었다 하여 곧 무신정치가 끝났다고 설명될 수 있는 것은 아니다. 주지하는 바와 같이 고종 45년 이후에도 金俊·林衍 등의 무신이 새로운 집권자로 등장하여 정권을 장악해 나갔다.

《高麗史》 金俊 列傳은 그의 아버지인 金允成이 미천한 노비의 신분으로 주인을 배반하고 崔忠獻에 투탁하여 노비가 되었다고 기록하고 있다. 한편 《高麗史》의 다른 기록은 고종 45년(1258) 3월에 柳璥과 함께 김준 등이 최의를 죽이고 정권을 국왕에게 돌렸음을 언급하고 있다.[1] 간략하기는 하지만 두 기사는 김준의 정치적 출세와 성장이 최씨무신정권과 깊은 관련이 있음을 시사한다.

김준은 입신하기 이전부터 노역에 찌들어 있는 평범한 가노들과는 거리가 멀었다. 그는 활쏘기를 잘하였으며 下人에게 겸손하고 공경하였다. 또 남에게 베풀어주기를 좋아해서 뭇 인심을 얻었는가 하면, 날마다 遊俠子弟와 떼지어 마시고 다녔다.[2] 즉 김준이 그의 아랫사람에게 겸손 공경하였을 뿐만 아니라 베풀어주기를 좋아했기 때문에, 그들은 항상 마음으로 김준에게 복종했을 것이고, 아마 그들이 바로 김준의 심복이었을 것으로 생각된다. 그리고 김준이 날마다 더불어 떼지어 마셨다고 하는 유협자제라고 일컬어진 사람들이 구체적으로 어떠한 부류의 인물들이었는지는 확실하지 않지만, 이들이 노비 신분에 있던 사람들이었을 것 같지는 않다. 유협자제라고 하는 표현이 시사하는 바를

1) 《高麗史》 권 24, 世家 24, 고종 45년 3월 병자.
2) 《高麗史》 권 130, 列傳 43, 叛逆 4, 金俊.

염두에 두면, 이들은 의협심 강한 젊은이들로 비교적 높다고 할 수 있는 신분층의 자제들이었을 것이다. 이렇듯 김준에게 일찍부터 추종하는 사람들이 있었고, 나아가 이들의 상당한 수가 높은 신분층의 자제였다고 한다면, 그의 부친인 김윤성이 당시에 누리고 있던 사회적 지위도 그만큼 높은 것이었다고 하겠다.[3] 비록 노비의 신분이었지만 김준은 최씨가의 한 무사로서 이해되며, 나아가 "뒤에 반드시 국사를 맡게 될 것"이라고 한 어느 術僧의 예언까지 나올 수 있었던 배경이 여기에 있다 하겠다.[4]

김준은 崔怡(瑀) 집권기에 출세의 계기를 갖게 되었다. 그가 최이로부터 주목을 받게 된 것은 朴松庇·宋吉儒 등의 추천에 힘입어서였다. 이로부터 그는 최이의 신임을 얻게 되었고, 그리하여 최이가 출입할 때는 반드시 김준의 부축을 받게 되기에 이르렀다. 그래서 김준은 南班의 정9품직인 殿前承旨의 관직을 받을 수가 있게 되었던 것이다.

그와 최씨가와의 관계는 최이의 신변을 보호하는 임무를 맡게 되면서 각별해지기 시작하였으나, 그가 정계의 중요 인물로 부각된 것은 崔沆의 집권과 관련이 있다. 김준은 최이가 죽은 뒤에 최항이 권좌를 이을 수 있게 결정적으로 기여하였고, 그 결과 노비의 신분으로서는 파격적으로 별장이라는 무반직에 올랐다. 주지하듯이 최항의 권력이양 과정은 순탄하지 못하였다. 최항의 권력계승에는 상장군 周肅의 반발이 뒤따랐기 때문이다. 그는 夜別抄와 內外都房을 거느리고 정권을 국왕에게 되돌리고자 기도했던 것이다. 이때 김준 등 최씨가의 가노들이 중심이 된 70여 인이 최항의 편을 들게 됨으로 해서, 주숙의 기도를 사전에 봉쇄하였다. 최씨가의 사적 군사력이라 이를 수 있는 야별초나 도방의 지지하에 커다란 충돌 없이 권력이 이양되었다.[5] 그러나 이들 병력은 주숙의 인솔 아래에 있었기 때문에 애초부터 최항을 지지한 것은 아니었

3) 그렇다고 金允成이 당시에 벼슬길에 있었다거나, 상당한 정도의 정치적 영향력을 행사할 수 있는 위치에 있었다고는 믿어지지 않는다. 만일 그러했다면, 그의 관직이나 정치적 영향력의 실제에 대하여서 최소한도의 언급이라도 기록되었을 것이기 때문이다. 그러나 김윤성이 당시의 정계와 어떠한 형태로건 관련을 맺고 있었으리라는 점은 믿어도 좋을 것이다(洪承基, 〈崔氏武人政權과 崔氏家의 家奴〉, 《高麗貴族社會와 奴婢》, 1983, 279쪽).

4) 《高麗史》 권 130, 列傳 43, 叛逆 4, 金俊.

5) 《高麗史》 권 129, 列傳 42, 叛逆 3, 崔忠獻 附 沆.

다. 최항의 권력계승에 결정적으로 기여한 것은 김준을 비롯한 가노세력이었다. 그러니까 주숙의 본래 의도가 좌절되었던 이유는 김준 등이 동원한 병력에 맞설 수 없었기 때문이었다. 최항의 권력계승에 있어서의 결정적인 역할이라든가 최씨가의 가노들이 직접적인 관련을 가지고 있었다는 점에서, 이 군사력은 최씨가의 사병집단의 하나였으며, 또 도방보다도 최씨가와 더 밀착된 것이었다. 이른바 家兵이라 불려졌던 최씨가의 사병조직에서 적지 않은 가노가 활동하였으며, 김준은 가병을 직접 지휘·통솔하는 자리에 있었다고 본다.[6]

비록 최항의 권력계승에서 공로를 세웠다고 하더라도, 김준이 정치적 역량을 증대해 나갔으리란 보장은 없었다. 그는 단지 하급 무관직을 제수 받았을 뿐만 아니라, 당시 사회에서 가장 천한 신분에 속하여 있었기 때문이다. 그런데도 최항의 집권기에 들어서면서 김준은 막강한 권력을 행사할 수 있는 정치인으로 부상하였다. 즉 가병의 군사력을 직접 지휘·동원하는데 그치지 않고, 더 나아가 최씨가에 정치적·군사적 기반이 되어 있던 兵士와 文士들을 장악하였던 무무 관료들을 지휘하는 경우도 있었다.[7] 이러한 정치적 역량은 최항의 후원이 있었기 때문이었으며, 그 후원은 김준에 대한 최항의 신임에 기초한 것이었다. 이런 현상은 최항정권이 김준과 같은 심복에게 크게 의존해야 했던 데에서 이유를 찾을 수 있겠다.

최항은 최이의 서자로, 그 어머니가 천했기 때문에 최씨정권의 정치적 지배세력에게서 환영받기가 쉽지 않았다. 이에 최이는 그의 후계자로 김약선을 내정하였고 최항을 松廣寺에 출가시켰다. 최이에 의해 김약선이 제거된 후, 최항은 환속하여 최이의 후계자가 되었다. 그러나 오랫동안 정계에서 밀려나 있었던 그를 당시의 정치세력이 달가워 할 까닭이 없었다. 적지 않은 관료들의 반발은 최항정권으로 하여금 기존의 정치질서를 개편하기 어렵게 만들었다. 최항은 최이대의 정치질서를 유지하면서 자신의 세력 확보를 기도하는 정도에 만족하여야 했다. 이러한 상황에서 최항이 크게 의존한 것은 그의 심복일 수밖에 없었다. 최항의 권력승계 등에 결정적으로 기여했던 김준은 최항의 심복으로

6) 崔氏武臣政權에서의 家兵에 대한 견해는 크게 두 가지로 나뉘어진다. 종래의 연구에서는 가병을 都房이나 馬別抄를 중핵으로 하는 최씨가의 모든 사병과 동일하게 생각해 왔다. 그러나 최근 洪承基는 가병의 용례를 분석하면서, 기존의 견해 외에도 최씨가의 가노들을 주축으로 해서 구성되고 도방과는 구별되는 사병 조직을 뜻하는 경우가 있음을 지적한 바 있다(洪承基, 앞의 책, 288~291쪽).

7) 洪承基, 위의 책, 291~294쪽.

서, 그의 절대적인 지원을 받으며 막강한 실력자로 성장할 수 있게 된 것이다.

그런 만큼 김준에 대하여 일종의 심복 관계를 유지하는 일단의 정치인들이 형성되어 있었다. 최씨정권 아래에서 김준과 밀접한 관계를 유지하였던 정치인들 가운데 대표적인 인물의 하나는 林衍이었다. 임연은 일찍이 간통죄로 처벌을 받을 뻔하였는데, 김준의 적극적인 도움으로 그 어려운 상황을 벗어날 수가 있었을 뿐 아니라, 그의 천거에 힘입어서 隊正에서 郎將으로까지 진급할 수 있었다. 이러한 연유로 해서 임연은 김준을 항상 아버지라고 불렀고 김준의 아우 金承俊을 숙부라 칭하였다.[8] 김준을 아버지라 부를 정도였다면, 林衍은 김준의 심복이었다고 해도 결코 지나칠 것 같지 않다.

임연과 비슷한 입장에 있었던 것으로 생각되는 사람으로 朴琪가 있다. 박기는 김준이 최이의 嬖妾 安心을 간통한 죄로 固城에 유배되었을 때, 그를 도운 인연으로 김준의 양자가 된 사람이다. 김준이 박기를 양자로 삼았다는 것은 이들의 관계가 父子의 그것에 준하는 것이었고, 이 점에서 김준과 임연과의 관계와 다를 것이 없었다. 박기는 김준이 집권한 뒤에 그의 후원으로 大將軍 承宣의 직에까지 올랐는데, 이러한 김준의 뒷받침은 김준이 집권자가 되기 이전부터였을 것으로 짐작이 간다.[9]

김준이 먼저 도움을 받게 됨으로 해서 그와 각별한 관계를 맺게 되었다는 점에서 박기와 비슷한 상황에 있었던 사람으로는 송길유가 있었다. 송길유는 김준을 최이에게 칭찬해 줌으로써 김준이 최이의 신임을 받아 입신할 수 있도록 계기를 마련해 준 인물로, 이러한 인연으로 해서 송길유와 김준의 관계는 각별한 것이 되었다. 김준은 송길유가 酷吏로서 탄핵을 받게 되었을 때에 崔竩도 모르게 사사로이 그를 구하고자 한 黨與였다. 당시 김준은 최씨집권자의 심복이었던 大司成 柳璥과 待制 柳能 등에게 송길유의 구원을 청탁하였는데, 유경은 政房에 소속되어 있었고 유능은 최이의 親信을 받던 최씨가의 가신이었다.[10] 요컨대 김준은 최씨가의 다른 가신들과도 사적인 유대를 통하여 정치적인 역량을 증대해 갔음을 알 수 있다.

---

8) 《高麗史》 권 130, 列傳 43, 叛逆 4, 林衍.
9) 《高麗史》 권 130, 列傳 43, 叛逆 4, 金俊.
10) 《高麗史》 권 122, 列傳 35, 酷吏, 宋吉儒.

(2) 김준의 집권

최항의 신임과 지지를 받으며 그에게 충성을 아끼지 않던 김준 등이 최항이 죽은 뒤 불과 1년도 못되어 최씨가를 등진 이유는 무엇일까. 그것은 최의의 집권과 함께 변화된 김준의 정치적 위치를 통해 설명될 수 있겠다. 김준은 최의가 崔良伯·柳能만을 총애하여 신임하고 자신을 멀리함으로써 정치적으로 소외시킨데 대해 불만을 품었다. 최의는 고종 44년(1257) 윤 4월에 최씨정권 집권자의 자리에 올랐다. 그를 최항의 후계자로 추대한 자들은 최양백과 유능 그리고 宣仁烈이 중심이 된 일군의 정치세력이었다. 최양백은 김준과 함께 최항의 권력계승에서 공을 세워 별장이 되었던 최씨가의 가노였다. 그와 김준과는 사돈 관계로, 최항의 집권기에 김준과 거의 비슷한 성격의 심복이었을 것이다. 최항이 병사하기 전에 최의를 계승자로 지목하고, 그를 보좌하도록 부탁받은 측근 문신이 선인열과 유능이었다. 최씨가의 문객 崔瑛이나 蔡楨과 같은 대장군도 최의의 권력세습에 군사적 지지기반이 되었다. 최의는 자신의 권력계승에 주도적 역할을 한 자들에게 보다 크게 의존할 수밖에 없었을 것이다. 반면에 김준을 위시한 나머지 최씨가의 가신들은 최의의 권력승계를 계기로 집권자로부터 소외되었다. 따라서 최씨가의 심복들 사이에 갈등이 생겼고, 이로부터 최씨권력기구 안에 가장 강력한 적대세력이 형성되고 있었다.

무엇보다도 김준 일파에게 정변의 불씨를 던진 것은 대장군 송길유의 유배사건이었다. 앞에서 살펴보았듯이 송길유는 김준의 은인이나 다름없었다. 그는 가계가 천하고 병졸에서 입신한 자로 최항을 섬겨 夜別抄 指諭가 되었다. 그가 갑자기 출세하여 대장군까지 오르게 된 데에는 최항의 특별한 배려가 있었다. 최항은 송길유를 賤系이기 때문에 御史中丞에 임명할 수 없다는 유사를 핍박하면서까지 임명장에 서경하도록 한 일도 있었다. 이런 송길유야말로 최항의 대표적인 심복이었다. 최항은 송길유를 시켜 자신의 정적을 살해하도록 하는가 하면, 대몽항전의 일환으로 백성들을 海島入保시키는 일을 맡기기도 하였다. 이에 송길유는 야별초를 이끌고 이를 독려하였는데, 이 과정에서 그가 행한 불법적인 행동이 후일 안찰사 宋彦庠의 탄핵을 받기에 이르렀다. 송길유가 안찰사의 탄핵을 받은 것은 최의가 집권한 후의 일이었는데, 그를 구하려는 김준의 노력에도 불구하고, 송길유는 최의에 의해 유배 보내졌다. 바로 이

일이 생긴 다음부터 최의는 김준 등을 접견조차도 하지 않았다 한다.11)

최씨가의 가노였던 김준이 집권자인 최의에게서 소외된 사실은 그로 하여금 정치적 위기를 느끼게 하기에 충분하였다. 사실 정치권력의 핵심에 근접해 있는 심복들 간에 집권자의 총임을 독차지하기 위한 갈등은 있을 수 있는 일이다. 다만 집권자가 강력한 정치적 지지기반을 확보하고 있을 경우 심복들의 갈등은 표면화되기 어려운 것이다. 그러나 집권자의 심복에 대한 의존도가 크면 클수록 심복들의 갈등은 심각해질 수밖에 없었다. 최의는 母系가 천했을 뿐만 아니라 연소했다 한다. 그의 심복에 대한 의존도가 컸음은 당연하고, 그런 만큼 그의 정권은 심복들의 사소한 갈등에 의해 자체 붕괴될 취약점이 내재되어 있었다. 집권자로부터 소외된 김준은 더 한층 궁지에 몰리게 되었고, 이를 타결하기 위해서 집권자를 제거하는 수단까지 동원할 수밖에 없었다.

고종 45년(1258) 3월, 江都에서는 김준을 위시한 일군의 정치세력이 최의를 주살하는 정변에 성공하였다.12) 정변의 모의에 있어서나 그 실행에 있어서 핵심적인 역할을 수행한 자들은 최씨가의 가노들이었다. 김준 외에도 金承俊·李公柱, 그리고 金大材·金用材·金式材 등 김준의 세 아들이 여기에 해당한다. 김승준은 김준의 친동생이었으며, 이공주는 최씨가를 3대에 걸쳐 섬겼던 인물로 가노들에게 대부격인 존재였다. 이공주와 김승준은 최항의 권력

---

11) 《高麗史》 권 122, 列傳 35, 酷吏, 宋吉儒.
鄭修芽, 〈金俊勢力의 形成과 그 向背〉(《東亞硏究》 6, 1985), 416~417쪽.

12) 崔竩를 제거한 정변이 진행된 대강의 과정은 다음과 같다. 즉 神義軍 別抄의 장교였던 朴希實과 李延紹가 柳璥·金俊·金承俊·李公柱·朴松庇·林衍·朴天湜·車松祐·金洪就·金大材·金用材·金式材 등을 비밀리 만나, 정변의 이유를 말하고 4월 8일의 觀燈會를 이용하여 거사하기로 결정한 것이다. 이같은 비밀스런 계획은 탄로되어 즉시 최의에게 보고되었다. 김준의 아들인 김대재가 그의 妻父인 崔良伯에게 협조하도록 요청함으로써 알려진 것이다. 최양백은 겉으로는 거사에 호응하는 태도를 보였으나 곧 최의에게 이 사실을 알렸다. 최의는 즉시 유능을 불러 역습을 계획하였다. 유능은 이미 늦은 밤이므로 밤 사이에 변란은 생기지 못하리라 생각하고 다음날 일찍이 거사음모자들을 체포해도 늦지 않으리라 제의했고, 최의도 여기에 동의하였다. 그런데 이와 같이 긴박한 상황에서 정변은 다음 날로 미루어지지 않고 앞당겨져 바로 그날 늦은 밤에 일어났다. 김대재의 처는 생부인 최양백이 최의에게 보고한 사실을 듣고 김대재에게 알렸고, 이 사실이 김준에게 보고되면서 빨리 역습할 수 있었기 때문이다. 그는 아들들을 데리고 신의군 진영으로 달려가서 박희실과 이연소에게 사태의 급박함을 전하고, 함께 모의에 가담했던 자들과 三別抄를 불러 모아 최의와 그의 측근들을 제거하였다(《高麗史》 권 129, 列傳 42, 叛逆 3, 崔忠獻 附 竩).

승계에 기여한 공으로 각각 별장과 대정이라는 하급 무관직을 제수받았던 점에서, 김준과 비슷한 경로를 밟아 출세한 인물들이다.[13] 따라서 이들 가노세력은 김준이 그러했듯이, 최항의 절대적인 지원을 받으며 그의 심복이자 막강한 실력자로 성장하였다.

대사성 유경은 정변의 주동자 가운데 유일한 문신관료였다. 그는 무신정권 이후 재상가로 발돋움한 가문의 출신이었다. 하지만 그 자신이 정치적으로 두각을 나타내기 시작한 것은 최항의 집권기부터였다. 이 시기에 오랫동안 정방에 소속되어 인사권을 장악했을 뿐만 아니라, 과거시험의 고시관을 역임하기도 하였다. 그가 문신임에도 불구하고 최항의 두터운 신임을 받을 수 있었던 것은 최항정권을 특징지어주는 인물이었기 때문이다. 당시에 몽고정부는 그를 최항과 함께 出陸還都를 거부한 몇몇의 관료들 중에 대표적인 인물로 지목하기도 했다. 따라서 최항의 심복들 가운데 유경은 빼놓을 수 없는 인물이라고 하겠다.[14]

정변의 또 다른 주모지였던 神義軍 都領郎將 朴希實과 指諭郎將 李延紹는 신의군의 단위부대를 지휘하였던 장교다. 이들은 김준에 의해 단순히 동원된 병력만은 아니었다. 최의를 제거하자는 논의가 제일 먼저 이들로부터 나왔던 점을 염두에 두지 않을 수 없다. 崔竩를 없애지 않으면 그들 자신이 죽음을 면하기 어려웠던 처지에 있었던 것 같다. 또 정변의 모의가 사전에 누설된 사실을 알자마자, 김준이 첫번째로 취한 행동도 이런 상황을 뒷받침해 준다. 그는 일단 신의군 진영으로 달려가서 이들과 사태의 해결을 위해 의논했던 것이다. 정변 직후의 衛社功臣에 이 두 사람이 나란히 3위와 4위의 높은 서열에 오르게 될 정도로 이 사건의 핵심인물이라고 하겠다.

박희실 등이 소속된 신의군은 左·右別抄와 더불어 삼별초의 일부를 구성하고 있던 최씨가의 爪牙였다. 이 부대는 최항의 집권기에 해당하는 고종 41

13) 崔沆의 집권에 결정적인 역할을 한 최씨가의 가노로는 金俊·李公柱·崔良伯으로, 이들은 崔怡집권시기에 殿前承旨였다가 최항의 집권기에 모두 별장이 되었다. 최항대에 와서 관직을 받게 된 최씨가의 가노들 가운데는 校尉에 임명된 聶長守와 隊正에 보임된 金承俊도 있었다. 이들도 김준과 마찬가지로 최항의 권력계승을 계기로 크게 출세한 자들이라 하겠다(《高麗史》 권 129, 列傳 42, 叛逆 3, 崔忠獻 附 沆·竩).

14) 鄭修芽, 앞의 글, 418~419쪽.

년(1254)에서 동왕 44년(1257) 사이에 조직되었다. 당시는 몽고가 대거 침입한 후 철수의 조건으로 江華政府의 출륙환도를 끈질기게 요구하고 있던 때이다. 집권자 최항으로서는 이러한 요구를 받아들일 수 없었다. 출륙환도는 자신의 정권의 종말을 의미하기에 항몽을 고집할 수밖에 없었던 것이다. 이에 반해 대다수의 관리들은 출륙환도 쪽으로 기울어졌다. 그는 이러한 여론을 묵살하여 자신에게 불리한 정국을 타개하는 방법을 강구해야만 하였다. 이에 몽고로부터 逃還한 사람들로 신의군을 조직하여 몽고와의 강화에 대한 쐐기를 박으려 했던 것이다.[15] 신의군이 이와 같은 정치적 목적 아래 조직되었던 만큼, 박희실·이연소는 최항의 정권유지에 선봉적인 역할을 한 인물로 평가할 수 있다. 이미 야별초가 존재하고 있었음에도 불구하고 새로운 군사조직을 만들었다는 것은 그것이 항몽을 위한 것이든 혹은 다른 이유이든 최항의 정권유지를 위해 필요한 병력임을 의미하기 때문이다.

정변의 주체세력 중에는 삼별초 혹은 도방에 소속한 장교들도 있었다. 이와 관련하여 주목되는 인물이 박송비와 입연이다. 박송비는 원래 향리로 軍伍에서 출발하여 김준의 정변시에는 장군으로 참여하였다. 그는 송길유와 함께 김준을 최이에게 천거하였던 인물이다. 그가 속하였던 부대는 잘 알 수가 없지만, 분명한 점은 그가 최이 이래로 최씨집권자나 김준과 긴밀한 관계를 유지해 왔다는 것이다. 그렇다면 그도 역시 최씨가와 밀착된 무인이었고 따라서 야별초나 도방에 속하였을 가능성이 크다.[16]

지금까지 설명한 바, 최의를 주살한 장본인은 공교롭게도 최씨무신정권을 떠받치던 핵심인물들이었다. 더구나 최항의 신임하에 급작스럽게 출세한 심복들로서, 그의 정권 유지에 앞장섰던 자들이었다. 따라서 최항의 심복 중의 심복이었던 송길유가 최의에 의하여 유배되었고, 이 사건을 계기로 이들이 심각한 위기감을 갖게 되었던 점을 주목하면, 김준을 중심으로 형성된 일군의 정치세력이 정변을 일으킬 수밖에 없었다는 결론에 도달하게 된다.

최씨가의 몰락에 동원된 병력에는 김준의 심복이라고 해야 할 사람들이 적지 않았다. 앞에서 살펴보았던 임연이라든가 박기 등이 그러한 예에 속할

15) 金塘澤, 〈崔氏政權과 그 軍事的 基盤〉(《高麗武人政權硏究》, 1987), 196~199쪽.
16) 鄭修芽, 앞의 글, 418쪽.
金塘澤, 위의 책, 218~219쪽.

것이다. 이 밖에 정변에 참여한 다수의 하급 장교들은 어떤 경위로 김준의 군사력으로 동원되었는지는 잘 알 수가 없다. 다만 당시 임연이 都領郎將이라는 직위로 야별초의 단위부대를 지휘하였던 것으로 짐작되며, 신의군 장교였던 박희실·이연소가 신의군을 동원하였으리라 본다. 그렇다면 최씨가가 의존해 왔던 군사력이 정변에 이용되었고, 아울러 이들은 직접적이든 간접적이든 김준의 정치적 영향권 안에 들어 있었던 것이다.

최의와 그의 측근을 없애는 것만이 정변의 목적은 아니었다. 이를 성공적으로 이끌기 위해서는 적지 않은 어려움이 뒤따랐다. 정변의 주체자들 가운데, 유경을 제외한 나머지는 모두 무인이었고 그들 대부분은 신분이 낮은 하급 무관들이었다. 이런 사실은 김준 등이 당장 國權에 크게 영향을 줄 수 없다는 의미이기도 하였다. 이들은 자신들의 한계점을 충분히 감안하였던 것 같다. 정변 중에 문신인 權密院使 崔昷을 덕망있는 대신이라 하여 추대하고, 거사에 호응을 호소하였다.[17] 이들이 내세운 정변의 명분은 왕정의 복구로서, 최의 일당을 주살하고 곧바로 국왕에게 復政하였다. 마치 무신정치가 종지부를 찍고 다시 무신란 전과 같이 왕정이 복구된 듯하였다.

그러나 사실에 있어서는 정권이 서서히 정변의 주역들에 의해 장악되어가고 있었다.[18] 그러나 이와 동시에 그들 내부의 결집력은 급속도로 약화되었다. 최의의 제거라는 공동의 과제가 실현된 다음에는 이들을 함께 묶어 줄 공통의 줄이 없었다. 오히려 누가 정권을 장악하는가 라는 궁극적인 문제를 두고, 그들 각자는 이해를 달리하는 관계가 될 수밖에 없었다. 정변 이후 몇 차례에 걸쳐서 고쳐진 공신의 숫자와 서열상의 변화가 이런 현실을 입증한다. 이는 곧 공신들의 정치적 위치가 변화하였음을 반영하기 때문이다.

「戊午政變」이라 불리는 이 거사가 성공한 다음 달인 고종 45년 4월 그 주역 8인에게 衛社功臣號가 주어졌는데, 그들의 서열을 보면 柳璥·金俊·朴希實·李延紹·朴松庇·金承俊·林衍·李公柱였다. 이 밖에 김준의 세 아들을

17) 《高麗史》 권 129, 列傳 42, 叛逆 3, 崔忠獻 附 竩.

18) 거사의 명분을 얻기 위해 내세웠던 崔昷은 불과 3개월 후에 유배되었다. 그의 아들인 崔文本이 崔竩에게 정변의 계획을 보고한 밀서가 발견되었기 때문이었다. 김준과 유경이 최온 부자의 사형을 요구하며 국왕과 대립하다가, 결국 유배보내기로 타협하기에 이른 것이다(《高麗史節要》 권 17, 고종 45년 6월).

포함하는 19명의 가담자도 同力輔佐功臣에 책봉되었다. 그 후 고종 46년(1259) 5월 12인의 공신이 端午宣賜를 받았는데, 이 때 추가된 4명의 공신은 金大材·金用材·金式材 그리고 車松祐 등이다. 원종 원년(1260)에는 12명의 공신에 다시 金洪就가 포함되어, 최종적으로 13명의 위사공신이 확정되었다. 추가된 공신은 정변 후에 정국의 진행 방향에 힘입어 새로이 부상되었으므로, 이들은 당시 변화된 실질적인 실력자와 연결되었다고 생각할 수 있다. 그런데 이들 5인 가운데 김준의 아들이 3인이며, 나머지 차송우와 김홍취는 원종 9년 김준을 제거하는 정변에서 그와 생사를 함께 나누거나 유배된 김준의 심복이었다.[19] 이로 미루어 볼 때, 공신 수의 증가는 공신집단 내에 김준의 측근세력이 확대되었음을 알려 준다.

이런 현상은 수적 증대 외에 그들의 서열에서도 잘 나타나고 있다. 최초 8인의 위사공신을 책봉할 때, 서열 1위였던 유경이 원종 원년(1260) 6월에 5위로 밀려나고 대신 김준이 1위로 부상하였다. 원종 3년(1262) 10월 功臣堂에 壁上圖形된 공신들은 김준·박희실·이연소(李仁桓)·김승준·박송비·유경·김대재·김용재·김직재(金碩材)·차송우·임연·이공주·김홍취 등의 서열로 정해졌다. 김준의 동생인 김승준이 서열 6위에서 4위로 뛰어오르고, 그의 아들인 김대재·김용재·김직재도 역시 7위에서 9위까지의 공신서열에 끼어들어 갔다. 반면에 유경의 서열은 6위로 한 단계 다시 떨어졌으며 임연과 이공주도 각기 서열 11위와 12위로 처지고 있다. 이러한 서열상의 변화도 김준 및 그의 측근세력이 새로이 부상한 반면, 나머지 공신들이 소외되는 현상으로 해석할 수 있다.[20]

실제로 노비의 신분에다 보잘 것 없는 직위에 있던 김준으로서는 과거 최씨 집권자가 행사하던 막강한 권력을 다시 장악하지 않으면, 자신의 생존조차도 보장받을 수 없는 입장이었다. 더구나 최씨가의 가신에 대한 김준의 영향력은 최씨가가 몰락해버린 상황에서 미미한 것일 수밖에 없었다. 이러한 현실은 정변 직후부터 그 조짐이 보이기 시작하였다. 정변의 일등공신인 유경이 신속하

19) 許興植, 〈1262년 尙書都官貼의 분석(上)〉(《韓國學報》 27, 1982), 47~48쪽.
成鳳鉉, 〈林衍政權에 관한 연구〉(《湖西史學》 16, 1988), 26~27쪽.

20) 許興植, 위의 글, 34~39쪽.
成鳳鉉, 위의 글, 27쪽.

게 정권을 장악해 나갔던 것이다. 그는 최씨가가 붕괴되자마자 정방을 편전의 옆에 둔 장본인으로, 자신은 樞密院右副承宣에 超遷되어 모든 인사 행정과 국가 기무를 독단적으로 처리하였다. 그리고 다른 한편으로는 자기 휘하에 사적인 군사력도 결집시키고 있었다. 그 병력의 지휘관들은 장군 禹得圭나 지유 金得龍·별장 梁和 및 낭장 慶元祿과 같은 인물이었다. 반면에 자기와 함께 정변을 주도했던 다른 공신들의 세력을 억제시켰다. 공신들 가운데 유일하게 문신이었던 유경은 승선직에 있으면서 누구보다도 국왕과 밀착하기가 쉬웠고, 왕권을 배경으로 삼아서 점차 정권을 장악하여 갔다. 이러한 유경의 행동은 김준을 비롯한 나머지 공신들의 반발을 야기시키기에 충분하였다. 이에 김준은 그들 공신들과 다시 결합하여 고종 45년 11월 유경을 승선에서 簽書樞密院事로 좌천시키고, 그의 심복인 우득규 등의 장교들을 제거하기에 이르렀다.21)

유경이 실각한 뒤에는 김준이 공신들의 대표자가 되어 무신정치를 행하였다. 그러나 아직 확고한 권력기반을 구축하지 못한 김준으로서는 공신들과의 관계를 신중하게 대처하지 않을 수 없었다. 바로 이들이 60여 년 동안 정권을 장악했던 최씨가를 몰락시킨 당사자들이자, 막강한 군사력을 동원할 수 있는 무인집단이었기 때문이다. 따라서 그들에 대한 각별한 예우를 염두에 두면서도, 다른 한편으로는 그들의 세력이 자신을 위협할 수 없도록 조치를 취할 필요가 있었다. 그 대상으로서 제일 먼저 지목이 가는 자는 박희실과 이연소 같은 신의군 장교였다. 정변 당시 나타난 그의 역할이나 공신의 서열로 보아도 공신 집단 안에서 김준을 위협할 수 있는 가장 강력한 세력이라고 하겠다.

정변 이후 박희실의 정치적 활동은 주로 몽고와의 외교에서 두각을 나타냈다. 그는 정변에 참여하였던 장군 趙文柱·朴天植 등과 함께 고종 45년 12월 몽고에 사신으로 가서, 이듬해인 원종 즉위년 8월에 귀국하였다. 西京과 義州에 들어와 주둔하고 있던 몽고 군대를 철수시킬 것을 요구하기 위해 파견된 것이다. 같은 해 11월 출륙환도가 지연되는 것을 책망하는 몽고 사신에게, 그는 嗣王 즉 고종을 이어 등극해야 할 태자가 귀국하지 않은 상황에서는 환도가 불가능하다는 반론을 펴서 사신을 제압하였다. 당시 대몽정책은 새로운 정권의 안정과 관련하여 더 말할 나위 없는 중요한 사안이었다. 그런

21) 鄭修芽, 앞의 글, 436쪽.

만큼 사신의 역할도 큰 것임에 틀림없었다. 이런 관점에서 본다면, 박희실 등의 정변 핵심 인물이 대몽외교에 주력했던 것은 당연하다고 여겨진다. 그런데 원종 원년부터 갑자기 박희실의 정치적 활동은 자취를 감추고 있다.[22] 지금 그 이유야 잘 알 수 없지만, 어쨌든 김준의 집권강화 과정에서 박희실 등이 소외되었던 것만은 분명하다. 어쩌면 정변 이후 그의 정치적 성격이 김준과 크게 달라졌기 때문이 아닐까 한다. 이런 추측은 그가 몽고에서 귀국할 때, 元의 황제가 그에게 金符를 주어 萬戶로 삼았다는 사실에서 나올 수 있겠다.[23] 몽고측에서 親元勢力을 부식시키려는 목적으로 고려의 군관에게 준 직책이 만호라는 점을 염두에 둔다면, 박희실을 위시한 일부 공신의 성격이 오히려 친원적인 성향으로 기울어갔던 게 아닌가 한다. 사실 박희실이 정변 직후 대몽사신이 될 수 있었던 것은 단순히 정변의 주체자였기 때문만은 아닐 것이다. 그는 사신으로서 일정한 요건을 갖추고 있었다고 보인다. 이미 그는 고종 25년(1238)에 義州別將의 직을 띠고, 사신 金寶鼎 등을 수행하여 몽고에 다녀온 적이 있었다.[24] 더군다나 신의군이 몽고로부터의 逃還人으로 조직되었다는 사실에서 그가 뒤에도 어떤 형태로든 몽고와 접촉을 가졌음을 알게 된다. 대외적으로는 점차 몽고의 압력이 가중되고 국내에서는 강화에 대한 여론이 거세지던 당시 정황에다가, 이제 몽고로부터 만호의 직까지 제수받은 박희실이 굳이 항몽을 고수할 필요는 없었을 것이다. 오히려 타협적인 입장이거나 더 나아가 친원적인 정치 노선을 띠게 되지 않았나 한다.

박희실이 몽고에 파견된 시기는 고종 말년과 국왕의 자리가 비어 있던 원종 즉위년이었다. 뒤에 원종이 된 태자 倎은 고종 46년 4월 부왕의 병세가 위독한 상황임에도 불구하고 몽고로 향했다. 몽고측이 군대를 철수하는 조건으로 태자의 입조를 독촉했기 때문이다. 왕위를 이어야 하는 태자가 궐위인 가운데 6월 고종이 승하하였다. 이듬해 4월 태자가 귀국할 때까지 국정은 임시로 太孫에게 맡겨졌다. 요컨대 박희실과 같은 견제세력이 없는 데다 왕권마저 행사되기 어려운 시기였으므로, 집권 강화를 모색하던 김준에게 절호의

22) 鄭修芽, 위의 글, 420~424·436~437쪽.
23) 《高麗史節要》 권 17, 원종 즉위년 8월.
24) 《元高麗紀事》 태종 10·11년(고려 고종 25·26년).

기회가 제공된 셈이다. 그의 세 아들과 심복 차송우가 바로 5월에 위사공신에 추가된 것도 이러한 권력 장악의 한 단면으로 여겨진다.

이 때 김준은 군복을 입고, 갑옷으로 무장한 군사들과 동궁의 관속을 거느리고 태손 諶을 받들어 대궐에 들어갔다고 한다. 당시 그는 우부승선의 직책에 올랐는데, 이는 유경이 정변 직후에 모든 인사 행정과 국가 기무를 장악했을 때의 바로 그 관직이었다. 김준은 이 기간에 자신을 중심으로 한 무신 집권체제를 공고히 할 수 있었다. 그러므로 견고하게 구축해 놓은 자신의 집권체제 안으로 박희실을 또 다시 받아들일 리가 없었다. 뿐만 아니라 김준이 무신정권의 성격을 고수하는 입장에서, 出陸講和한다는 것은 기대하기 어려웠다. 따라서 군사력을 보유한 친몽세력의 존재가 김준정권에 치명적임은 말할 나위도 없다. 이런 이유로 박희실 등은 김준의 집권체제 밖으로 밀려 났던 것으로 여겨진다.

원종 원년(1260) 4월 태자는 몽고로부터 귀국하여 왕위에 올랐다. 5월에는 1년 가까이 국왕을 대신하였던 아들 諶을 태자로 책봉하였다. 태자의 책봉에는 원종의 次妃 王氏 등의 방해가 있었으나 김준의 후원으로 순조로울 수 있었다. 곧 이어 6월에 위사공신의 서열이 고쳐져서 김준이 1위에 오르고 이내 樞密院使로 승진하였다. 이제 김준은 그에게 가장 위협적인 유경·박희실 등의 공신세력을 제압하고, 국왕의 등극과 태자의 책봉을 지지할 수 있는 실권자의 자리를 확보하기에 이른 것이다.

김준의 권력장악이 확실시된 원종 3년 彌勒寺의 功臣堂에는 13명의 위사공신이 벽상도형되었다. 여기서 김준 및 그의 자제를 주축으로 한 공신세력의 재편성을 확인해 볼 수 있지만, 또 하나 주목되는 것은 최이가 다시 遷都功臣으로 승앙되어 공신당에 도형이 마련된 사실이다. 그는 최씨정권의 붕괴와 동시에 부정되고 비판당해 왔던 터였다. 대몽항쟁을 주도한 최이가 천도의 공으로 추념 받아 공신이 된 것은 과거의 항전에 대한 긍정적 의미부여라 할 수 있다. 요컨대 최이의 천도와 항몽정책을 보다 적극적으로 받아들여서 최이의 전철을 밟아 강력하게 집권하겠다는 김준의 의지가 뚜렷해지고 있다고 하겠다.[25]

25) 許興植, 앞의 글(1982), 48쪽.

김준에게는 2년 후에 권좌의 정상을 치닫게 된 계기가 왔다. 원종은 5년(1264) 8월에 몽고의 요구에 의해 元行하게 되었는데, 이에 앞서 김준을 교정별감으로 삼아 국가의 非違를 규찰하는 권한을 주었는가 하면, 監國의 대권을 맡김으로써 실제로 국내에서 국왕과 같은 권력을 부여해 주었다. 이것은 반대파의 모든 관료나 더 나아가 위협의 우려가 되는 인물들을 적법하게 제거할 수 있는 권한이나 다름없었다.[26] 김준을 추천해서 출세시켰던 은인인 박송비도 그 대상에서 예외는 아니었다. 그는 원종이 몽고로 떠난 직후 파직 당했다. 풍수를 업으로 하는 白勝賢의 말에 따라 假闕을 지어 원종의 入朝를 막아 보고자 한 김준에게 반대하였기 때문이다.[27] 김준은 그의 정책에 순순히 따르려 하지 않은 자는 비록 자신의 도당일지라도 제거함으로써, 그의 독단적인 무신정권을 더욱 강화시켜 나간 것이다. 그 해 12월 귀국한 원종은 그를 海陽侯로 봉하고 晋陽公의 고사에 따라 예우하도록 함으로써 다시 최씨무신집권기의 체제로 되돌아가고 있었다.

2) 임연·임유무 정권

(1) 임연의 출세

林衍은 鎭州를 관향으로 하는 향리 출신의 인물로 여겨진다.[28] 그는 몽고군사를 물리친 전공으로 選軍되어, 경군의 장교인 대정에 임명되었다. 그가 중앙에 진출한 후에, 김준과 직접 관계를 맺을 수 있었던 것은 남의 부인을 간통한 범죄 때문이었다. 이 때에 김준은 임연을 힘써 구하여 죄를 면하게 하였을 뿐만 아니라 천거하여 낭장이 되게 하였다. 이를 계기로 임연은 김준을 父로, 김승준을 숙부로까지 부르는 긴밀한 사이가 되었다.

김준은 최의에게 그를 추천할 때 장사로서 쓸만한 인물임을 강조하였다. 그

---

26) 金塘澤, 앞의 책, 77~78쪽.

27) 《高麗史》 권 26, 世家 26, 원종 5년 8월 임자 및 권 123, 列傳 36, 嬖幸 1, 白勝賢.

28) 林衍의 아버지는 鎭州 향리의 딸과 결혼하여 林衍을 낳고 鎭州를 貫鄕으로 삼았다(《高麗史》 권 130, 列傳 43, 叛逆 4, 林衍). 成鳳鉉은 高麗時代 향리가 향리 상호간의 혼인을 일반적으로 하고 있는 경우를 주목해서, 林衍과 그의 아버지가 향리였을 것으로 보았다(成鳳鉉, 앞의 글, 21쪽).

렇다면 그의 무사적 자질이 높이 평가되어, 진급과 동시에 최씨가의 사적 병력으로 활동하였을 것이다. 이후 그의 활동이 주로 야별초를 지휘한 점으로 미루어, 야별초의 부대장 같은 임무를 띠지 않았나 짐작된다.[29] 김준이 임연을 구원하였던 시기는 김준이 집권자인 최의에게 소외당하고 정치적으로 위기를 느끼던 최씨정권의 말기였다. 이러한 때 김준이 임연을 적극 구원하고 천거하였던 것은 김준이 정치적 위기를 당하여 자신의 세력을 강화할 필요성을 느꼈기 때문일 것이다. 특히 임연의 무사로서의 자질은 김준이 그를 적극적으로 자기 세력으로 끌어들인 이유가 되었으리라 본다. 요컨대 林衍은 최씨정권 말기에 지지세력을 강화해 나가던 김준에게 무사적 능력을 인정받아 발탁되고 출세하게 된 김준의 심복이었다. 따라서 임연이 최씨가와 밀접한 관계에 있었다 할지라도, 김준에 대한 봉사와 충성이 더 우선할 수밖에 없었다.

임연이 김준의 측근 정치세력으로 두각을 나타낸 것은 최의를 주살한 「戊午政變」에서 핵심적인 주모자로 활약한 데에서 찾아진다. 그는 정변에 성공한 직후 8인의 위사공신 가운데 한 사람이 되었고 정치적 지위도 갑자기 상승하였다. 그의 무관직은 정변시 도령낭장이었다가 원종 3년(1262) 상장군으로 진출하였다. 그후 김준을 제거한 원종 9년(1268)에 그의 관직은 樞密院副使에 이르고 있다.[30] 김준이 집권 후 정치세력을 재편하는 과정에서 대부분의 정변주체자들이 정계에서 제거된 반면 임연은 고위관직에까지 승진하였다.[31] 이는 그가 김준의 측근 심복이었기 때문일 것이다. 그러므로 임연은 김준 형제 다음으로 손꼽힐 만큼 김준정권을 지탱시킨 핵심적 정치가로 성장할 수 있었다.

金俊政權을 유지하기 위한 임연의 역량은 군사적인 활동에서 제일 먼저 찾아 볼 수가 있다. 임연이 김준의 여러 아들과 그의 일당을 살해하는데 이용한 군사력은 야별초였다.[32] 그렇다면 김준정권에서 야별초는 임연의 지휘 아래에 있었고, 임연에 의하여 사적으로 동원될 수도 있었던 병력이라 할 수 있겠다.

---

29) 成鳳鉉, 위의 글, 24~25쪽.

30) 《高麗史》 권 130, 列傳 43, 叛逆 4, 林衍.

31) 앞에서 검토한 바에 의하면 정변 직후 衛社功臣에 책봉된 8인의 정변주체자 가운데 金俊·金承俊·林衍만이 金俊政權의 말기까지 정치적 활동을 하였다. 李公柱의 경우는 정치활동에 관한 기록이 없는 점으로 미루어 일찍 死去하거나 정치 일선에서 물러났을 것으로 짐작된다.

32) 《高麗史》 권 130, 列傳 43, 叛逆 4, 金俊.

앞에서 언급한 것처럼 임연이 야별초의 낭장으로 진출하여 김준집권기에 상장군으로 진급하였기 때문에, 그가 야별초를 지휘할 수 있는 상당한 권한을 가졌으리라 여겨진다. 더군다나 김준이 최씨가의 가노 출신임을 감안하면 김준은 야별초를 직접 장악하지는 못하였고, 그를 지지하는 야별초의 지휘관을 통하여 간접적으로 통수한 것이 아닐까 한다. 정권을 장악한 뒤에도 임연은 정적을 제거하거나 국왕을 폐위하고 재추를 위협할 때마다 야별초-또는 야별초를 포함한 삼별초-의 군사를 동원하였다. 요컨대 임연은 야별초를 실질적으로 지휘할 수 있는 군사적 실력자로서 김준정권에 참여하였다고 본다.

무신정권 하에서 군사적인 역량은 곧 정치·사회적 지위와 직결된다. 임연도 역시 군사적 역량을 배경으로 자신의 정치적 입지를 강화시켜 나갔다. 특히 그의 자녀들이 당대 명문의 자제들과 혼인한 것이 가장 두드러진 예이다. 임연은 그의 아들인 林惟茂를 孔巖 許氏 가문인 許珙의 딸과 억지로 혼인시키려 한 적이 있었다. 허공의 결사적인 반대에 부딪쳐 그 뜻을 이룰 수는 없었지만, 임연은 원종에게 호소하면서까지 그 혼인을 성사시키려 하였다.[33] 그런데 공암 허씨 집안은 무신란 이전부터 이미 문벌귀족으로 입지를 굳힌 가문이다. 그 뿐만 아니라 무신집권기에도 허공의 부친은 추밀원부사를 지냈고, 허공 자신은 원종대에 승진을 거듭하여 동왕 10년에 右副承宣·吏部侍郎·知御史臺事에 오르는 등 여전히 유력한 문벌이었다.[34] 그렇다면 임연은 당대의 명문들과의 혼인을 통해 자신의 정치·사회적 기반을 강화하려고 의도했다고 하겠다. 이러한 사정은 그의 자녀들의 혼인관계를 추적해보면 더욱 분명히 밝혀질 것이다.

허공에게 혼인을 거절당한 후에 임유무는 李應烈의 딸과 혼인했다. 이응렬은 出陸還都를 거부했던 최항정권의 핵심세력으로, 김준의 집권시에도 승선으로서 공신책봉에 관여하는 등 정치적 영향력이 적지 않았던 인물이다.[35] 이후 그는 임연의 지지자가 되어 임연이 원종을 폐위시킬 때 적극 가담하기도 하였다.[36]

---

33) 《高麗史》 권 105, 列傳 18, 許珙.
34) 成鳳鉉, 앞의 글, 32쪽.
35) 《高麗史》 권 24, 世家 24, 고종 41년 7월 무오.
〈元宗三年 尙書都官貼〉(《李基白 編著, 《韓國上代古文書資料集成》, 一志社, 1987), 79~80쪽.
36) 《高麗史節要》 권 18, 원종 10년 6월 임진.
《高麗史》 권 26, 世家 26, 원종 11년 5월 계축.

蔡仁揆는 임연의 3남인 林惟栶을 사위로 삼았다. 그의 가문은 蔡松年이 최충헌의 신임을 얻어 참지정사에까지 올라 平康 蔡氏 가문을 일으킨 이래, 그의 아버지 蔡楨에 의해 무신정권기의 유력한 가문으로 성장하였다. 최항의 문객 대장군으로 활약했던 채정은 원종대에도 右副承宣·樞密院副使·御史大夫 등을 역임하였고, 鐵原 崔氏인 崔瑛과 통혼관계를 맺고 있었다.[37]

최영은 채인규의 장인으로 임유인의 처외조가 되므로 간접적으로 임연과 통혼관계가 있다. 철원 최씨는 고려시대 대표적인 귀족가문이었다. 최영의 4대조인 최유청은 무신란 이후에도 中書侍郎平章事를 지내는 등 가문을 보존하였으며, 아버지 崔宗峻도 고종 때에 15년간 문하시중을 역임했다. 최영 자신도 채정과 더불어 최항의 문객 대장군으로 최의의 권력 세습에 중요한 역할을 하였다. 최영은 원종 폐위사건에 가담한 임연의 측근 정치인이었다.[38]

임연의 사위인 崔宗紹는 世家 자제로서 임연의 집권 이전부터 임유무의 살해로 정권이 붕괴되기까지, 임연정권과 정치적 운명을 함께 하였다. 임연의 또 다른 사위인 洪奎는 무신란 이전부터 어느 정도 정치적 기반을 갖춘 南陽 洪氏 가문의 출신이다. 그의 아버지 洪縉은 동지추밀원사를 지내는 등 당시의 정치적 실력자였다. 비록 나중에 임유무와의 사이가 갈라지게 되나, 홍규는 임연의 생존시에는 그의 사위로서 정치적으로도 밀집한 관계를 맺고 있었을 것이다.[39]

이상을 통해 임연은 고려 전기 적어도 무신집권기부터 유력한 가문으로 성장한 집안들과 사돈관계를 맺었음을 알겠다. 이들 가문들은 임연과의 혼인을 통해 정치적으로 긴밀하게 연계되어 임연에게 정치·사회적 기반을 확대해 주었을 것이다. 그 결과 김준정권 말기에 이르면, 독자적인 정치세력이 임연을 중심으로 구축되어 있었다고 여겨진다.

(2) 임연·임유무의 집권

金俊의 심복 중의 심복이었던 林衍은 김준이 집권한 후 10년째가 되던 원종 9년(1268)에 그를 제거하고 새로운 무신정권을 탄생시켰다. 이 사건의 직접적인 원인은 김준과 임연 사이의 관계 악화에 있었다. 김준의 집권이 임연

37) 成鳳鉉, 앞의 글, 34~35쪽.
38) 成鳳鉉, 위의 글, 34쪽.
39) 成鳳鉉, 위의 글, 35~37쪽.

의 정치적 지위를 갑자기 상승시킨 계기였지만, 김준의 독재체제가 강화되는 과정에서 임연은 점차 그로부터 소외되었던 것 같다. 衛社功臣의 서열상 변화에 다시 주목한다면, 고종 45년에 임연은 7위의 서열로 공신에 책봉되었다. 그러나 원종 3년에는 새로이 공신에 오른 김준의 여러 아들과 차송우에 밀려 그는 11위의 서열로 떨어졌다. 유경이나 박송비 등과 같이 실각하여 집권체제 밖으로 내몰리는 처지는 아니었으나 임연도 결코 김준의 독단적인 지배체제를 달가워하지 않았을 것이다. 임연이 독자적인 정치세력을 구축하려던 의도도 이와 같은 불만에서 비롯되었으리라 여겨진다.

김준의 독단적인 지배체제가 강화됨과 동시에 임연을 중심으로 한 독자적인 정치세력이 형성되면서 이 두 사람의 관계는 악화되었던 것으로 보인다. 임연이 김준의 아들과 田地를 가지고 다툰 일이 있었는데, 이를 지켜본 김준은 자신이 죽은 뒤에 벌어질지 모르는 일을 크게 우려하면서 그를 경계하였다. 집권자가 생존해 있음에도 불구하고 그의 아들과 경제적인 이권을 두고 대결할 정도라면, 이보다 더 우려할 만한 일이란 정치적인 모반을 의미함은 쉽게 짐작이 간다. 마침내 임연의 처가 자기 손으로 종을 살해한 사건이 발생하자 김준은 그녀를 귀양보내고자 하였다.[40] 이에 이르러 두 사람 사이는 적대적 관계로 치달아 조만간 김준이 임연을 제거하지 않으면 안될 상황으로 전개되고 있었다.

드디어 원종 9년(1268) 12월에 임연이 김준을 살해한 「戊辰政變」이 일어났다. 임연과 그의 아들 임유무는 정변을 계획하고 야별초를 동원하여 김준 일당을 제거하는 등 정변의 주도적인 역할을 하였다. 한편 정변에 적극적으로 가담한 인물들 가운데에는 임연의 측근자 내지는 심복으로 생각되지 않는 일군의 정치세력이 존재하였다. 가령 낭장 康允紹와 같은 사람이 그러하였다. 그는 본래 가노 출신이었지만 몽고어를 해득하여 원종의 신임을 받아 출세한 인물이다. 그는 임연을 사주하여 김준을 타도하도록 권하면서 한편으로는 국왕에게 김준을 제거할 수 있는 인물로서 임연을 추천하여 국왕의 긍정적인 반응을 얻어 내었다.[41] 이러한 사실은 강윤소가 국왕의 총애를 받고 있었다는 점과 그가

40) 《高麗史節要》 권 18, 원종 9년 12월 정유.
41) 《高麗史》 권 123, 列傳 36, 嬖幸 1, 康允紹 및 권 130, 列傳 43, 叛逆 4, 金俊.

김준을 타도하기 위하여 임연과 연합하게 되었다는 점을 밝혀 주고 있다.

임연이 김준 일파를 제거하는 데에는 궁궐 안에 있는 宦者와 결탁하는 일이 중요하였는데, 그는 崔瑞과 金鏡 등을 통하여 원종으로부터 김준을 제거해도 좋다는 승낙을 받아냈다. 이들 환자들은 왕명이라 하여 김준과 김승준을 궁궐 안으로 끌어들여 抄 金尙挺·宦者 金子廷 그리고 그의 동생 金子厚 등에게 명령하여 암살하도록 하였다. 궁궐 안에서 使命에 대비하는 관노였던 抄와[42] 국왕의 측근인 환자들이 직접 김준 형제를 살해하였다는 점을 미루어 보아, 원종이 정변의 주체자였던 사실을 확인할 수 있다.

하지만 정변의 진행과정을 살펴보면, 원종과 그의 측근세력은 거사에 참여하는 것을 두고 여러 차례 망설였던 적이 있다.[43] 그만큼 김준세력이 두려웠기 때문이다. 김준정권의 성립에 결정적인 역할을 하였던 대부분의 무신들이 여전히 김준을 지지하던 상황이고 보면, 당시에 임연과 원종이 이들과 상대한다는 것은 결코 간단하지 않았으리라 짐작된다.[44] 더군다나 정변 이전에 원종이 임연을 간흉이라고 표현할 정도로 두 사람 사이 또한 원만하지 못했다.[45] 그럼에도 불구하고 원종이 임연과 연합하여 김준을 제거하려고 하였던 이유는, 원종도 임연 만큼이나 절박한 정치적 위기에 직면했기 때문일 것이다.

김준은 독재체제가 굳어져 가면서 최씨집권자와 다름없이 왕권까지도 억압하는 초월적인 권력을 휘두르며 국정을 마음대로 하기에 이르렀다. 원종 9년 3월에 김준은 자신의 항몽책에 반대한 원종을 폐위시키려고 하였다. 고려의 태자가 입조하여 강화를 맺고 몽고군이 철수한 지 꼭 10년이 되지만 고려의 出陸還都는 이루어지지 않았고 지금까지 몽고가 정복한 나라에서 빠짐없이 요구했던 군사징발을 비롯한 여러 가지 사안도 해결되지 않고 있는 시점에서, 몽고는 당시의 실력자 김준과 그의 자제를 입조토록 요구해 왔다. 이에 대하여 그는 입조 요구를 거부했을 뿐 아니라 몽고 사신을 죽이고 더 깊은

42) 洪承基, 앞의 책, 346쪽.

43) 《高麗史節要》 권 18, 원종 9년 12월 정유.

44) 元宗과 林衍을 연합시킨 康允紹가 원종에게 金俊의 제거를 권유하며 언급한 내용을 보면, 김준과 임연 사이가 좋지 않았다는 것은 공공연한 사실이었으며, 당시에 여러 공신들이 모두 김준과 더불어 잘 지냈으나 오직 임연만이 그에게 붙지 않았다고 한다(《高麗史》 권 130, 列傳 43, 叛逆 4, 林衍).

45) 《高麗史》 권 105, 列傳 18, 許珙.

海中으로 천도할 것을 주장하였다. 이 주장을 왕이 받아들이지 않자 김준은 원종을 폐위시킬 것까지 고려하였다.[46]

이 해 11월 그러니까 「戊辰政變」이 일어나기 불과 한 달 전에 김준이 국왕에게 바치는 御膳을 마음대로 빼앗은 사건도 발생했다. 그의 아들 金暟의 종이 龍山別監 李碩과 사소한 감정이 있던 중 이석의 배가 대궐에 바치는 음식물을 싣고 강에 대자 김준이 야별초를 보내어 그 어선을 빼앗았다는 것이다. 김준의 사적인 감정이 왕권까지도 무시한 하나의 사례로서, 원종이 김준을 더 한층 증오하는 계기가 되었다.[47] 따라서 원종은 자신의 왕위를 지키기 위하여 그와 대적할 만한 역량을 갖춘 임연의 도움을 필요로 하였던 듯싶다.

김준정권을 붕괴시킨 주모자는 임연과 국왕이겠지만, 이들의 거사가 당시의 정계에서 지지를 받아야 했을 것이다. 특히 김준정권을 떠받들어 왔던 무신들의 호응이 필요했으리라는 점은 두말할 나위도 없다. 대장군 李汾禧나 동지추밀원사 趙璈와 장군 趙允蕃 부자가 무진정변의 위사공신이 된 이유를 여기서 찾을 수 있겠다. 이들이 정변에서 어떤 활약을 했는가는 알 수 없다. 이는 달리 말하면 김준 일당을 제거하는 일을 주도하지 않았을지도 모른다는 의미이다. 이분희는 그의 동생 李槢과 함께 김준의 심복이 되었으며 아울러 원종의 총애를 받았던 인물로, 그의 아버지인 대장군 李松이 崔怡의 문객이었던 이래로 무신정권에서 견고한 토대를 마련한 실력자였다. 임연은 김준을 죽이고 이분희를 의심하여 그를 회유코자 대장군으로 승진시키고 곧이어 다시 상장군을 제수하였다.[48] 이분희가 임연과 원만한 관계를 갖지 못하였는데도 위사공신이 된 것은 그가 당시 무신집권층 내지는 국왕의 폭넓은 지지를 받았기 때문이 아니었나 한다. 이런 추측은 趙璈의 경우를 보더라도 마찬가지다. 조오는 평소에 공손한 인품으로 사람들의 인심을 얻었다고 한다. 더군다나 그는 나중에 임연이 원종을 폐위할 때 병을 칭탁하여 참여하지 않았을 뿐만 아니라, 원종의 복위 직후에 일어난 임연의 암살 모의에 깊이 관여하였다.[49] 요컨대 임연과는 정치적 성격을 달리하는 무신들이 무신정변의 공신이 되었으며, 이들은

46) 《高麗史節要》 권 18, 원종 9년 3월.
47) 《高麗史節要》 권 18, 원종 9년 11월.
48) 《高麗史》 권 123, 列傳 36, 嬖幸 1, 李汾禧.
49) 成鳳鉉, 앞의 글, 42쪽.

임연보다도 국왕인 원종을 보위하는 입장에 있었다고 보아진다.

정변의 성공으로 국왕과 임연으로 대표되는 두 정치세력 사이에 변화가 일어나게 되었다. 이듬해인 원종 10년(1269) 6월, 임연은 야별초를 동원하여 金鏡·崔瑥을 살해하고 어사대부 張秀烈과 대장군 奇蘊을 유배보냈다. 임연의 주장에 따르면 김경 등을 제거한 이유는 이들이 원종과 공모해서 자신을 살해하려 하였기 때문이라는 것이다. 또한 장수열 등은 김준의 집 재산을 적몰하여 그 보화를 김경과 최은에게 뇌물로 주었다는 것이다. 그런데 김경과 최은은 김준을 제거할 때 공을 세운 宦者였고 장수열은 원종의 신임을 받는 인물이었다. 기온도 원종의 서모가 낳은 누이의 사위로 機密에 참여하던 터였다.[50] 그렇다면 이들 모두는 원종의 측근세력이라 할 수 있고 이는 임연과 원종의 측근세력들 사이에 권력투쟁을 시사한다. 당시 정국의 판도가 김경 등에게 기울고 있었고 이에 불안을 느낀 임연이 먼저 원종의 측근을 제거한 것이라 하겠다.

그런데 임연이 장차 자기를 해칠까 두려워한 인물에 원종도 포함되어 있었나. 원종의 측근을 제거한 임연은 곧 이어 원종이 이들과 공모하여 자기를 살해하려 했다는 이유로 재추에게 국왕 폐위를 요구하였다.[51] 그가 김준을 거세하고 집권하는데 결정적 도움을 준 원종이지만, 자신이 권력을 휘두르는데 거북한 존재였고, 또 몽고와 연계되어 親蒙으로 기운 원종이 있는 한 그의 정치적 장래가 불안하였던 것이다. 임연은 폐위를 기도한 지 3일 뒤에 삼별초와 도방을 동원하여 원종을 상왕으로 물러선 형식을 취하게 하는 한편, 원종의 아우인 安慶公 淐을 옹립하였다.[52] 그리고 그 자신은 창에 의하여 교정별감에 임명되었고, 비로소 무신정권의 집권자로서의 면모를 갖출 수 있었다.[53]

그러나 원종의 폐위는 국내외의 반발을 받게 되었다. 마침 몽고에 갔다가 돌아오는 길에 이 소식을 들은 태자는 다시 몽고로 돌아가 특별한 조치를 호소하였다. 몽고는 강력한 어조로 그 일을 비난하며 원종의 복위를 명하였다. 동시에 원종과 임연의 입조를 요구하는 조서를 보내면서 몽고군의 고려 진입을 준비하였다. 임연은 의외로 강경한 몽고의 압력에 굴복하여 폐위 5개

50) 《高麗史節要》 권 18, 원종 10년 6월.
51) 《高麗史節要》 권 18, 원종 10년 6월 임진.
52) 《高麗史》 권 26, 世家 26, 원종 10년 6월 을미.
53) 《高麗史》 권 26, 世家 26, 원종 10년 7월 병오.

월만에 원종을 복위시키지 않을 수 없게 되었다.[54] 대몽관계 속에서 적나라하게 드러난 임연정권의 한계는 국왕의 친위집단을 크게 고무시켰던 것으로 보인다. 즉 원종이 복위된 후 15일만에 친위적 성격의 무신들에 의해 임연을 살해하려는 기도가 있었다. 그러나 이 사건은 사전에 임연에게 알려지게 되어 실패하였다. 임연 살해를 모의했던 대표자인 조오는 戊辰政變에서 衛社功臣에 책봉된 자다. 임연이 원종을 폐위하고 권세를 멋대로 휘두르게 되자 조야의 마음이 조오에게 돌아갔다고 한다. 임연에 의한 국왕의 폐위는 대다수의 조정관료들이 임연정권에 등을 돌리게 하는 계기가 되었다고 본다. 이와는 반대로 친위적 무신인 조오는 복위한 원종과 정계의 지지를 받으며 정치적으로 부상하였고 마침내 임연의 제거에 앞장섰던 것이다.[55]

원종 10년 12월 친위적 성격의 정변이 실패하자 원종은 돌연히 몽고로 떠나갔다.[56] 이는 몽고의 입조 요구에 응하는 것이었으나, 정변의 실패에 따른 신변상의 안전이 불투명했기 때문일 것이다. 원종 11년(1270) 초에 몽고에 도착한 그는 원의 世祖를 만나 혼인 및 군대를 청하였다.[57] 몽고 왕실과의 혼인이 성사된다면, 원나라는 고려 왕실의 막강한 정치적 배경이 될 것이라는 계산이었다. 또 몽고의 군사를 빌어 임연을 제거하고 왕정복고를 기도하고자 했다. 원종은 元帝에게서 병력지원만을 허락 받아 元軍을 거느리고 고려에 돌아왔다. 그 동안 불안감 속에 삼별초를 각 섬에 보내어 入保하게 하고 몽고와 항전할 준비를 갖추던 임연은 등창으로 사망하고 말았다. 監國을 맡았던 順安侯 琮은 그의 아들 임유무를 교정별감으로 삼아 그 지위를 계승시켰다.[58]

3) 붕괴기 무신정권의 성격

최씨정권이 몰락한 이후에도 金俊과 林衍 부자는 각기 교정별감이 되어 무신정치를 계속하였다. 이들도 역시 최씨집권자와 다름없이 왕권까지도 침

54) 《高麗史》 권 26, 世家 26, 원종 10년 11월 갑자.
55) 成鳳鉉, 앞의 글, 45~46쪽.
56) 《高麗史》 권 26, 世家 26, 원종 10년 12월 경인.
57) 《高麗史》 권 26, 世家 26, 원종 11년 2일 갑술.
58) 《高麗史》 권 26, 世家 26, 원종 11년 2월 을미.

해하는 초월적인 권력을 휘둘렀다. 예컨대 김준은 원종 9년에 국왕에게 바쳐져야 할 內膳船을 탈취하고, 몽고의 사신을 죽이고자 한 음모를 반대하였다는 이유로 원종을 폐위시키고자 하였다. 임연의 경우는 실제로 원종을 폐하고 安慶公 淐을 세우기까지 하였다.

이런 점은 문무 원로 중심의 공식적인 정부에 대하여도 마찬가지였다. 원종 9년 3월에 김준과 그 일파가 몽고 사신을 살해할 것을 결정하고 이를 재추에 고하니 그들은 깜짝 놀랐으나 감히 반대하지 못했다. 이런 사례는 임연정권에서도 찾아진다. 원종 10년 6월에 임연이 원종을 폐위하고자 재추에 의논할 때, 재추들이 감히 대답하지 못하였고 결국 侍中 李藏用도 어쩔 수 없이 임연의 뜻에 따르기로 결정하였다.

이상에서 김준이나 임연정권이 무신정권으로서의 특성을 잘 드러냈지만, 이들 정권이 최씨정권에 비하여 분명히 약체화되었음을 부정할 수는 없다. 전형적인 무신정권이라 할 수 있는 崔氏政權이 집권자의 확고한 지위와 독자적인 기구의 수립·막내한 사병집단의 형성 그리고 강대한 경제력의 축적을 특징으로 하였는데 대하여, 김준·임연은 그 모든 것이 이보다 약화되었고, 이러한 경향은 김준에서 임연으로 이어짐에 따라 더하여 갔던 것이다.

정계의 지지를 기대하기 어려웠던 김준은 각별히 군사력에 의존해서 정권을 유지하고자 했을 것이다. 그러나 그의 무력장치로서의 사병은 최씨가의 그것에 비하여 훨씬 미약할 수밖에 없었다. 최씨가의 사병집단 중에서도 가노들을 중심으로 구성된 家兵만을 통수하였던 김준이고 보면, 그가 집권과 동시에 최씨가의 사적 병력이나 그 밖의 군사력을 자신의 수중에 완전히 장악하기는 불가능했을 것이다. 다시 말하면 김준정권의 군사적 기반 가운데 상당 부분이 다수의 무인 공신들에 의해 점유되었고, 이 점은 곧 김준에게 치명적일 수 있었다. 임연에 의해 그의 정권이 무력하게 쓰러지게 된 까닭도 여기서 찾아진다.

원종의 밀명에 의해 임유무를 제거함으로써 무신정권에 종지부를 찍게 한 장본인은 御史中丞 洪奎와 直門下省事 宋松禮였다. 홍규는 임유무의 매부 즉 임연의 사위로 무신란 이전부터 이미 어느 정도의 정치적 기반을 구축하여 온 南陽 洪氏 일족이었다. 명문과의 혼인으로 정치세력을 강화하고자 했던 임연이 결국 자신의 정치적 배경이 되었던 자에 의해 몰락한 것이다. 또 한 사람의 주모자인 송송례는 戊午政變에 낭장으로 참여해서 同力輔佐功臣으로 책봉되었던 인물이다.[59] 따라서 그는 김준·임연정권에 참여하여 고위관료로 출세하였다. 그의 아들인 衛士長 宋琰과 宋玢은 임유무를 주륙한 직접적인 실행자였다. 특히 송분은 당시에 神義軍 別抄를 통수하는 장군의 직임을 맡았으므로 신의군을 송송례에게 속하게 할 수 있었고, 신의군을 이끌고 左右邊三別抄所에 이르러 삼별초를 회유하여 그들을 임유무의 주륙에 동원하였다.[60] 명문가인 친인척을 배경으로 한 정치적 기반과 삼별초의 군사력 위에 성립한 임연정권이고 보면, 그 자체의 기반은 매우 위태로운 것이었다.

무신정권을 유지한 군사적·정치적 기반이 미약해짐에 따라 무신집권자로서의 김준과 임연의 지위도 확고할 수 없었다. 특히 이들과 국왕과의 관계는 아무래도 최씨집권자의 그것과는 큰 차이가 있었다. 김준이 국왕에게 바치는 內膳船을 빼앗은 후, 원종의 나무람을 받자 당황하여 되돌리려 했던 사건이나, 몽고 사신을 죽이고 더 깊은 海中으로 천도하자는 김준의 항몽책을 국왕이 정면으로 반박하여 받아들이지 않았다는 사실에서 그것을 살펴 볼 수 있다. 최씨가의 항몽책을 무력하게 따를 수밖에 없었던 이전의 왕권과는 사뭇 다르다 하겠다.

이 시기 왕권의 신장에 따른 또 하나의 변화는 무신정권을 몰락시킨 주체가 바로 국왕이었다는 점이다. 비록 임연과의 연합이 있기는 하였으나, 김준의 주륙을 원종과 그의 측근이 직접 모의하고 실행하였다. 무신정권의 종식을 의미하는 임유무의 제거도 원종의 명령에 의해 이루어진 것이다. 임연정권은 수립 초기 단계부터 이른바 친위세력들의 도전을 받게 되었다. 宦者들과 국왕의 측근세력이 임연과 벌인 권력투쟁이나 원종의 복위 직후에 일어난 친위적 성격의 무신정변은 그 대표적인 사건이겠다. 더구나 김준정권을 유지시켰던 무인 공신들조차도 임연정권기에 들어서면서, 무신집권자에게서 이탈되어 국왕의 세력에 가담하는 상황이 전개되었다. 이러한 현상은 김준을 몰락시킨 임연 자신에서 비롯된 것이기도 했다. 과거 무신집권자의 교체가

59) 〈元宗三年尙書都官貼〉, 앞의 책, 84쪽.
60) 《元高麗紀事》 至元 8년(고려 원종 12년) 정월 12일.

국왕과는 무관하게 진행되었을 뿐만 아니라, 오히려 그들이 마음대로 국왕을 폐위하거나 옹위하였던 사실에 비추어 보면, 왕권의 강화와 그에 상반되는 무신정권의 약화를 확인하게 된다.

무신정권의 붕괴와 관련하여 간과할 수 없는 것은 외부로부터의 압력이었다. 몽고세력의 간섭이 무신정권의 존속을 불가능하게 만든 것이다. 누구나 다 아는 바와 같이 항몽정책의 주동자는 무신정권이었으므로 몽고는 무신집권자에 대하여 압력을 가하였다. 이와는 반대로 무신정치로 무력화된 왕권은 대외적으로 몽고세력과 결합함으로써 강화되었고 대내적으로는 독자적인 무신정권의 지속을 방해하게 된 것이다. 어떻게 보면 崔氏政權의 몰락 자체도 장기간에 걸친 몽고와의 항쟁에 의한 내부적 분열이라 할 수 있고, 김준의 주륙도 결국은 그의 심한 독재와 항몽 태도로 원종과의 사이가 나빠진 데 원인이 있었다. 더 나아가 林衍政權은 그 스스로가 폐위한 원종을 몽고의 압력으로 복위시키지 않으면 안 되었던 정치적 현실에 직면하면서, 그 몰락이 예고된 것이나 다름없었다.

〈鄭修芽〉

Ⅱ. 무신정권의 지배기구

1. 사병의 형성과 도방
2. 중방과 교정도감
3. 진양부와 정방 및 서방
4. 별초군의 조직

Ⅱ. 무신정권의 지배기구

1. 사병의 형성과 도방

1) 사병의 형성

武臣政權이 유지되기 위한 필수적인 요건으로 군사력의 밑받침이 있어야 한다는 것은 두말할 나위가 없다. 그 군사력 가운데는 국가의 公的인 군사력과 개인에 의하여 사적으로 통제되는 군사력이 있을 수 있다. 물론 공적인 군사가 사적인 목적으로 사용되는 경우도 있을 수 있다. 무인들이 처음 정권을 장악하던 때에는 국가의 공적인 군사집단을 이용하여 자신들의 욕구를 성취하였다.[1)]

그런데「武臣政權」이 지속되면서 권력의 핵심에 위치한 무인들은 사적인 무력집단을 거느리기 시작하였다. 우리가 흔히 私兵이라고 말하는 군사가 바로 이들이다. 무인들이 권력을 계속 보유하기 위해서는 무력기반이 필요하였으며, 특히 자신을 위해 충성을 다하는 사적 성격이 강한 무력집단이 요구되었다. 무인들 간에 계속 정권 장악을 위한 싸움이 벌어지는 상황 아래서 자신의 신변을 보호하여 주고, 상대방의 세력을 견제할 수 있는 사적 집단이야말로 자신의 존립과 직결되는 문제로 인식되었을 것이기 때문이다.

무신정권시대 사적 군사집단의 역할을 하는 사병이란 그 범주가 사실 확실하지 않다. 일 개인에게 종속되어 그로부터 명령을 받고 행동하며, 그로부터 경제적 급부를 받는 사병과 비록 공적인 지위를 가지고 있지만 개인에게 사적으로 종속되어 그를 위해 활동하는 사적 성격을 가진 군사가 확실히 구

---

1) 旗田巍, 〈高麗武人の政權爭奪の形態と私兵の形成〉(《古代東アジア史論集》上, 吉川弘文館, 1978), 374쪽.

별되지 않기 때문이다. 무신정권 시대의 경우 일 개인의 조직에 종속되어 그를 위하여 사적인 군사활동을 하는 사람 모두를 사병의 범주에 넣고 있다. 이러한 사병은 처음부터 제도적 장치를 통하여 구성된 것은 아니었다. 그러므로 사병을 지칭하는 용어는 그 집단을 거느리는 무인들마다 달리 표현하였으며, 그 형성 시기도 일정하지 않다. 사병의 구성원에 대하여 살펴 보는 것이 사병이 어떻게 형성되어 갔는가를 이해하는데 도움이 될 것이다.

사병의 구성원과 관련하여 먼저 惡少에 대하여 언급하기로 하겠다. 악소는 무뢰배를 의미한다고 하겠다. 그러나 무신 집권기에 보이는 악소는 단순한 무뢰배를 말하는 것은 아니다.[2] 무신정권 초기의 핵심적인 인물 가운데 하나였던 李高는 악소들과 몰래 결탁하여 반역을 기도하였다고 한다.[3] 이고가 가까이 한 악소는 군사적 활동을 할 수 있는 무사집단이었다고 할 수 있다. 그런데 경대승과 같이 정중부를 제거한 許升 등도 악소를 몰래 길러 자신의 세력으로 삼고 있었다.[4] 이로 보아 악소와 같은 무리가 무신의 사병집단으로서의 성격을 띠고 있었다고 보아도 좋을 것이다.

그런데 이 악소의 무리에 포함된 이들이 신분적으로 열악한 위치에 있던 사람들로만 구성되었던 것은 아니었던 것 같다. 鄭國儉이 길가에서 행패를 부리는 악소 5, 6인을 잡아들이도록 하였는데 대장군의 생질과 권세있는 집안 자제 내지는 조카들이었다 한다.[5] 악소의 무리 가운데는 무신 가계와 연계되는 이들이 있었으며, 이들이 무리를 지어 탈법적인 행동을 일삼았던 것으로 생각된다. 따라서 악소로 표현된 이들이 처음부터 특정한 개인의 사적 군사집단으로 활동하였다고 보여지지는 않는다. 다만 무리를 지어 행동하다가 특정인의 사적 군사력의 일원으로 포용된 것으로 이해된다.

악소들이 사적 군사기반으로 활용되었다 할지라도 이들이 아직 조직적인 집단은 아니었던 것 같다. 수적인 면에서 많은 편도 아니었던 것으로 여겨지며, 실제 행동도 조직적으로 나타나기보다는 비밀리에 특정인과 결탁하여 무

2) 鄭杜熙, 〈高麗 武臣執權期의 武士集團〉(《韓國學報》 8, 一志社, 1977), 80~82쪽. 旗田巍, 위의 글, 387~389쪽.
3) 《高麗史節要》 권 12, 명종 원년 정월.
4) 《高麗史》 권 100, 列傳 13, 慶大升.
5) 《高麗史節要》 권 12, 명종 9년 3월.

리를 지어 행동한 것으로 드러나기 때문이다.[6)]

악소보다 특정 무인과 더욱 개인적으로 강하게 결합한 집단이 死士, 勇士 등으로 표현된 무력집단이다.[7)] 死士는 慶大升과 관련하여 기록이 나오는데, 명종 8년(1178) 청주사람들이 청주 출신으로 京籍에 올랐다가 퇴거한 사람들과 반목하여 그들을 죽이자, 서울에 거주한 그 일파가 死士를 모아 청주사람들과 싸움을 벌이는 사건이 일어나게 된다.[8)] 또한 경대승은 死士를 모아 정중부를 제거하고, 100여 인 이상의 死士를 불러모아 도방을 조직하였다.[9)] 이로 보아 死士는 특정한 개인의 목적을 위하여 모아진 무사집단이라고 할 수 있다. 특히 이들이 경대승의 도방 구성원이 된 것으로 보아 어느 정도 조직력을 가진 사병 집단으로 발돋움하였다고 하겠다.

死士 외에 勇士라고 표현된 무력집단도 보인다. 李義旼은 경대승이 정중부를 죽이고 집권하자 놀라 용사를 집에 모아 두고 만일의 사태에 대비하였다 한다.[10)] 이들 용사를 거느리고 이의민은 자신의 집과 그가 사는 마을을 보호하고자 하였다. 이들이 어떠한 부류의 사람들이었는가는 알 수 없으나 개인에게 예속되어 사적인 군사력을 제공하는 집단이었음은 분명하다고 하겠다. 이들 역시 死士와 비슷한 부류였다고 여겨지며, 조직적인 무사집단이었을 가능성이 높다고 하겠다.

死士나 勇士로 표현된 사람들은 惡少보다는 수적인 면에서나, 조직면에서 앞선 집단이었다고 보아도 좋을 것 같다. 그 만큼 그들을 거느린 무인은 세력이 강한 사람들이었으며 그들 집단에 대하여 어떠한 대가를 지불할 수 있는 위치에 있었다고 하여도 과언이 아니다. 따라서 이들 사사나 용사들은 공공연하게 자신의 신분을 노출시키면서 활동할 수 있었으며 사적 결속력도 악소에 비하여 강하였다고 할 수 있겠다.

위와 같은 부류 이외에 壯士·將士 등으로 불려지는 집단도 보인다. 亡

---

6) 위에 언급한 이들이 대개 惡少를 모으면서 몰래 불러들였다 한다.
7) 鄭杜熙, 앞의 글, 82~84쪽.
旗田巍, 앞의 글, 390~394쪽.
8) 《高麗史》 권 100, 列傳 13, 慶大升.
9) 위와 같음.
10) 《高麗史》 권 128, 列傳 41, 叛逆 2, 李義旼.

伊·亡所伊가 반란을 일으켰을 때 정부는 장사 3,000명을 모집하여 토벌에 나서고 있으며,[11] 崔忠獻이 이의민을 제거하고 집권할 당시에도 이러한 부류의 군사집단이 가담하고 있다.[12] 이들이 어떠한 군사인가는 분명하지 않다. 장사의 경우 용사와 비슷한 의미로 쓰여진 것으로 이해되나, 이들이 중앙의 정규군과 관련이 없는 무사집단이라고 단언하기는 어렵다.[13] 다만 공적인 기능을 수행하는 것보다는 사적인 역할을 담당하는 사적 결합체로서의 성격이 강한 것은 분명하다고 할 수 있을 것이다.

사적 결합체로서의 사병의 형성과 관련하여 빼놓을 수 없는 집단의 하나가 家僮 즉 家奴이다. 가동이라고 불리는 집단은 가노로서 원래 군사적 기능을 가진 것은 아니었으나 무신정권 아래에서 유력한 무인들은 자신이 소유하고 있는 가노를 군사력으로 이용함으로써 자신에게 가장 충성할 수 있는 세력집단을 형성할 수 있는 기회를 놓치지 않았다. 가동의 군사적인 활동이 드러나는 것은 이의민이 최충헌에게 제거될 때이다. 최충헌 등이 이의민을 제거하자 이의민의 아들 대장군 至純과 장군 至光이 가동을 이끌고 최충헌에게 대항하였던 것이다.[14] 이들 가동은 이의민의 사적 군사집단으로서의 역할을 하고 있었던 것이다.

개인의 가노 이외에 관노비도 군사적 역할을 담당한 기록이 보인다. 최충헌이 이의민을 제거할 무렵 상장군 吉仁 등이 禁軍·宦官·奴隷 등 1,000여 인을 거느리고 최충헌에 맞섰다.[15] 여기의 「노예」 가운데는 개인의 사노도 포함되어 있을 수 있으나, 주로 왕실과 관련있는 관노가 대상이었을 것이다. 이들 관노는 평소에 군사적인 역할을 한 것은 아니고 임시로 군사로 편성되었다고 하겠다. 하지만 군사로서 활동할 수 있는 기회가 빈번하지 않았나 여겨진다.

이처럼 '노예' 특히 그 가운데 가노들이 무인들에게 예속되어 군사적 활동을 함으로써 사병으로서의 역할을 충분히 해냈다고 하겠다. 특히 가노들은

11) 《高麗史節要》 권 12, 명종 6년 2월.
12) 《高麗史節要》 권 13, 명종 26년 4월.
13) 정두희는 이들을 국가의 정규군에 소속하지 않은 무사집단으로 보고 있다(앞의 글, 84쪽).
14) 《高麗史節要》 권 13, 명종 26년 4월.
15) 위와 같음.

자신의 주인의 세력이 강하였을 경우는 그 세력을 믿고 불법적인 일도 자행하였던 것 같다. 정중부가 집권한 이후 그의 家僮과 門客이 불법적인 행동을 한 것은 그 일례라고 할 수 있다.[16]

가노들이 사적인 군사로서 활동하는 경우는 무신집권 초기부터 노골적으로 이루어졌을 것으로 여겨지지만, 조직적으로 활동하게 된 것은 최충헌정권이 들어선 이후라고 생각된다. 崔瑀는 崔沆에게 家兵 500여 명을 나누어주었다고 하는데 이 때 가병은 최씨가의 家奴들로 구성된 사병집단이었을 것으로 이해되고 있다.[17] 또는 최씨가의 사적인 군사 전부를 일컫는다고 보는 의견도 있다.[18] 이에 따르면 都房, 馬別抄 등 최씨가의 모든 사병이 이에 포함된다고 할 수 있다. 가병이라는 용례는 최씨가의 사병을 전부 지칭하는 경우도 있으며, 가노로 구성된 집단만을 의미하는 경우도 있다고 이해하는 것이 좋을 듯하다. 최항이 집권한 이후에는 가노 출신들이 최씨가의 권력의 핵심에 진출하고 있다. 이로 미루어 짐작하건대 최충헌이 집권한 이후, 특히 최우의 집권 이후 최씨가는 가노로 구성된 가병집단의 세력을 확내하여 나갔음을 알 수 있다.

가노가 중심이 되어 구성된 가병은 가노 출신 가운데서 최씨정권의 측근으로 떠오른 이들이 지휘 통솔하였다. 李公柱·崔良伯·金俊 등이 바로 가병의 지휘자에 해당하는 사람들로 이들은 최항의 정권 승계에 결정적인 기여를 하였으며, 최항이 죽고 崔竩가 정권을 승계하는 데에도 주도적인 역할을 하였다. 이들이 그러한 행동을 할 수 있었던 것은 가노로 구성된 가병이 최씨가에서 차지하는 비중이 그 만큼 커졌기 때문이었을 것이다.[19]

무신정권 시대에 사병 본연의 성격을 가장 강하게 내포하고 있었던 집단은 아마 가노로 구성된 집단이었다고 여겨진다. 이들은 주인에 대한 충성심의 면에서도 다른 어떤 무사집단보다도 강한 면모를 가졌으며, 주인과의 관

16) 《高麗史節要》 권 12, 명종 4년 12월.
17) 洪承基, 〈崔氏武人政權과 崔氏家의 家奴〉(《高麗貴族社會와 奴婢》, 一潮閣, 1983), 289~292쪽.
18) 旗田巍, 〈高麗の武人崔氏の家兵〉(《白初洪淳昶博士還曆紀念史學論叢》, 1977), 5~6쪽.
19) 洪承基, 앞의 글, 286~294쪽.

계 역시 절대적인 복종으로 일관되었을 것이다. 그렇지만 그들이 무신집권기 동안 특정한 무인과 사적인 결합관계를 통하여 무력기반을 제공한 무사집단의 일반적 형태는 아니었다. 무신정권 시대에 일반적으로 나타나는 사적 군사집단의 형태는 「門客」이 아니었나 생각된다.

문객이란 무인 권력자의 휘하에 있는 부하를 일컫는 것으로 무신정권 시대 무인들은 각자 문객을 거느리고 있었다. 문객은 무신정권이 성립하던 시기에 보이고 있는데, 李義方이 장군 蔡元을 살해하면서 그의 문객도 죽이고 있다.[20] 채원의 문객은 그의 휘하에 개인적인 친분으로 연계되어 있었던 무인들을 지칭한다. 그리고 이의방의 형 이준의도 문객을 거느리고 있었다는 기록이 있으며 이의방도 문객을 거느리고 있었는데, 정중부가 이의방을 제거하자 그의 문객 將軍 李永齡, 別將 高得時, 隊正 敦章 등이 이의방을 위하여 복수하려다 일이 발각되어 유배당하였다.[21] 이러한 점으로 미루어 보아 무신정권 초기 무인 가운데 세력 있는 자는 거의 자신의 문객을 거느리고 있었음을 알 수 있다.

이의방을 죽이고 정권을 장악한 정중부도 문객을 거느리고 있었다. 정중부의 문객은 가동과 함께 불법적인 일을 일삼고 있었는데, 문객들이 자신의 우두머리 무인의 세력을 믿고 멋대로 행동하더라도 제어하기가 곤란하여졌던 것이다. 경대승의 문객은 일반 양가의 자제를 죽이고도 경대승이 구원하여 주어 아무런 처벌도 받지 않고 있다.[22] 이것은 문객과 그 우두머리와의 관계가 더욱 강한 연계 속에 맺어지고 있음을 암시하여 준다. 우두머리가 문객을 보호하는 만큼 문객들도 그 우두머리에게 충성을 다하여야 했을 것이다. 최씨정권이 들어선 이후에도 문객은 여전히 사적인 무력기반을 제공하는 집단으로 남아 있었다.

무신정권 시기 동안 무인 가운데 세력이 있는 자들은 대부분 자신의 문객을 거느리고 이를 개인적인 무력기반으로 삼았기 때문에 문객집단이 바로 무신정권기의 사병집단을 대변하여 준다고 볼 수 있는 것이다. 어떠한 사람이 특정한 개인의 문객으로 수용되었는가는 한마디로 대답하기 곤란하다. 이의방의 문객 가운데는 중앙군의 장군, 별장, 대정 등 무관이 포함되어 있었다. 무

20) 《高麗史節要》 권 12, 명종 원년 4월.
21) 《高麗史》 권 128, 列傳 41, 叛逆 2, 李義方.
22) 《高麗史》 권 100, 列傳 13, 慶大升.

신정권 초기에는 중앙군에 소속되어 있는 무반이나 하급 군인 가운데서 무인 세력자와 개인적인 관련을 맺고 있는 사람이 주로 문객으로 선택되어진 것으로 보여진다. 무인 집권자들이 문객을 확보할 수 있는 가장 쉬운 길은 자신이 거느린 중앙군 가운데서 자신의 측근세력으로 포섭하는 방법이었을 것이다.

사적 무력기반의 대상이었던 악소나 死士, 壯士 등도 문객집단으로 포섭되어 갔던 것 같다. 경대승의 경우 사사로 표현된 이들을 대상으로 도방을 구성 하였다. 그런데 경대승이 거느린 문객 역시 도방의 구성인과 차이가 없었다고 보여진다.[23] 따라서 도방에 소속한 사사도 문객으로 지칭되었다고 보아도 좋을 줄 안다. 장사라고 표현된 사람들도 문객으로 포용되어간 흔적이 최충헌정권 때에 보인다.

이들은 문객 가운데서도 하층부를 구성하였을 것으로 보인다. 문객의 상층부는 중앙군의 무관급 이상의 관직을 역임한 무반들이 자리잡고 있었을 것이다. 물론 문객집단이 엄격한 상하관계로 묶어진 것은 아니라고 여겨지기 때문에 그들 사이에 철저한 명령·복종관계가 이루어지지는 않았을 것이다. 하지만 동일한 문객집단에 소속하였을 경우 고위 관직을 역임한 사람이 그 문객의 우두머리와 더욱 친밀한 관계에 있었을 가능성이 높으며, 문객집단 내에서도 더 많은 영향력을 행사할 수 있었을 것이다.

그런데 문객집단이 주로 사적인 무력기반을 제공하였다고 하여 무인들로만 구성된 것은 아니었다. 문객 가운데는 문인도 포함되어 있었다.[24] 무신정권 초기에는 문인이 문객으로 편입되는 경우는 희소하였을 것이지만, 무신정권이 지속되면서 무인 뿐만 아니라 문인도 자신의 측근 세력으로 편입하여 정치적인 면에서 도움을 받을 필요가 생겨났을 것이기 때문이다. 최우가 문객 가운데 名儒를 3번으로 나누어 書房을 두었다는 사실은 이를 증명하여 준다.[25]

이처럼 무인을 중심으로 문인을 일부 포용하여 이루어진 개인의 문객집단은 어떻게 그 우두머리와 문객과의 관계를 설정하고 있었을까. 문객집단이 사적결합체로서 무력을 제공하고 있었다는 점만을 강조하다 보면 내부의 관

23) 金鍾國, 〈高麗武臣政權の特質に關する一考察〉(《朝鮮學報》 17, 1960), 56~57쪽.
24) 鄭杜熙, 앞의 글, 85쪽.
旗田巍, 앞의 글(1978), 400쪽.
25) 《高麗史》 권 129, 列傳 42, 叛逆 3, 崔忠獻 附 怡.

계가 엄격한 상하관계에 의해 결속되어 있는 것처럼 느낄 수도 있다. 그러나 그 실상이 그렇지만은 않았던 것 같다. 가노를 제외하고, 무신정권기 동안 사적인 결합은 세력자의 일방적인 명령에 의하여 이루어지는 것은 아니었다. 무인들은 자신을 필요로 하는 무인 세력자에게 자발적인 의사에 의하여 문객으로 가담하고 있는 것이다.[26]

악소를 모아서 무리를 만든 무인들도 강제로 그들을 자신의 세력으로 편성한 것이 아니고 자발적으로 가담하도록 권유하였으며, 경대승이 도방을 만들 때도 자유 의사에 따라 死士를 모집하였다. 최충헌이 이의민을 제거하고 정권을 장악할 때에도 마찬가지였다. 따라서 문객으로 가담한 이들은 자발적인 의사에 의하여 행동하였던 만큼 그들을 불러모은 무인 세력자도 그들에 대하여 엄격한 명령에 따른 복종관계를 유지하기는 곤란하였을 것이다.

이들의 관계는 일 개인에 의한 집권이 확실시되기까지는 오히려 자율적인 상하관계로 유지되는 정도였을 것이다. 경대승의 경우는 都房을 설치하고 때로 도방의 구성원과 같이 잠자리를 하는 등 세심한 배려를 하고 있다.[27] 이것은 바로 자신이 도방의 구성원과 동일한 입장에 놓여 있음을 보여 주고자 한 것이다. 비록 다른 무인 세력자들이 경대승과 같은 행동을 취하지는 않았다 할지라도 그들의 문객이 요구하는 것에 귀를 기울이고 있다. 최충수의 경우, 그의 문객 가운데 장군직을 가지고 있던 이들의 압력을 받아 그의 형 최충헌과의 대결을 최종 결정하고 있다.[28] 이것은 문객들의 입장을 완전히 무시할 수 없었음을 보여주는 사례라고 할 수 있다.

문객들에 대한 대우도 그들 집단의 관계가 서로의 이해관계 속에서 이루어진 것이기 때문에 고려하지 않을 수 없었을 것이다. 문객에 대한 대우는 경제적 급부나 문객집단 내에서의 지위·인정 등을 통하여 이루어지기도 하였으며, 관직을 차지할 수 있도록 하거나 승진시켜 주는 방법을 통하여 이루어지기도 하였다. 주로 문객집단 내의 개인적인 차원에서 주어진 대우로서 물질적으로 보상하여 주는 사례를 들 수 있다. 최씨 무신정권 시대 최씨가에

26) 鄭杜熙, 앞의 글, 88~91쪽.
27) 《高麗史》 권 100, 列傳 13, 慶大升.
28) 《高麗史》 권 129, 列傳 42, 崔忠獻.

서 銀甁을 미끼로 그의 문객을 모집하거나 또 문객에게 자신의 재산을 나누어주는 것이 바로 그러한 경우이다.[29]

이러한 문객집단 안의 차원에서 이루어진 보상 이외에 문객에 따라서는 관직을 얻고자 하는 경우도 있었던 것 같다. 최충헌은 그의 문객에게 무관직을 주고 있다. 최충헌은 자신이 정권을 장악하고 있었기 때문에 마음대로 관직을 제수하여 줄 수 있었던 반면, 그럴 만한 입장에 있지 못한 무인 세력자의 경우는 자신의 문객에게 관직을 얻어 주기 위하여 애쓰고 있다. 최충헌이 집권하는 데에 공헌하였던 朴晋材는 자신의 문객을 거느리고 있었는데, 그의 문객 가운데 관직을 얻은 자가 적어 불만을 가졌다 한다.[30] 즉 개인적인 차원에서의 보상도 중요하였겠지만 국가 권력에 참여할 수 있는 길을 마련하여 주는 것이나 승진의 기회를 제공하는 것도 문객집단을 유지하는 데에 중요한 요소였다고 하겠다.

특정한 무인 세력자에게 소속한 문객집단도 자신의 우두머리가 더욱 강력한 지위를 획득하거나 유지하는 데에 최대한 노력을 기울였을 것이다. 그럼으로써 자신들에게 돌아오는 반대 급부가 늘어날 것이고, 상대적으로 다른 문객집단의 우위에 설 수 있었기 때문이다. 자신들이 추종하는 무인 세력자가 제거되면, 그의 문객집단도 대부분 제거되거나 도태되는 것도 바로 이 같은 세력 다툼에서 빚어진 현상이라고 할 수 있다.

사적인 무력기반을 제공하기 위하여 형성된 문객집단은 군사적인 임무 이외에도 그의 우두머리를 위한 개인적인 일까지도 하는 경우가 있었다. 崔瑀가 문객 장군을 시켜서 나무심는 일을 감독하도록 하였던 것은 그러한 사실을 보여주는 것이다.[31] 문객 구성원들은 그들이 추종하는 무인 세력자가 경제적 부를 확대할 수 있도록 도와주었으며, 여러 가지 일상적인 일에도 참여하였던 것 같다. 그럼으로써 문객집단의 역할이 더욱 강조되고, 무신정권이 몰락하기까지 문객집단이 무인 세력자의 세력기반으로서 계속 존재한 것이 아닐까 여겨진다.

---

29) 《高麗史》 권 129, 列傳 42, 崔忠獻.
30) 《高麗史節要》 권 14, 희종 3년 5월.
31) 《高麗史》 권 129, 列傳 42, 崔忠獻 附 怡.

무인 집정자들에게 가장 중요한 무력기반을 제공한 사적 결합체 이른바 「사병집단」은 여러 가지 용어로 표현되어졌다. 그러한 집단은 무신집권 초기에는 조직적인 형태로 등장한 것은 아니었다. 그러나 무신정권이 지속되면서 수적인 면에서 증가하고 더욱 사적 관계가 강조되는 집단으로 변화하고 있다. 그 가운데는 더욱 체계적으로 조직된 도방과 같은 기구도 있으며, 가노를 중심으로 구성한 가병도 포함되어 있다. 그렇지만 무신정권이 지속되는 동안 가장 보편적인 사적 무력기반으로 나타나는 것은 문객집단이라고 할 수 있다. 이 사병 집단은 상호 이해관계에 따라 성립되었으므로 절대적인 명령·복종관계보다는 자율적인 상하 복종관계를 고리로 존재하였다.

2) 도 방

都房이 처음 설치된 것은 慶大升이 정권을 장악하면서이다. 경대승은 명종 9년(1179) 정중부 일당을 제거하고 26세의 나이로 집권하게 되는데, 신변에 위협을 느껴 결사대를 그의 私第에 머물게 하고 이를 도방이라 불렀다 한다.[32] 경대승이 조직한 도방은 자신의 신변을 보호하기 위하여 만들어진 것으로 그 조직이 치밀하고 지휘체계가 일사불란하게 확립되어 있었던 것 같지는 않다. 도방의 구성원 가운데는 개인적으로 약탈 행위를 하는 등 불법적인 행위를 빈번하게 하고 있다. 이러한 행동은 도방의 구성원이 일정한 질서 가운데 체계화된 조직이 아닐 것이라는 짐작을 가능하게 하여 준다. 경대승의 도방은 명종 13년 경대승이 죽은 후 폐지되었으나 무신 집권자 개인이 자신을 위한 사적인 군사기구를 가졌다는 점에서 의미가 있다고 하겠다.

도방이 무신정권의 군사기구로서 중요한 역할을 한 것은 최충헌정권이 들어서고 난 이후이다. 최충헌은 집권한 지 5년이 지난 신종 3년(1200) 도방을 설치하였다. 그렇지만 도방이 갑자기 조직되었던 것은 아니고 그가 5년 동안 집권하면서 닦아 놓은 기반 위에 이룩한 것이라고 하겠다.

최충헌이 도방이라는 사적 군사기구를 조직하게 된 배경을 알아보기 위하

32) 《高麗史》 권 100, 列傳 13, 慶大升.

여 그의 집권 과정을 살펴 볼 필요가 있다. 최충헌이 이의민을 제거하고 집권한 것은 명종 26년(1196)이다.[33] 이의민을 제거할 당시 최충헌은 눈에 두드러질 만한 세력을 갖고 있지 못하였다. 최충헌은 자신의 아우 최충수, 그리고 그의 족당으로 알려진 朴晋材·盧碩崇 등과 더불어 이의민을 제거하였다.[34] 이밖에 최충헌이 이의민을 제거할 무렵 그를 추종하는 군사집단은 보이지 않는다.

최충헌은 이의민을 살해한 이후 그의 남은 세력을 제거하기 위하여 壯士를 불러모았다. 이들이 어떠한 사람들이었는가는 확실하지 않다. 다만 최충헌이 대장군 李景儒, 崔文淸 등과 함께 장사를 불러모은 것으로 보아 그들은 대장군 이경유와 최문청의 권위에 의해 최충헌에게 가담할 수 있었던 군인으로 여겨진다. 또한 이들 장사들이 최충헌에게 가담함으로써 여러 衛의 군사가 합세한 것으로 보아 장사는 여러 위에 속한 군사와는 구별되는 군인이며, 그들의 향방에 따라 여러 위의 군사가 태도를 결정할 만큼 강한 영향력을 가진 집단이었다고 하겠다.[35]

최충헌은 이들 장사를 중심으로 곧 바로 자신의 직속 군사를 편성하였다. 최충헌이 자신에게 반기를 든 세력을 제거하기 위하여 '衆'이라고 표현된 군인을 이끌고 대항하고 있는 것으로 보아 그러하다. 자신이 거느린 군인이 이의민 제거 당시에는 보이지 않다가, 이의민을 제거한 이후 나타나는 것은 신속하게 자신의 군사집단을 형성하였음을 보여주는 것이다.

최충헌이 정권을 장악하면서 거느리게 된 군사들은 이의민 세력을 제거한 이후 최충헌 일파의 정권이 공고해져 가면서 더욱 정비되었다. 최충헌이 집권한 지 1년이 지난 후 杜景升 세력을 축출할 당시 그 일파가 동원한 군사를 살펴보면 최충헌 형제를 비롯한 박진재, 김약진, 노석숭 등이 자신들의 군사를 中軍으로 하고, 여러 위의 군사로 좌·우·전·후의 4군이 되도록 하여 5군을 편성하고 있다.[36] 이로 보아 최충헌 일파가 거느린 군사가 여러 위

33) 최충헌정권의 성립과 관련하여 金塘澤, 《高麗武人政權硏究》(새문사, 1987)를 참고 바람.

34) 《高麗史》 권 129, 列傳 42, 叛逆 3, 崔忠獻.

35) 柳昌圭, 〈崔氏武人政權下의 都房의 설치와 그 向方〉(《東亞硏究》 6, 西江大, 1985), 382쪽.

의 군사와 함께 전투체제를 갖출 수 있을 만큼 수적으로 증가되었으며 지휘체계가 정비되었음을 알 수 있다.

이러한 사실은 최충헌과 그의 동생 최충수가 대립하는 과정을 살펴보면, 더욱 분명히 드러난다. 명종 27년(1197) 최충수는 자신의 딸을 東宮의 妃로 들이려고 하였으나, 최충헌의 반대로 뜻을 이루지 못하였다.[37] 이로 말미암아 서로 대립하여 싸우게 되었는데, 최충헌과 최충수는 각기 1,000여 명에 달하는 군사를 거느리고 있었다. 최충수의 경우 1,000여 명에 달하는 군사를 몇 명의 장군이 나누어 지휘하였으며, 최충수가 최고 우두머리로 이들을 모두 관할하였다. 최충헌도 최충수와 마찬가지로 지휘체계를 갖추고 그의 군사들을 거느렸을 것이다.

최충헌은 장사를 집결시켜 자신의 휘하 군사를 만들고 그들을 일정한 전투능력과 지휘체계를 갖춘 집단으로 만들었지만, 아직 특정한 조직의 형태를 갖추는 데까지는 이르지 못하고 있었다. 그것은 최충헌이 최충수와 대립하던 명종 27년까지만 하여도 그 군사는 단순히 '衆'이라고 표현되어지고 있기 때문이다. 그러나 명종을 축출하고 신종을 즉위시킨 최충헌 일파는 그들이 거느린 군사와 그들과의 관계를 어느 정도 정비하여 사적 군사집단을 새로운 형태로 발전시켜 나아가게 되었다.

최충헌의 측근으로 활동하고 있었던 박진재의 경우 신종 2년(1199) 수 백 명에 이르는 문객을 거느리고 있는 것으로 나타난다.[38] 수 백 명에 달하는 박진재의 문객은 일시에 갑자기 구성된 것이 아님은 말할 나위 없다. 박진재의 문객은 이미 그 이전부터 '衆'이라고 표현된 군사집단을 중심으로 하여 구성한 것이라고 보아 마땅하다. 그리고 이들은 최충헌과 더불어 같은 집단에 소속하여 반대 세력과 싸우기도 하였다.

박진재가 최충헌 집권 초에 거느렸던 그의 군사들을 문객집단으로 형성하였을 때 최충헌은 그의 군사를 어떻게 하였을까. 최충헌 역시 박진재와 마찬가지로 그의 집권 과정에 참여하였던 그의 군사를 문객집단으로 형성시켰을 것이다. 최충헌과 박진재가 거느린 군사들이 그 속성상 큰 차이가 있다거나,

36) 《高麗史》 권 129, 列傳 42, 叛逆 3, 崔忠獻.
37) 《高麗史》 권 129, 列傳 42, 崔忠獻.
38) 위와 같음.

서로의 관계에 차이가 있다고 여겨지지 않기 때문에 비슷한 모습을 갖추었다고 보아 무리가 아닐 것이다. 또한 박진재가 문객을 거느리고 있을 당시 최충헌이 門卒을 파견하였다는 기록이 있는데,[39] 여기의 문졸이란 문객에 포함되는 일반 병사를 일컫는 것이라고 보여진다. 그러므로 최충헌 역시 문객집단을 거느리고 있었다고 할 수 있겠다. 최충헌이 거느렸을 문객도 '衆'이라고 표현된 군사집단이 중심이 되었을 것이다. 그들은 최충헌이 이의민을 제거하고 집권하기 위하여 모집한 장사들이 주축이 되었던 것이다.[40]

최충헌과 박진재 등이 정권을 장악하는 데에 커다란 기여를 한 그의 군사들을 문객집단으로 형성한 것은 그들과의 관계에 있어서 새로운 의미를 갖는 것으로 여겨진다. 최충헌과 박진재의 입장에서는 자기 스스로의 뜻에 의해 그들의 정권획득과정에 참여한 군사들을 계속 자신의 측근으로 두면서 세력을 확고히 할 필요가 있었을 것이다. 최충헌에게 제거당한 최충수의 경우는 그의 측근에 있었던 장군들이 최충헌과 대결하는 것을 부추겼으며, 최충수 자신도 역시 그들의 뜻을 무시하기 어려운 처지에 있었다. 이러한 사실은 최충수가 그의 측근의 군사의 뜻을 함부로 막을 수 없었으며, 최충수 자신도 그의 군사의 뜻을 따름으로써 계속하여 그의 군사를 자신의 세력으로 묶어두려 하였음을 보여주는 것이다. 최충헌과 박진재의 경우도 예외는 아니었을 것이다.

한편 최충헌과 박진재 등에게 가담하여 그들의 정권 장악을 가능하게 한 군사들은 자신의 지위를 향상시키길 원하였으며, 그 어떤 보상을 바랐음에 틀림없을 것이다. 이러한 입장으로 말미암아 최충헌과 박진재는 그들의 군사들과 새로운 관계를 설정하기를 원했으며 그들의 군사들 역시 바라던 바였을 것이다. 최충헌과 박진재 그리고 그들의 군사들 양 편이 서로 일치할 수 있는 관계는 상하의 절대적 주종관계보다는 자율적인 상하의 복종관계이었을 것이다. 이러한 서로의 이해관계를 절충하기 위하여 문객집단의 형성이 이루어졌다고 하겠다.

문객집단이 형성되었다고 하여 그들 간의 이해가 반드시 일치하거나, 강한 결집력을 가진 것은 물론 아니었다. 예컨대 박진재의 문객을 수적인 면에서

---

39) 《高麗史》 권 129, 列傳 42, 崔忠獻.

40) 旗田巍, 앞의 글(1977), 1~7쪽.

는 최충헌의 문객과 비슷하고 모두 용감하였는데 관직을 얻은 자가 적어 항상 불만을 가졌다 한다. 이로 미루어 보건대, 그의 문객들이 상대적으로 낮은 대우를 받고 있음에 대하여 불평을 가지고 있었으며, 박진재는 그 사실에 대하여 염려하였음을 짐작할 수 있다. 즉 문객집단의 결집력을 유지하기 위하여서는 그 최고 실력자가 항상 그에 상응하는 대우를 준비하여야 하였던 것이다. 그 만큼 문객집단은 서로의 관계가 상호 이해에 밀접하게 관련이 있었던 것이다.

문객집단을 형성하여 사적 집단을 거느린 최충헌은 신종 3년(1200)에 都房이라는 기구를 설치하기에 이른다.

> (최)충헌은 스스로 방자하게 행동한 것을 알고 어느 사이에 변고가 생길까 두려워하였다. 대소 문무 관리, 한량 그리고 군졸 가운데 강한 자를 모두 불러 6番으로 나누어 날을 바꾸어 그 집을 밤에 지키도록 하고 都房이라 불렀다. 출입할 때에 모두 합쳐 둘러싸 호위하니 전투에 나가는 것 같았다(《高麗史節要》 권 14, 신종 3년 12월).

그는 그의 신변 보호, 그 집의 숙위 등을 담당하도록 하기 위하여 도방을 두었던 것이다. 여기에서 먼저 관심을 끄는 것은 종래에 존재하였던 문객집단은 어떻게 하고 새로이 도방을 두었는가 하는 점이다. 즉 도방과 최충헌이 종래 거느렸던 문객집단과는 어떠한 관계가 있느냐 하는 점이 해결되어야 한다는 것이다.

최충헌은 희종 2년(1206) 晋康候로 책봉되고 興寧府를 세우게 된다.[41] 이때 최충헌을 시종하는 문객 3,000여 인이 보인다. 그런데 최충헌을 시위하는 임무는 도방이 맡고 있었으며, 실제로 최충헌을 제거하기 위한 사건이 궁내에서 벌어졌을 때 최충헌을 호위하였던 군사가 도방에 소속한 이들이었다는 기록도 보인다.[42] 최충헌이 출입할 때 시위 임무를 담당한 도방과 같은 역할을 문객들이 맡고 있었던 것이다. 도방과 시종 문객은 그 기본적인 역할에서 이렇다 할 차이가 나지 않는다. 따라서 양자의 구성원이나 기본적 성격도 같은 것이었다고 보아도 무리는 아니다. 곧 문객집단이 도방의 구성원이었다고

41) 《高麗史》 권 129, 列傳 42, 崔忠獻.
42) 위와 같음.

할 수 있는 것이다.[43]

최충헌 이전의 무인집권자나 최충헌 당시의 일부 무인세력자 가운데도 문객집단을 거느린 자가 있었다. 최충헌 자신도 그와 같은 문객집단을 거느리고 있었지만 문객집단이 일정한 체계 아래 지휘된다거나, 통제되기는 어려웠을 것이다. 최충헌은 문객집단으로만 자신의 신변을 보호하거나, 다른 세력을 누를 수 있는 군사력을 확보하는 것이 곤란하다고 판단하였을 가능성이 높다. 따라서 그가 정권을 장악하고 있었지만 자신을 뒷받침해 주는 집단을 더욱 공고히 할 필요를 느꼈을 것이다. 최충헌이 도방을 설치한 것은 문객집단의 수를 증가시킴과 동시에, 문객집단을 조직적인 체계 속에 편제하려는 의도였다고 볼 수 있다. 단순한 문객집단의 경우, 그들을 일률적인 체계 아래 조직화시켜 지휘한다는 것이 어려운 반면에, 그들을 도방과 같은 조직 안에 편성하여 지휘함으로써 더욱 조직적으로 그들을 거느릴 수 있게 되었을 것이기 때문이다.

최충헌은 도방의 구성원으로 대소 문부관리와 한량, 군졸 가운데 힘있는 사람을 불러모았다 한다. 그런데 그 구성원이 일시에 형성된 것은 아니며, 최충헌이 집권하는 과정에서 거느렸던 군사들이 주축이 되어 형성한 문객집단이 구성원으로 편입되었다. 물론 도방의 구성원으로 종래의 문객 이외에 다른 사람들도 새로이 편입되었으리라는 것은 쉽게 짐작할 수 있다.

먼저 도방 구성원의 한 부류를 이룬 군졸에 대하여 살펴보기로 하자. 이 군졸은 무관층 이하에 속하는 일반 군사라고 생각된다. 일반 군사로서 도방에 속하였던 사람들은 최충헌의 집권에 협력한 군인이었을 것이다. 최충헌에 협력한 일반 군사 가운데 가장 먼저 꼽을 수 있는 대상은 최충헌집권 초기에 가담하였던 장사로 불려진 군사들이다. 이들은 최충헌집권이 안정되어 감에 따라 최충헌으로부터 그 공로를 인정받아 무관으로 진출하였을 가능성이 높다. 하지만 일부는 무관으로 진출하지 못하고 계속 일반 군인으로 남아 있으면서 도방의 구성원이 되었을 것으로 보여진다.

이밖에 최충헌이 집권하는 데에 있어서 그의 측근 군사로서 직접적으로

43) 金塘澤, 앞의 책, 79~82쪽.

활동하지는 않았지만 상당한 기여를 한 여러 위의 군사를 꼽을 수 있다. 여러 위의 군사는 최충헌이 이의민 일당을 제거할 때나 최충수를 제거할 당시에 최충헌에게 상당한 군사적 도움을 주었다. 따라서 최충헌이 도방을 설치하면서 새로이 그 구성원으로 불러들인 군사는 여러 위에 속한 중앙군이었을 가능성이 높다.[44] 도방에 소속한 여러 위의 군사들은 국가의 공적인 군인으로 활동하면서 최충헌과 사적인 관계를 유지하여 나갔을 것이다. 특히 그들은 도방의 하층부를 구성하면서 최충헌을 위한 실질적인 군사활동 및 시위에 충당되었을 것이다.

한편 도방의 구성원으로 포함된 閑良은 그 신분이 분명하지는 않다. 특별한 관직을 가지고 있지 않았던 것으로 보여지는 한량은 일반 군인보다는 상위의 신분으로 도방에 소속하여 하급 무관층에 준하는 역할을 담당하였든지, 일반 군인과 같은 역할을 담당하였을 것으로 생각된다. 중앙관직을 갖고 있지 못하였던 한량은 도방의 구성원이 됨으로써 최충헌에게 충성을 하는 한편, 자신들의 이익을 보장받았다고 하겠다.

도방 내에서 하위층을 구성한 일반 군인이나 한량은 도방에 속하지 않은 다른 일반 군인이나 한량보다도 승진할 기회나 관직에 나아갈 기회를 더욱 많이 가졌다. 최충헌은 손님을 맞이하여 연회를 베풀 경우 도방의 구성원으로 하여금 手搏 등의 시합을 시켜서 이기는 자에게 校尉나 隊正職을 상으로 주곤 하였다.[45] 최충헌은 다른 절차를 거치지 않고 자신이 직접 도방의 구성원에게 하위 무관직을 주었던 것이다. 그 만큼 최충헌은 도방의 구성원에게 혜택을 주는데 꺼려하지 않았으며, 그 같은 혜택은 빈번하게 주어지지 않았나 여겨진다.

최충헌은 도방의 구성원들에게 그와 같이 포상함으로써 도방의 세력을 확대할 수 있었으며, 그 구성원은 더욱 최충헌에게 충성하였을 것이다. 중앙의 하위 무관직을 맡게 된 도방의 구성원은 중앙군의 무관으로서 활동하였으며, 도방 내에서도 하위 무관층으로서 그에 걸맞은 지위를 인정받았을 것이다.

도방의 상층부에는 문무관리가 자리잡고 있었는데, 이들은 그 직책에 따라

---

44) 金塘澤은 禁軍이 도방의 구성원으로 초치되었으며, 도방을 조직하게 된 동기 가운데는 금군이 정치적으로 이용되는 것을 막고 반대로 이들을 자신의 정권 유지를 위한 도구로 삼고자 한 의도가 있었다고 하고 있다(위의 책, 180~184쪽).

45) 《高麗史》 권 129, 列傳 42, 崔忠獻.
《高麗史節要》 권 14, 희종 5년 9월.

도방에서 나름대로 활동하였을 것이다. 그런데 최충헌이 조직한 도방이 주로 군사적 임무를 수행하였으면서도 그 구성원으로 문인 관리까지 포함시킨 것은 문객집단 전체를 도방의 조직으로 편성하였기 때문이라고 짐작된다. 즉 최충헌 집권기에는 문인출신 문객을 위한 별도의 조직이 존재하지 않았기 때문에 문인들도 도방 안에 흡수되었던 것이라 할 수 있다. 따라서 도방 안에서 문인 관리들의 역할은 그렇게 커다란 것은 아니고, 다만 도방에 편입되어 최충헌의 측근으로 활동하였다는 데에 의미가 있었던 것이 아닐까 여겨진다.

도방의 군사적 역할에 비추어 보아 도방의 상층부로서 그 구성원을 지휘한 사람은 무인 관리였을 것이다. 이들은 공적으로 중앙군의 상층부로서 존재하였으며, 도방의 상층부로서 도방에 소속한 군사들을 사적으로 지휘하였다고 하겠다. 도방의 상층부를 구성한 무인의 활동을 직접 보여주는 기록은 없으나, 문객 가운데 장군 또는 대장군 등의 직임을 가지고 있는 사람들이 활동한 기록은 보인다.[46] 그들은 문객으로 표현되어 있지만 도방에 소속하였을 가능성이 높으며, 혹 그렇지 않더라도 도방의 상층 무인의 활동을 이해하는데 시사하는 바가 클 것이다. 이들은 중앙군의 대장군, 장군직에 있었던 만큼 중앙군의 통솔자로서의 의무도 어느 정도 수행하였을 것이다. 하지만 최씨가에서 사적으로 맡은 임무에 그 책임을 다할 수밖에 없었을 것이다.

도방의 상층부 인물들이 중앙의 고위 관직을 가지고 최씨가의 사적 군사기구에 소속하였다는 것은 서로 간에 상당한 의미를 가지는 것이었다. 최씨가의 입장에서 볼 때 도방에 소속한 상층부 인물들이 중앙의 고위 관직을 가질수록 중앙 정계에서 최씨가의 세력을 공고히 하는데 도움이 된다고 여겼을 것이다. 중앙군의 상위층에 도방 구성원이 자리함으로써 중앙군에 대한 영향력을 강화시킴은 물론, 중앙군 가운데 도방에 속하지 않은 군사를 간접적으로 최씨가의 세력으로 끌어들일 수도 있기 때문이다. 도방에 소속한 무인 관리들도 최씨가에 충성함으로써 나름대로 승진의 기회와 경제적 혜택을 얻는 데에 유리할 것으로 판단하였을 터이다. 최씨가와 그 도방의 무인 관리들은 서로의 이해가 일치하여 서로 결합하여 도방을 관장하였다고 하겠다.

---

46) 《高麗史》 권 129, 列傳 42, 叛逆 3, 崔忠獻 附 怡 및 권 123, 列傳 36, 嬖幸 1, 李汾禧.

최충헌이 설치한 도방에 소속한 사람들은 한량을 제외하고 대개 중앙군이거나 중앙관직의 담당자였다고 할 수 있다. 도방의 소속원이면서 중앙의 관직을 갖고 있거나 중앙군에 속하였던 사람들은 사적으로 최충헌의 도방에 결속되어 있으면서도 공적으로는 중앙정부의 직무를 수행하였다고 여겨진다. 물론 중앙정부의 일보다 최씨가의 개인적 일이 우선시되었을 것으로 보아도 좋을 듯하다. 최충헌이 정권을 장악하고 있었고, 도방도 최씨가의 사적 집단이었기에 도방에 소속한 구성원이 도방이라는 조직을 통하여 활동하는 경우가 압도적이었을 것이다. 그렇지만 최충헌 자신이 그들의 공적 활동을 막지는 않았을 것이다. 왕이 존재하고 자신에게 반대하는 세력이 존재한 상태에서 도방 구성원의 공적 활동을 억제하는 것은 자신의 세력을 약화시키는 결과를 빚을 수도 있다. 그러므로 최충헌은 도방의 구성원 가운데 중앙 정부와 공적인 관계를 갖고 있는 다수의 사람들이 도방을 통한 결속력과 최충헌 자신에 대한 충성심을 약화하지 않는 한 중앙의 직책을 수행하도록 배려하였을 것으로 생각된다.

그런데 도방의 구성원이 대체로 중앙 정부와 관계를 맺고 있는 인물로 구성되었다는 점은 때로 도방의 구조적 취약점으로 드러나는 경우도 있었다. 거란이 침입하여 왔을 때 최충헌과 최우의 문객 가운데는 관군을 따라 종군하고자 하는 이들이 있어 섬으로 유배를 보내기도 하였다 한다.[47] 여기의 문객은 도방의 구성원들이었다고 보아 무리가 없을 듯하다. 이들이 종군을 희망한 것은 자발적이었던 것 같은데 그들이 왜 종군을 희망하였는가 하는 점에 관심을 가질 필요가 있다. 분명한 것은 알 수 없지만 최충헌에게 충성함으로써 관직 상승 등의 기회가 있었지만 종군하여 군공을 세움으로써 더 높은 관직에 나아갈 수 있는 기회를 갖고자 한 것은 아닐까 생각된다. 만약 이러한 이유로 종군을 희망하였다면 이는 도방의 구성원이었지만 최충헌으로부터 직접적인 보상을 받을 기회가 적었던 일반 군인이나 하급 무관에게 해당하였으리라 믿어진다. 다른 이유로 생각할 수 있는 것은 도방 소속 군사가 사적으로는 최씨가에 충성하고 있었지만, 공적으로는 중앙군에 소속되어 있었기 때문에 외적의 침입에 종군하여야 할 의무를 느꼈거나, 아니면 최충헌 측근이 아닌 다른 중앙군의 책임자로부터 압력을 받았기 때문일 수도 있다.

---

47) 《高麗史》 권 129, 列傳 42, 崔忠獻.

한편 최충헌과 최우가 그의 문객 가운데 종군을 희망하는 사람에 대하여 섬으로 유배를 보낼 만큼 강경한 조치를 취하게 된 이유도 생각하여 볼 필요가 있다. 그 이유는 최씨가의 문객이 도방을 통하여 결속되어 있었지만 그의 문객의 다수가 종군함으로써 도방의 결속력에 문제가 생길 것을 염두에 둔 때문은 아니었을까. 중앙군에 소속한 최씨가의 도방 소속원이 종군하게 되면 그에 대한 충성심이 다른 방향으로 쏠리게 될 것이고, 이로 인하여 종래의 사적 유대관계가 약화되는 것이 아닌가 판단하였을 수도 있다. 그리고 최씨 입장에서 강경하게 조치를 취한 것은 문객의 다수가 종군을 희망하였다는 반증이 될 수 있다.

그러나 최충헌이 조직한 도방은 최씨가의 사적인 군사기구로서 역할을 충실히 하였다. 최충헌이 장기집권의 기틀을 마련한 것도 이와 같은 조직적인 군사기반이 뒷받침되었기에 가능하였을 것이다. 그리고 종래의 무인 집권자들이 거느린 문객집단과는 달리 사적인 기능을 가짐과 동시에 국가권력과의 관계를 통한 공적 기능도 아울러 보상되고, 최씨정권이 이를 인정하고 도와주었다는 점에서 더욱 치밀한 조직으로서 역할을 할 수 있었을 것이다.

최충헌에 의하여 조직된 도방은 이후 무신정권이 몰락할 때까지 존속하였다. 하지만 그 집단의 구성원이 최씨가의 집권자와 항상 이해를 같이 하면서 행동한 것은 아니었다. 최씨가의 권력 승계와 관련하여 도방의 구성원은 민감한 반응을 보여주고 있다. 최우(이)가 최충헌의 권력을 승계할 당시에는 일부 도방의 상층부 세력이 그에 반대하고 나섰다. 최우의 승계에 반대한 인물로 崔俊文이 보인다. 최준문은 貢生으로 최충헌에게 발탁되어 대정에 임명되었다가 대장군에 이른 인물이다.[48] 그는 私第를 짓고 勇士들과 결탁하고 있었다는데,[49] 이 용사는 바로 도방에 소속하였다고 보아 무리가 없을 것이다. 최준문은 최충헌의 측근이었던 상장군 池允深·장군 柳松節·낭장 金德明과 함께 모의하여 崔珦으로 하여금 권력을 승계하도록 하고자 하였다. 이들은 대부분 도방의 구성원이었다고 짐작된다.

최충헌이 조직한 도방의 주요 구성원이었을 것으로 믿어지는 최준문 등이

48) 《高麗史》 권 129, 列傳 42, 崔忠獻 附 怡.
49) 위와 같음.

최우에게 반대하여 최향을 권력의 승계자로 지지한 것은 그들의 세력 관계에서 빚어진 것이라 여겨진다. 즉 최준문과 최우는 평소에도 사이가 좋지 않았다고 하는데,[50] 그들이 기반으로 하는 세력이 서로 다른 구성체였던 것은 아닐까 생각된다. 최준문 등은 최충헌의 힘에 의하여 관직을 얻었을 뿐만 아니라 최충헌에게 속한 도방의 구성원이었다. 이에 비해 최우는 최충헌이 집권하고 있을 당시부터 이미 자신의 문객을 거느리고 있었다. 이들은 최우의 사제에서 활동하였다. 따라서 최충헌이 집권하고 있을 당시 도방에 소속되지 않았을 가능성이 높다. 도방을 통하여 결집된 최충헌의 문객은 최우의 문객과는 불편한 관계에 있었을 것이다. 더욱이 최우가 집권하게 된다면 그의 문객이 도방을 장악하게 되므로 최준문 등은 자신의 지위에 위협을 느꼈을 소지가 충분하다.

최준문 등이 최충헌의 후계자로 지목한 최향은 최우와 같은 독자적인 문객집단을 거느리지 못하였던 것 같다. 최향은 최준문과 비슷한 지위에 있었으며, 비슷한 정도의 군사를 거느렸다. 그는 장군으로서 1領軍(1,000명)을 거느리고 최준문 등과 함께 행동하고 있었다.[51] 최향은 차라리 최충헌의 도방에 소속하여 활동하였다고 보는 것이 좋을 듯하다. 최준문 등이 최향을 최충헌의 후계자로 등장시키고자 한 이유도 그가 도방에 기반을 두고 있었기 때문은 아닐까 짐작된다. 동일한 기반 위에서 성장한 최향을 지지함으로써 최준문 등은 그들의 지위를 계속 유지할 수 있을 것으로 판단하였을 것이다.

최우는 최충헌의 도방에 기반을 두고 성장한 최준문 등의 반대를 받았지만 그 자신이 권력을 계승한 이후에도 도방을 없애지는 않았다. 그것은 최우 자신이 거느린 문객에 대하여서도 조직적인 기구로서의 장치를 마련하여 줄 필요가 있었기 때문이라고 여겨진다. 또한 최우 역시 도방이라는 사적인 군사기구를 필요로 하였기 때문이다. 최우는 도방을 內外都房으로 구분하였다. 아마 內都房에는 자신이 거느렸던 문객들을 수용하였을 터이고, 外都房에는 종래의 도방원을 그대로 충원하였던 것은 아닌가 추측된다.[52] 그러나 최우는 집권한 이후 馬別抄·夜別抄·書房 등을 조직하여 자신이 거느린 군사력을

50) 金塘澤, 앞의 책, 82~87쪽.

51) 《高麗史節要》 권 15, 고종 4년 5월.

52) 金庠基, 〈高麗武人政治機構考〉(《東方文化交流史論攷》, 1948), 231쪽.

다른 조직을 통하여 확대하는 조치를 취하기도 하였다.

최우정권 때에는 여러 조직을 통하여 그 군사적 지지 기반을 넓혀 더욱 확고한 세력을 다지게 되었다. 그럼에도 불구하고 최우가 죽은 이후 권력을 계승할 때에 분열이 생기게 되었다. 최우를 뒤이은 崔沆은 家兵 500명을 물려받았음에도 최우의 병이 위독하게 되자 자신의 사제로 돌아가고 있다.[53] 이 때 知吏部事 上將軍 周肅이 야별초와 내외도방을 이끌고 왕정을 복고하려고 하였는데, 최씨가의 가노 출신인 李公柱·崔良伯·金俊 등이 최항을 지지하자 결국 최항의 승계에 찬성하였다 한다.[54]

최항이 집권할 때에도 도방의 구성원 가운데는 최씨가와의 사적인 관계에서 이탈하려는 세력이 있었던 것이다. 도방 구성원 모두가 최씨가에 대를 이어 충성하여야 한다는 데에 꼭 찬동하지 않았다는 사실을 알 수 있다. 이것은 도방 구성원의 결집력에 문제가 생겼다는 의미로 해석되기도 하지만, 최씨가로부터 도방이 최충헌시대와 같은 대우를 받지 못하였다는 점을 암시하여 주기도 하는 것이다. 이 점과 관련하여 최우정권 때에 최씨가의 가노였던 이들이 정치적으로 군사적으로 상당한 지위를 가지게 되었다는 것을 상기할 필요가 있다. 최항의 집권에도 가노로 구성된 가병이 결정적인 역할을 하는 것으로 보아 최씨가와의 관계에서 새로운 집단이 부상하였던 것이다. 그러므로 도방은 자연히 최씨가의 중추적인 핵심으로부터 벗어나게 되었을 가능성이 높다.

최항은 도방을 36번으로 나누었는데 도방의 규모가 확대되어진 것으로 해석되어진다.[55] 도방이 최씨가의 사적 군사기구로서 역할을 계속하였으며, 최씨가의 권력이 계속 유지되었다는 점에서 그 사적 군사기구가 확장되었다고 볼 수 있다. 그렇다고 도방의 번의 증가가, 도방이 최씨가로부터 차지하는 비중이 높아졌음을 의미한다고 보기는 어렵지 않나 여겨진다. 최항의 집권에 도방 구성원 가운데 어느 정도 반대 의사를 가진 인물들이 있었으며, 가노로 구성된 가병집단이 성장하고 있었다는 사실로 미루어 최항과 도방조직이 밀착되기는 어려웠다고 판단된다.

53) 《高麗史》 권 129, 列傳 42, 崔忠獻 附 沆.
54) 위와 같음.
55) 金庠基, 앞의 글, 231쪽.

도방과 최씨가와의 관계는 崔竩가 피살되어 최씨정권이 막을 내리면서 끝났다. 그렇지만 柳璥·金俊 등에 의해 최씨정권이 몰락한 이후에도 도방은 존속하였다. 최씨정권이 몰락한 처음에는 도방이 왕의 호위를 맡는 등 사적 군사기구로서의 성격을 탈바꿈하려는 움직임도 보인다.[56] 그러나 계속된 무신집권으로 말미암아 도방은 계속 무인 집권자의 사적 군사기구로서 남아있게 되었다. 다만 종래와는 달리 무인 집권자 자신의 시위나 호위의 임무뿐만 아니라, 왕을 호위하는 임무를 맡기도 하였다는 점에서 그 기능이 확대되었다고 할 수 있다. 그러나 그것도 어디까지나 무인 집권자 개인의 이익을 위한 것이었다는 점에서 그 성격 자체가 변화하였다고 볼 수는 없다.

그런데 林衍이 정권을 장악하였을 때 도방은 다시 6번으로 운용되었다.[57] 최항이 집권할 때에 36번으로 되었던 도방이 언제 6번으로 바뀌었는지는 알 수 없다. 김준정권 이후 도방에 대한 역할이 중요시되면서 다시 6번으로 조직된 것은 아닐까 생각된다. 도방은 임연·임유무 정권이 몰락하고 무신정권이 막을 내리면서 사라지게 되었다.

〈柳昌圭〉

2. 중방과 교정도감

1) 중 방

重房에 대한 개략적인 내용을 《高麗史》 百官志 西班條에서는 다음과 같이 설명하고 있다.

> 목종 5년(1002)에 6衛의 직원을 갖추었는데, 뒤에 鷹揚·龍虎의 2군을 두어 6위의 상위에 두었으며, 뒤에 또 중방을 두어 2군·6위의 상·대장군으로 하여금 모두 모이게 하였다. 의종 이후로 무신이 정권을 마음대로 함에 중방의 권한이 더욱 커졌다(《高麗史》 권 77, 志 31, 百官 2, 西班).

---

56) 《高麗史節要》 권 17, 고종 45년 3·4월.

57) 《高麗史節要》 권 18, 원종 10년 7월.

이것을 보면 목종 때 6위(左右·神虎·興威·金吾·千牛·監門衛)의 제도를 정비하였다가 뒤이어 鷹揚·龍虎의 2군을 설치하고 다시 중방을 설치한 것을 알 수 있으나, 그 표현이 애매하여 2군과 6위의 설치시기를 정확히 알 수 없다. 그러나 2군의 설치시기를 대체로 현종 때로 보고 있으므로 중방의 설치시기도 대개 현종 때라 하겠다.

위에서와 같이 중방은 2군·6위의 상장군·대장군의 합좌기관으로서 일종의 회의기관이었다. 상장군과 대장군을 2군·6위에 각각 1인씩을 두었으므로 상장군 8인, 대장군 8인으로 모두 16인이 되는 셈이었다. 이러한 군단 또는 부대를 초월한 계급별의 합좌기관은 중방 이외에 將軍房·郎將房·散員房·校尉房이 있어 장군·낭장·산원·교위로써 각각 합좌기관을 이룩하였는데, 《高麗史》에 "중방에서 일을 마련하면 장군방에서 이를 막고 장군방에서 의논하면 낭장방에서 이를 막으니, 서로 모순하여 政令을 발함에 백성들이 따를 바를 알지 못하였다"[1)]라 한 것을 보면 간혹 의견의 대립으로 방과 방 사이에 모순을 일으킬 때도 있었음을 알 수 있다. 중방은 합좌기관이었으나, 정령을 내렸다는 사실로 미루어 볼 때 統帥府의 기능도 가졌을 듯하다.

어떻든 중방은 상장군과 대장군으로 구성된 일종의 통수부였으나, 鄭仲夫 등의 쿠데타로 무신정권이 성립되면서는 군사를 비롯하여 경찰·형옥·탄핵·인사·조규의 제정 등에 있어서 왕권을 능가하는 정치상 초월적인 권력을 행사하였다. 이러한 현상은 무신정권이 성립되었다고는 하지만, 그 집권자가 아직 정치적인 기반이 취약하여 독단력을 발휘할 수 없었으므로 고위 무신의 힘을 빌지 않으면 안되었고, 그 반면에 고위 무신은 그들 나름대로 집권자의 힘을 빌어 이때까지 문신귀족으로부터 받아 오던 멸시와 모욕을 설분하고 그 자체의 지위 상승을 꾀하였으므로 집권자의 협조자가 되지 않을 수 없었던 데서 창출된 것이라 하겠다.

무신정권기의 중방의 권력 행사에 대하여 사례를 들면 대략 다음과 같다.

1. 의종 24년(1146) 9월에 여러 무신이 중방에 모여 문신의 남은 자를 모두 불러 李高가 이들을 다 죽이려 하는 것을 정중부가 중지시켰다(《高麗史節要》 권 11, 의종 24년 9월 을묘 ; 《高麗史》 권 128, 列傳 41, 叛逆 2, 鄭仲夫).

---

1) 《高麗史》 권 101, 列傳 14, 宋詝.

2. 명종 원년 7월에 平章事 徐恭이 죽었는데, 그는 문사들의 교만함을 미워하여 무인을 예우하였으므로 앞서 정중부의 난 때 중방이 巡檢軍 22인으로 하여금 그의 집을 두루 경위케 함으로써 화가 미치지 않았다(《高麗史節要》 권 12, 명종 원년 7월 ; 《高麗史》 권 94, 列傳 7, 徐熙 附 恭).
3. 명종 3년 4월에 李義方이 기녀를 데리고 중방에 들어와 여러 장수들과 함께 마음껏 마시고 떠들고 웃으며 북 치는 소리가 대궐 안까지 들렸으나 두려워하지 않았다(《高麗史節要》 권 12, 명종 3년 4월 ; 《高麗史》 권 128, 列傳 41, 叛逆 2, 李義方).
4. 명종 4년 9월 계사일은 重九(음 9. 9)로서 추밀원과 중방을 和平館에서 향연하였다(《高麗史》 권 19, 世家 19, 명종 4년 9월).
5. 명종 4년(西京留守) 趙位寵이 정중부 등을 치기 위하여 군사를 일으키고 동북 양계의 여러 성의 군사에게 '듣건대 上京(開京)의 중방이 상의하여 북계의 여러 성이 대개 桀驁(荒馬)가 많으므로 토벌코자 이미 군사를 크게 일으켰다. …'고 격문을 내렸다(《高麗史》 권 100, 列傳 13, 趙位寵).
6. 명종 5년 11월에 어떤 사람이 중방에, '朝廷(文臣)이 南賊으로 더불어 반란을 일으킬 것을 도모한다'라고 무고하므로, 이 날로 都校丞 金允升 등 7인을 섬으로 귀양보내고 兵部尙書 李允修를 巨濟縣令으로 좌천시켰다(《高麗史》 권 19, 世家 19, 명종 5년 11월).
7. 명종 6년 9월에 장군 李永齡·별장 高得時·대정 敎章 등이 이의방의 원수를 갚는다고 하여 정중부를 도모하려 하다가 일이 탄로되자 중방은 이들을 잡아 먼 섬으로 귀양보냈다(《高麗史節要》 권 12, 명종 6년 9월 ; 《高麗史》 권 128, 列傳 41, 叛逆 2, 李義方).
8. 명종 6년 9월에 良醞令同正 盧若純·主事同正 韓受圖 등이 平章事 李公升·尙書右丞 咸有一 등의 글을 위조하여 이를 忠州賊 亡伊에게 보내어 그들을 끌어 들여 함께 반란을 일으키려고 하자, 중방이 주청하여 이들을 먼 섬으로 귀양보냈다(《高麗史節要》 권 12, 명종 6년 9월 ; 《高麗史》 권 99, 列傳 12, 咸有一).
9. 명종 7년 4월에 중방이 상주하기를 '동북양계의 州鎭의 판관은 무관으로 보직 임명함을 허락하지 마십시오'라고 하므로 이를 청종하였다. 이 논의를 주장한 이는 장군 洪仲邦이었는데, 무관 金敦義 등 6인이 그가 퇴출하는 것을 엿보다 길을 막고 나쁜 말을 섞어 호소하므로 중방이 이들을 잡아 黥配하였다(《高麗史》 권 19, 世家 19, 명종 7년 4월).
10. 명종 7년 5월에 내시낭장 겸 병부원외랑 莊甫가 성격이 강직하여 권귀에 아부하지 않았으며 일찍이 내시장군 鄭存實이 교만함을 면책하였는데, 중방이 이를 듣고 그가 상관을 능욕함을 탄핵하여 巨濟縣令으로 좌천시키고자 하다가 먼 섬으로 귀양보내고 몰래 사람을 시켜 물 속에 밀어 넣어 죽였다(《高麗史節要》 권 12, 명종 7년 5월 ; 《高麗史》 권 128, 列傳 41, 叛逆 2, 鄭仲夫 附 李光挺).
11. 명종 8년 정월에 興王寺에서 승려가 德水縣의 사람과 함께 반란을 일으키려 하는데, 散員 高子章도 이것을 알고 있다고 하므로 중방이 그 승려와 高

子章을 잡아 먼 섬으로 귀양보내고 몰래 사람을 보내어 이들을 강물에 던져 죽였다(《高麗史》 권 19, 世家 19, 명종 8년 정월).

12. 명종 8년 3월에 중방이 상주하여 대장군 張博仁과 金淑으로 하여금 좌우의 橋路를 나누어 맡게 하고, 무릇 길가의 집과 담장이 한 자 한 치라도 官路를 침식함이 있으면 모두 복구토록 하였다(《高麗史》 권 19, 世家 19, 명종 8년 정월).
13. 명종 8년 6월에 御史臺가 兵部의 인사행정(銓注)이 정당성을 잃음을 탄핵하자, 閔令謨가 스스로 소장을 올려 중서문하성과 중방의 예로 도리어 어사대를 탄핵하니, 合司하여 죄를 빌므로 왕이 敎諭하여 모두 나와 일을 보도록 하였다(《高麗史節要》 권 12, 명종 8년 6월 ; 《高麗史》 권 101, 列傳 14, 閔令謨).
14. 명종 8년 7월에 大學博士 盧寶瑛가 蔚州防禦副使가 되었는데, 宋有仁이 외관의 文武交差의 成法을 들어 이를 반대하다가 전례가 있어 그것이 어려워지자, 중방을 달래어 반박하여 아뢰게 하니 盧寶瑛 및 이에 앞서 서경된 溟州判官과 管城尉를 모두 부임하지 못하게 하였다(《高麗史節要》 권 12, 명종 8년 7월 ; 《高麗史》 권 128, 列傳 41, 叛逆 2, 鄭仲夫 附 宋有仁).
15. 명종 9년 12월에 중방이 연말에 변고가 있을 것이라는 요언을 듣고 크게 두려워하여 禁軍으로 하여금 露刃環衛케 하였다(《高麗史》 권 20, 世家 20, 명종 9년 12월).
16. 명종 10년 7월에 중방이 宗旵 등 10여 승려를 귀양보냈는데, 처음에 종감 등이 鄭筠과 도모하여 이의방을 죽이고 그와 친근하여졌으나, 정균이 죽게 되자 당시의 무신이 모두 이의방의 휘하라 서로 말하기를 '軍國의 權柄을 중방에 속하게 한 것은 이의방의 힘에 말미암은 것이다'라고 하므로, 드디어 宗旵 등 10여 승려를 섬으로 귀양보내게 되었다(《高麗史節要》 권 12, 명종 10년 7월 ; 《高麗史》 권 128, 列傳 41, 叛逆 2, 鄭仲夫・李義方).
17. 명종 11년 7월에 재추・대간・중방이 京市署에 모이어 斗斛을 검사하고 奸僞를 살폈는데, 상인이 쌀에 모래와 쭉정이를 섞어 팔기 때문이다(《高麗史》 권 20, 世家 20, 명종 11년 7월).
18. 명종 11년 7월에 壽昌宮 북쪽 담장에 돌을 던지는 자가 있었는데 宿衛가 이를 잡지 못하므로 중방이 상주하여 매일 밤 1인의 장군으로 하여금 휘하 軍校를 거느리고 궁문 밖과 여러 요해처에 복병하여 갑작스러운 변고에 대비케 하였다(《高麗史》 권 20, 世家 20, 명종 11년 7월).
19. 명종 11년 7월에 재추・중방・대간이 奉恩寺에 모이어 市價를 정하고 斗斛을 공평히 하여 이를 범하는 자는 섬으로 귀양보냈다(《高麗史節要》 권 12, 명종 11년 7월 ; 《高麗史》 권 85, 志 39, 刑法 2, 禁令).
20. 명종 11년 10월에 知御史臺事・大將軍 朴齊儉의 아들 葆光이 경박하고 교만하여 길에서 李紹膺의 처의 종을 구타하고 욕한 일이 일어나자, 중방이 이를 죄주고자 함에 박제검이 연좌되어 면직되었다(《高麗史節要》 권 12, 명종 11년 10월 ; 《高麗史》 권 100, 列傳 13, 朴齊儉).

21. 명종 13년 5월에 중방이 東班의 관직을 줄일 것을 아뢰었다(《高麗史》 권 20, 世家 20, 명종 13년 5월).
22. 명종 13년 5월에 慶大升이 죽자 왕이 평소에 그를 미워하던 터이라 중방에 명하여 都房의 인원을 체포케 하고 대장군 鄭存實·吳淑 등으로 하여금 그 죄를 다스리게 하였다(《高麗史》 권 20, 世家 20, 명종 13년 7월 및 권 100, 列傳 13, 慶大升).
23. 명종 16년 정월에 令同正 朴元實이 뜬 소문으로 중방에 고하기를 '校尉 張彦夫 등 8인이 반란을 도모하였다'라고 하므로, 중방이 장언부를 잡아 힐문하니 대답하기를 '지금 정권을 마음대로 하는 자들이 탐욕하고 비루하여 白銀을 좋아하고 관작을 팔아 불법한 일을 많이 하고 있으니, 이러한 자의 머리를 베어 그 입에 백은을 물려서 조야에 널리 보여 사람들로 하여금 백은을 탐함으로써 죽은 것을 널리 알게 하였으면 하고 생각하였다'라고 하므로 그를 죽였다(《高麗史》 권 20, 世家 20, 명종 16년 정월).
24. 명종 16년 10월에 장군 車若松 등 43인을 內侍院 및 茶房에 겸속케 하였는데 이에 앞서 중방이 상주하기를 '庚寅(의종 24년) 이래 무관이 모두 문관을 겸하면서도 內侍 및 茶房만을 겸하지 못하고 있으니 겸속을 허락하십시오'라고 청함으로써 이 명이 있었다(《高麗史節要》 권 13, 명종 16년 10월 ; 《高麗史》 권 101, 列傳 14, 車若松).
25. 명종 17년 7월에 曺元正 등이 반란을 꾀하다가 죽임을 당하였는데, 이에 앞서 그의 아들 英植·英迪 등이 탐학하고 횡포가 심하므로 중방이 상주하여 이들을 내쳤다(《高麗史節要》 권 13, 명종 17년 7월 ; 《高麗史》 권 128, 列傳 41, 叛逆 2, 曺元正).

위의 사례 가운데 1은 무신정권의 성립과 함께 중방이 그 중추기관으로 등장하였음을 보여주며, 16은 무신정권의 성립과 함께 중방이 군국의 권력을 장악한 것을 직접적으로 설명하여 준다. 또 3은 중방을 중심으로 하여 여러 장수들이 방약무인 기고만장하였음을, 4는 중방의 지위가 일약 추밀원과 어깨를 나란히 할 정도로 상승하였음을 보여준다.

그리고 5는 반란세력인 趙位寵이 중방의 토벌 결정에 대하여 극도로 반발한 사례로서, 중방이 토벌 및 정벌에 있어서 군사상의 최고 지휘권을 장악하고 있었음을 보여준다. 이처럼 중방이 최고의 군사 지휘권을 장악하고 있었다는 것으로는 2와 8의 사례에서도 찾아볼 수 있다. 또한 2와 8의 사례는 중방이 군사권과 관련이 깊은 특정대상에 대한 경위권을 행사하였음을 보여준다.

그리고 중방은 경찰 또는 형옥에 대한 강력한 권한을 행사하였다. 그것으로는 6~12, 15, 17, 22, 23, 25의 사례에서 찾아 볼 수 있는데, 중방의 권력

행사와 관련된 사례 가운데 가장 많은 비중을 차지하고 있다. 또 중방은 인사행정 또는 탄핵의 권한도 강력히 행사하였는데, 6, 9, 10, 13, 14, 20, 24의 사례에서 알 수 있다. 그리고 17과 19의 사례에서 시장가격을 사정하고 斗斛을 표준화하는 條規의 제정도 행하였으며, 21의 사례와 같이 관직의 개편에도 관여하였다.

이렇게 중방은 무신정권이 성립되면서 막강한 권력을 행사하여 실질상 국가 최고의 권력기관이 되었다. 이 중방을 중심으로 베풀어지던 정치는 일종의 합의제정치였다. 무신집권자(권신)는 중방의 고위 무신들의 입장을 존중하였고 중방에 나아가 정치상의 협의도 하였다. 한편 중방도 집권자의 입장을 존중하고 그 협조자가 되었으나 때로는 그를 견제하는 역할도 하였다. 이렇게 무신집권자와 동반자의 입장에서 서로 제휴하면서 정치상의 합의를 모색하는 정치를 운영하였는데,[2] 이것은 아직 무신정권이 확립되지 못한 데서 비롯된 현상이었다.

그러나 최씨정권이 성립되고 나서는 중방이 크게 빛을 잃고 정치상 제2선으로 물러나고 말았다. 최씨정권은 독자적인 지배기구를 마련하여 그를 중심으로 정치를 독단함으로써 고위 무신의 집합체인 중방은 쓸모 없는 존재가 되고 말았던 것이다. 그리하여 중방은 원래의 위치로 되돌아갔는데, 이는 최씨정권이 확립되어 무신들의 협조가 불필요하였기 때문이었다.

최씨정권 아래에서 정치상 중방이 위축되어 가는 사례를 사료에서 정리하여 보면 아래와 같다.

1. 신종 원년(1198) 3월에 중방이 상주하기를 '대궐 서쪽의 땅은 무관들이 있는 곳이니 인가에서 방앗간을 차리는 것을 금하십시오'라고 하였다(《高麗史》 권 21, 世家 21, 신종 원년 3월).
2. 희종 3년(1207) 정월에 전년 겨울부터 山西(武班)의 達官이 많이 죽으므로 武班이 동반의 저주함이 아닌가 하고 의심하여 불평하는 말이 있었다. 이에 內侍員으로 하여금 중방과 장군방에서 祈禳道場을 행하도록 하였다(《高麗史》 권 21, 世家 21, 희종 3년 정월).
3. 고종 2년(1215) 7월에 어떤 사람이 중방에 말하기를 '尙藥局이 대궐 서쪽에

2) 慶大升의 경우는 좀 다르다. 경대승이 鄭仲夫를 살해하자, 무신들은 지위의 저락을 우려한 나머지 경대승을 공동의 적으로 몰았으며, 경대승은 이에 대비하여 都房을 설치하게 되었던 것이다.

있어 항상 방아를 찧으니 山西(武班)의 旺氣를 손상할까 염려된다'고 하므로, 중방이 마음대로 尙藥局·尙衣局·禮賓省 등 40여 채를 헐어 옮겼다(《高麗史》 권 22, 世家 22, 고종 2년 7월).
4. 고종 3년 11월에 재추·중방이 상주하여 태조의 苗裔 및 문과출신을 논하지 않고 모두 充軍케 하였다(《高麗史》 권 81, 志 35, 兵 1, 五軍).
5. 고종 10년 정월에 樞密院副使 吳壽祺가 장군 崔愈恭 등과 함께 일찍이 중방의 여러 장수를 그의 집에 연회하여 모든 문신을 죽이고 私怨을 갚으려다가 일이 탄로나 오수기를 白翎鎭將으로 좌천하였다가 죽이었다(《高麗史節要》 권 15, 고종 10년 정월 ; 《高麗史》 권 129, 列傳 42, 叛逆 3, 崔忠獻 附 怡).

위의 사례에서 최씨정권이 수립된 이후에는 重房이 정치적으로 크게 위축되어 가고 있음을 알 수 있다. 사례의 4는 고종 3년(1216)에 契丹族이 몽고에게 쫓기어 압록강을 건너 서북계에 침입하여 오자 중방이 재추와 함께 상주하여 태조의 후손과 문과 출신자까지도 충군하였다는 것으로, 이 사례는 중방의 기능에 관한 것이기는 하다. 그러나 1~3, 5의 사례는 모두 중방의 지위가 크게 약화되어 가는 것들이다. 사례 1~3, 5는 중방의 지위가 위축되어 가는 데 대한 관념적 처방에 급급하였던 것을 보여주는 동시에 그 처방이 베풀어진 것을 보여주기도 하는 것이다. 그리고 사례 5는 중방이 반란의 동조세력이 될 정도로 그 지위가 크게 반전되고 있음을 보여준다.

이제 무신정권의 확립은 무신들의 협의체인 중방의 도움을 필요치 않게 되고 오히려 무신은 정권에 대한 위험한 존재로 여겨져 억압 내지 제거의 대상이 되는 결과를 초래하였던 것이다.

2) 교정 도감

敎定都監은 최충헌에 의하여 설치되어 서정을 관장하고 모든 지시와 명령을 내리던 일종의 정청으로서, 최씨정권이 몰락하고 나서도 그 遺制는 金俊을 거쳐 林衍·林惟茂까지 계승되었다. 그리고 최충헌이 교정도감을 설치하고 스스로 그 장의 직인 敎定別監이 되었는데, 그 직은 최우－최항－최의로 이어지다가 최씨정권이 몰락된 뒤에는 김준－임연－임유무로 이어지면서 군국의 서무를 오로지하였다.

이 교정도감에 대하여《高麗史》百官志 諸司都監各色條에 "최충헌이 정권을 오로지 함에 모든 일이 교정도감으로부터 나왔다"라고 되어 있어 이것만 보아서도 그 권능이 막강하였음을 알 수 있다. 그리고 교정도감이나 교정별감은 최충헌에 의하여 처음으로 설치된 특별기구로 무신정권의 최고 정청이 되었다. 교정도감이 공적 기구화 되었다는 것은《高麗史》百官志 諸司都監各色 조항에 버젓이 한 위치를 차지하고 있다는 점과 그 장의 직인 교정별감을 왕이 임명하였다는 점만으로도 족히 짐작할 수 있다. 이렇듯 교정도감과 교정별감이 정식 기구화된 것은 그것이 무인집정(무신집권자)의 기구로서 그 위력에 압도되어 어찌할 수 없는 데서 가져온 왕권의 후퇴 현상으로 보여진다.

교정도감을 설치한 경위를 살펴보면 다음과 같다. 최충헌이 이의민 일당을 제거하고 나서 집권하자 최충헌을 제거하기 위한 사건이 꼬리를 물고 일어났다. 신종 원년(1198)의 萬積의 난과 그 이듬해의 金俊琚의 난에 뒤이어 희종 즉위년(1204)에는 장군 李光實 등 30여 인이 밤에 給事同正 池龜壽의 집에 모여 최충헌을 제거하기 위한 모의를 하다가 이 사실이 발각된 일이 있었다. 또 동왕 5년 4월에는 青郊驛(開豊郡)吏 3인이 최충헌 부자를 살해하려고 승도를 규합하기 위하여 公牒을 위조하여 여러 사찰에 돌렸는데, 그 공첩이 歸法寺에 이르자 그 절의 중이 공첩을 가지고 온 자를 잡아 최충헌에게 고하는 사건이 일어났다. 이에 최충헌은 곧 迎恩館에 교정도감을 설치하고 그 일당을 수색하였는데, 청교의 吏員이 右僕射 韓琦 및 그의 세 아들을 들어 무고하므로 이들과 다시 장군 金南寶 등 9인을 죽이고 그들의 從者를 먼 섬으로 귀양보냈다. 이처럼 교정도감은 희종 5년에 최충헌이 반대세력을 숙청하기 위하여 설치한 임시 기구였다. 그러나 그 후 계속 존치되면서 최씨정권의 권부가 되었을 뿐만 아니라, 김준과 임연 부자로 이어지면서 이를 통하여 군국의 서정을 오로지 하였던 것이다.

역대의 권신은 교정도감의 우두머리인 교정별감에 임명되고 그 직책으로써 일국의 정치를 좌우하였다. 따라서 이 직책은 권신으로서 필수의 직책이었으며, 이런데서 이 직책은 권신의 세습적 직책과 같은 것이 되고 말았다.

처음 최충헌대에는 자신이 스스로 교정별감이 되지는 않은 듯하다. 이러한 점은 고종 2년 11월 尹世儒가 국왕에게 교정별감에 임명해 줄 것을 요청한 사실을 미루어 보아 그러하다. 최우 역시 교정도감을 통해 자신의 정권을 유지하기는 했지만 그가 교정별감에 임명되었다는 기록은 보이지 않는다. 최항대에 이르러서야 비로소 처음으로 교정별감에 임명된 사실이 나오는 것이다. 최항은 최우의 서자로서 일찍이 출가하여 禪師가 되고 그 이름을 萬全이라 하다가, 고종 34년(1247)에 父에 의하여 환속되어 左右衛上護軍에 임명되고 다시 뒤이어 樞密院知奏事에 임명되는 등 군직에 있다가 아버지의 직을 이어 교정별감에 임명되었다.

그런데 최의는 최항의 사생자로서 군직을 주어도 이를 거절하고 殿中內給事의 직에 있다가 부직을 이어 교정별감에 임명되었다. 즉 최항이 죽자 왕은 최의를 먼저 借將軍에 임명하고 뒤이어 교정별감에 임명하였는데, 차장군의 임명은 교정별감에 임명하기 위한 한 절차였던 것으로 보인다. 이렇게 교정별감으로 임명하기 위하여 차장군에 임명한 것은 최의의 경우에만 보이는 것이나, 이것은 그가 군직에 있지 않았기 때문인 것으로 생각된다.

이러한 사실을 미루어 볼 때 장군 내지 군직에 있지 않은 자는 교정별감에 임명되지 못하였음을 짐작케 하여 준다. 장군 내지 군직에 있는 자로서 교정별감에 임명하여 국정을 재량케 한 것은 무신정권의 성격을 잘 드러내는 것으로서, 최씨정권이 몰락된 후에도 김준은 장군으로서, 임연 부자는 대장군 또는 군직자로서 각각 교정별감에 임명되어 군국의 서정을 오로지 한 것도 같은 흐름에서 이해할 수 있다.

한편 교정별감의 임명 사례는 다음과 같다.

1. 고종 36년 11월 임신에 최이(우)가 죽으므로 최항을 樞密院副使·吏部尙書·御史大夫로 삼았고, 뒤이어 동서북면병마사를 겸하게 하고 또 교정별감을 삼았다(《高麗史》 권 23, 世家 23, 고종 36년 11월 및 권 129, 列傳 42, 叛逆 3, 崔忠獻 附 怡·沆).
2. 고종 44년 윤4월 정해에 최항이 죽자, 殿前 崔良伯이 숨겨 發喪하지 않고 칼을 어루만지며 侍婢를 꾸짖어 울지 못하게 하고 宣仁烈과 함께 야별초·신의군·서방 3번·도방 36번을 모아 최의를 옹위하고 이에 발상하니, 왕이 곧 최의를 借將軍에 제수하고, 또 교정별감을 삼았다(《高麗史》 권 24, 世家 24, 고종 44년 윤4월 및 권 129, 列傳 42, 叛逆 3, 崔忠獻 附 沆).

3. 원종 5년 8월 을사에 참지정사 김준을 교정별감으로 삼아 국가의 非違를 규찰케 하였다(《高麗史》 권 26, 世家 26, 원종 5년 8월).
4. 원종 10년 7월 병오에 安慶公 淐이 임연을 교정별감으로 삼았다(《高麗史》 권 26, 世家 26, 원종 10년 7월).
5. 원종 11년 2월 을미에 임연이 등창이 나서 죽자, 順安侯 琮이 임유무를 교정별감으로 삼았다(《高麗史》 권 26, 世家 26, 원종 11년 2월).

위의 기사에서 주목되는 것은 1의 최항, 2의 최의, 3의 김준의 경우는 왕이 교정별감에 임명하였으나, 4의 임연과 5의 임유무의 경우는 왕이 아닌 안경공 淐과 순안후 琮이 각각 교정별감에 임명하였다는 점이다. 그러나 임연의 경우 그가 원종을 폐하고 안경공 창을 왕으로 삼아 창으로부터 임명되었으므로 왕이 임명한 것과 다름이 없으며, 임유무의 경우도 원종이 몽고에 들어가면서 국사의 감독을 위임받은 순안후 종(원종의 제3왕자)이 임명한 것이므로 이것 또한 왕이 임명한 것과 다름이 없는 것이다.

교정도감은 위에서도 말한 것과 같이 최충헌이 비상시국에 대처하여 긴급조치로 두어진 기구였으나, 그 비상사태가 수습된 후에도 존속되면서 최씨정권의 중추적 권부로서 그 기능을 발휘하였을 뿐만 아니라 뒤로 내려오면서 그 기능은 더욱 강화되었다.

고종 14년(1227)에 최우는 교정도감으로 하여금 禁內 6官(궁내 6관, 즉 秘書省·史館·翰林院·寶文閣·御書院·同文院)에게 통첩하여 과거에 급제한 자로 아직 관직에 나아가지 않은 자 가운데 재주가 있는 자를 천거케 하였는데,[3] 이것을 보면 교정도감이 인사행정권도 행사하고 있었음을 알 수 있다.

여기에서 짚고 넘어갈 것은 인사행정권에 있어서 교정도감과 정방과의 관계이다. 최씨정권에 있어서 인사행정을 전담하던 정방이 설치된 것은 고종 12년(1225)인데, 위에서 보이는 것과 같이 정방이 설치된 2년 뒤인 고종 14년에도 교정도감이 인사행정권을 행사하고 있다. 원래 최씨정권에서 인사행정권을 행사하던 곳은 교정도감이었으나, 그 임무를 전담하는 기구로 政房이 설치됨으로써 인사행정권이 정방에 이속되었을 것으로 생각된다. 이렇게 인

3) 《高麗史節要》 권 15, 고종 14년 2월.
《高麗史》 권 129, 列傳 42, 叛逆 3, 崔忠獻 附 怡.

사행정권이 정방에 이속되었다고 하지만, 교정도감으로서는 원래 인사행정권을 행사하여 왔고 또 최씨정권의 최고기관으로서 인사행정권에 관여할 만한 처지였던 까닭에 정방이 설치되었음에도 불구하고 교정도감에서 인사행정을 행하였던 것으로 믿어진다. 그러나 그 인사행정권은 어떠한 정책적인 것이었을 것이고, 실질적인 인사행정권은 정방에서 행사하였던 것으로 보인다.

또 교정도감은 지방행정에까지 관여하였던 것으로 보이는데, 고종 15년(1228)에 한 승려가 慈惠院을 지으려고 江陰縣(金川)에서 목재를 벌채하는 과정에서 일어난 사건은 그러한 실례를 보여준다. 즉 監務 朴奉時가 벌채를 금하고 그 목재를 몰수하므로, 그 승려가 대장군 大集成과 결탁하여 드디어 최우에게 청하여 敎定所 곧 교정도감의 공첩을 얻어 보냈으나 들어주지 않았다. 이에 대집성이 창피하고 분하게 여겨 최우에게 호소하여 박봉시를 먼 섬으로 귀양보냈다는 사건[4]이 그것이다.

이와 아울러 고종 37년(1250)에 최항이 교정도감의 공첩으로써 淸州의 雪緜·安東의 璽絲·京山(星州)의 黃麻布 海陽(南海)의 白紵布와 모든 別貢 그리고 金州(金海)와 洪州(洪城) 등지의 魚梁船稅를 면제케 하였으며 각 도의 敎定收獲員을 불러 돌아오게 하고 그 임무를 안찰사에 위임하여 인심을 수습하게 하였다는 기록이 나타난다.[5] 이것을 볼 때 교정도감은 전국의 공물과 특별세(별공) 등 세정도 맡고 있었음을 알 수 있고, 또한 그 임무를 수행하기 위하여 교정도감에서 직접 수획원 즉 징세원을 각 도에 파견하였다는 사실을 알게 해 준다. 그러나 수획원들은 그 임무를 행함에 있어 행패가 컸다. 곧 고종 45년에 최의가 장군 邊軾·낭장 安洪敏·산원 鄭漢珪로 江華收獲使를 삼아 수탈을 감행하니 백성들의 불평이 많았다는 것이다.[6]

고종 44년(1257)에 별장 李成義·劉正이 몽고에서 내투한 사람들을 꾀어 함께 몽고로 도망하려고 하다가 李陽이 敎定所(교정도감)에 고하자 그들을 잡

---

4) 《高麗史節要》 권 15, 고종 15년 8월.
《高麗史》 권 129, 列傳 42, 叛逆 3, 崔忠獻 附 怡.
5) 《高麗史節要》 권 16, 고종 37년 정월.
《高麗史》 권 129, 列傳 42, 叛逆 3, 崔忠獻 附 沆.
6) 《高麗史節要》 권 17, 고종 45년 정월.
《高麗史》 권 129, 列傳 42, 叛逆 3, 崔忠獻 附 怡.

아죽였으며,[7] 원종 5년(1264)에는 왕이 몽고로 떠나면서 김준으로 하여금 監國케 함에 앞서 그를 교정별감에 임명하여 국가의 비위를 규찰케 하였다.[8] 이것을 보면 교정도감이 형옥과 규찰의 임무도 수행하였음을 알 수 있다.

위에서 교정도감의 기능에 대한 사례를 들어보았다. 이것을 다시 정리하여 보면 교정도감은 인사행정·지방행정의 통제·징세·형옥·규찰 등의 기능을 발휘하였음을 알 수 있는 것이다. 결론적으로 말하면, 교정도감은 무신정권의 정청으로 내외의 국가 중대사를 시행하는 권력기구였으며, 위의 사례들은 그 구체적인 내용을 보여주는 것이라 하겠다.

단지 《高麗史》 百官志 諸司都監各色條에 교정도감에 대하여 "최충헌이 정권을 오로지 함에 모든 일이 교정도감으로부터 나왔다"라고 하였고, 또 《高麗史》 崔忠獻傳에도 "충헌이 교정도감을 두어 모든 일을 맡아 다스리게 하였다"라고 한 것을 보면, 무신집권자(權臣)들의 교정도감을 중심으로 한 권력행사는 비단 인사 행정·지방행정의 통제·징세·형옥·규찰뿐만 아니라 국정 전반에 걸친 광범위하고 강력한 것이었던 것으로 보인다.

무신정권기를 정중부에서 이의민까지를 제1기(성립기), 최씨정권기를 제2기(성숙기 또는 전성기), 그리고 김준에서 임유무까지를 제3기(붕괴 또는 몰락기)로 나눌 때, 교정도감은 제2, 3기에 존재하였다. 특히 제2기인 최씨정권기 교정도감은 무신집권자의 집권부로서 모든 권력행사를 다하여 실질적으로 왕권을 능가하는 기능을 발휘하였다고 여겨진다.

〈閔丙河〉

3. 진양부와 정방 및 서방

1) 진양부

무신정권기에 府를 처음으로 세운 것은 최충헌의 집권에서 비롯되었다. 희

7) 《高麗史》 권 24, 世家 24, 고종 44년 7월.
8) 《高麗史》 권 26, 世家 26, 원종 5년 8월.

종 2년(1206)에 왕은 "문하시중 晋康侯 (최)충헌은 先君이 정무를 보던 때와 과인이 왕통을 계승한 초기부터 지금까지 정성을 다하여 보좌하여 큰 공업이 있으므로 부를 세워 賞典을 높일 것이다"[1]라는 조서와 함께 최충헌을 진강후에 봉하고 부를 세워 興寧(府)이라 하여 소속 관원을 두게 함과 아울러 興德宮을 이에 소속시켰다.[2] 이후 홍령부는 강종 원년(1212)에 晋康府라 고쳤다.[3]

한편 최충헌을 이은 최우도 역시 立府하였는데 처음 고종 8년(1221)에 왕이 최우를 진양후에 봉하였으나, 그는 이를 고사하고 받지 않은 일이 있었다. 그러다가 고종 21년에 또한 왕이 최우의 강화천도의 공을 논하고 부를 세우고자 하였으나, 詔書를 맞을 예물이 갖추어지지 않았다는 구실을 내세워 사양하다가 마침내 晋陽侯에 봉하여지고 부를 세워 晋陽府라 하였다.[4]

고려에는 公·侯·伯·子·男의 5작제가 있었는데, 爵은 주로 종실(왕족)에게 주어졌다. 《高麗史》 列傳 宗室條 첫머리에는 고려는 종실의 親을 보하여 尊者를 公이라 하고, 그 다음을 侯라 하고, 疏者를 伯이라 하고, 幼者를 司徒·司空이라 하고, 이를 총칭하여 諸王이라 하였다"라고 적고 있다. 한편 《高麗史》 百官志 諸妃主府條에 의하면, 왕의 諸妃(貴妃·淑妃 등)와 諸主(院主·宅主 등)에 책봉되면 殿을 세우고 부를 두어 소속관원을 갖추었는데, 左右詹事·小詹事·注簿·錄事 각각 1인과 令史·書令史·書藝 각각 1인, 그리고 記官 2인을 두었다. 또 諸王子도 부를 두고 소속관원을 갖추었는데, 典籤·錄事·書藝 각각 1인씩을 두었다. 그밖에 왕비의 아버지와 공주의 남편도 부를 세워 전첨과 녹사를 두었다.

이렇듯 고려에서는 왕의 妃主·왕자·왕비·공주는 부를 세우고 소속관원을 갖추었으며, 종신에게는 爵이 봉하여졌다. 이러한 立府와 封爵은 重臣의 경우에도 베풀어졌던 것으로, 李資謙이 朝鮮國公에 봉하여지고 崇德府를 세웠으

1) 《高麗史節要》 권 14, 희종 2년 정월.
《高麗史》 권 129, 列傳 42, 叛逆 3, 崔忠獻.
2) 《高麗史節要》 권 14, 희종 2년 3월.
《高麗史》 권 129, 列傳 42, 叛逆 3, 崔忠獻.
3) 《高麗史節要》 권 14, 강종 원년 정월.
《高麗史》 권 129, 列傳 42, 叛逆 3, 崔忠獻.
4) 《高麗史》 권 23, 世家 23, 고종 21년 10월.
《高麗史》 권 129, 列傳 42, 叛逆 3, 崔忠獻 附 怡.

며, 앞에서 보이는 것과 같이 최충헌이 진강후에 봉하여지고 흥령부(후에 진강부)를 세웠고, 최우가 진양후에 봉하여지고 진양부를 세운 것은 그 예이다.

그리고 姜邯贊이 天水郡開國侯에 봉하여지고 李子淵이 慶源郡開國公, 金富軾이 開國侯, 金方慶이 上洛郡開國公에 봉하여졌으나 부를 세웠다는 기록이 보이지 않아 그 자세한 것을 알 수 없다. 그러나 이자겸·최충헌·최우의 경우와 같이 이들도 봉작됨과 함께 부를 세웠을 가능성이 있다고 생각된다. 이러한 최충헌의 진강부 등은 공적인 기관임과 아울러 개인을 위한 기관으로서 최씨정권의 권력기구의 하나로 취급할 수 있다.

이 진강부나 진양부는 최씨정권의 지배기구로서는 강력한 존재가 되지 못하였던 것으로 보인다. 물론 《高麗史》에 "최충헌이 정권을 오로지 함으로부터 府와 僚佐를 두고 사사로이 政案을 취하여 注擬하고 제수하였다"[5]라고 하여 최충헌이 부를 중심으로 인사행정을 오로지 하는 등 그것이 강력한 권력기구임을 시사하여 주기는 한다.

그러나 그것이 개인을 위한 것이기는 하지만 공적인 법제기관이므로 개인적으로 그 기능을 함부로 남용하지 못하였을 것이다. 뿐만 아니라 공적인 법제기관이므로 그 소속의 인원을 함부로 증감하지 못하였을 것이고, 그 법제상의 인원으로서는 별로 큰 기능을 발휘하지 못하였을 것이다. 그 법제상의 인원은 위에서 보이는 것과 같이 왕의 妃主의 부가 左右詹事 이하 모두 10인이고 제왕자의 부가 전첨 이하 3인에 불과하였다. 그러므로 중신의 부는 왕비의 부의 그것을 능가하지 못하였을 것으로 생각되기 때문에 많아야 10인 이하였을 것이다. 더욱이 최씨정권의 사적 권력기구로 막강한 교정도감·정방·도방 등이 있었으므로 사적 권력행사에 있어서 구태여 법제상 공기구인 부를 이용할 필요가 없었을 것이다. 그리하여 부는 합법제적 기구로서 상징적 명예의 기구로 삼았을 것이다.

부를 세운 구체적인 사례를 들어보면 다음과 같은 것이 있다.

1. ㉠ 무릇 妃·主를 책봉하면 반드시 전을 세우고 부를 두어 요속을 갖추게 하였다. 문종이 관제를 정하여 부에 좌우첨사·소첨사·주부·녹사 각각 1인과 영사·서령사·서예 각각 1인과 기관 2인을 두고 殿에는 通事舍人 2인·給

5) 《高麗史》 권 75, 志 29, 選擧 3, 銓注 選法.

事 20인을 두었다. 충렬왕이 부에 丞 1인·指諭와 行首 각각 2인·牽龍 4인·侍衛軍 50인·守護員 2인을 두었고, 전에는 書題 2인을 두었다. 공민왕이 관계를 고쳐 부에 左右司尹을 두어 정3품으로 하고 승·주부·사인을 정7품, 녹사를 정9품으로 하였다. 또 혹은 左右司禁을 두고 小府에는 司尹을 두지 않았다(《高麗史》 권 77, 志 31, 百官 2, 諸妃主府).

ⓛ 제왕자는 반드시 부를 두고 요속을 갖추었다. 문종이 관제를 정하여 제왕부에 전첨 1인으로 하되 종8품으로 하고, 녹사 1인으로 하되 종9품으로 하고, 서예 1인을 두었다. 충렬왕 34년에 충선왕이 관제를 고쳐 왕자부에 翊善 1인을 두되 정5품으로 하고 伴讀 1인으로 하되 정6품으로 하고 直講 1인으로 하되 종6품으로 하고 記室參軍 1인으로 하되 정7품으로 하였으며, 왕비의 아버지 및 공주에게 장가든 자도 또한 부를 세워 전첨과 녹사를 두었다(《高麗史》 권 77, 志 31, 百官 2, 諸王子府).

종실도 제왕자와 같이 봉작과 함께 부를 세웠음이 분명하나 기록에 자세하지 않다. 그러나 그것은 기록에 자세하지 않을 뿐 부를 설치한 것은 사실이다. 《高麗史》 列傳 宗室條에 단편적으로 보이는 부에 대한 사례는 다음과 같다.

2. ㉠ 大寧侯 暻(인종의 둘째 아들)…재상 崔惟淸·文公元·庾弼 등이 閤門에 엎드려 청하기를 '鄭叙가 대녕후와 서로 교분을 맺고 그 집에 맞이하여 유락유희하니 죄를 용서치 못할 것입니다'라 하고, 어사대도 또한 정서가 종실과 결탁하여 밤에 모여 잔치를 베푼다고 하므로 왕(의종)이 대녕부를 폐하였다(《高麗史》 권 90, 列傳 3, 宗室 1, 大寧侯 暻).

ⓛ 始陽侯 珆(원종의 둘째 아들)는 원종 4년에 이름을 하사하여 元服(남자의 성년례)을 가하고 봉하여 후를 삼았다. 부를 시양이라 하여 전첨·녹사 각각 1인씩을 두었다(《高麗史》 권 91, 列傳 4, 宗室 2, 始陽侯 珆).

㉢ 順安公 琮(원종의 셋째 아들)은 원종 4년에 이름을 하사하여 元服을 가하고 봉하여 후를 삼았다. 부를 대녕이라 하여 전첨·녹사 각각 1인씩을 두었다. … 충렬왕 3년에 內侍 梁善·大守莊 등이 무고하기를 '慶昌宮主(琮의 어머니)가 그의 아들 종과 함께 꾀하여 장님 승려 終同으로 하여금 왕을 저주케 하며 공주(원나라의)에게 장가들어 왕을 삼고자 한다'라고 하므로 慶昌宮主를 폐하여 서인을 삼고 종과 종동은 섬으로 귀양보냈다가 같은 왕 11년에 소환되었고 같은 왕 21년에 부를 열고 관속을 두었다(《高麗史》 권 91, 列傳 4, 宗室 2, 順安公 琮).

㉣ 江陽公 滋(충렬왕의 장자)는 장자였으나 공주의 소생이 아니므로 세자가 되지 못하고 충렬왕 5년에 충청도 牙州 東梁寺에 보내져 세자를 피하게 하였다가 동왕 9년에 소환되어 뒤에 봉하여 公이 되고 부를 열어 관속을 두었다(《高麗史》 권 91, 列傳 4, 宗室 2, 江陽公 滋).

위의 사례들 가운데 1에서 왕의 諸妃와 諸主는 반드시 전을 세우고 부를 두도록 되어 있으며, 여러 왕자도 반드시 부를 세우도록 되어 있음을 알 수 있다. 그리고 2에서 종실은 봉작과 함께 부를 세웠음을 알 수 있으나, 어떠한 처벌을 받게 되면 봉작의 삭탈과 함께 그것이 폐지되었음도 알 수 있다(2~㉠㉣).

원훈중신의 부를 세운 것에 관한 사례를 들어보면 앞에서도 들은 것과 같이 강감찬이 천수군개국후에 봉하여졌고, 이자연이 경원군개국공, 김부식이 개국후, 김방경이 상락군개국공에 봉하여졌으나, 부를 세웠다는 기록이 보이지 않는다. 다만 이자겸·최충헌·최우 등은 봉작과 함께 부를 세웠다는 것이 기록에 보인다. 이것을 열거하면 대략 다음과 같다.

3. ㉠ 이자겸을 책봉하여 亮節翼命功臣·領門下尙書都省事·判吏兵部事·知西京留守事·朝鮮國公 食邑八千戶 實封二千戶로 하고 부를 崇德이라 이름하여 소속 관원을 두고 宮을 懿親이라 하였다(《高麗史》 권 129, 列傳 40, 叛逆 1, 李資謙).
   ㉡ (1) 희종 원년에 최충헌에게 特進訏謀逸德安社濟世功臣·門下侍中·晋康郡開國侯 食邑三千戶 實封三百戶를 제수하였다(《高麗史》 권 21, 世家 21, 희종 원년 12월 및 권 129, 列傳 42, 叛逆 3, 崔忠獻).
   (2) 희종 2년에 詔하기를 '문하시중 진강후 최충헌은 先君이 정무를 보던 때와 과인이 왕통을 계승한 초기부터 지금에 이르기까지 정성을 다하여 보좌하여 큰 공업이 있으니 부를 세워 상격을 높일 것이다'라 하고 禮司와 추밀원에 명하여 도감을 세우고 사신을 보내어 충헌을 책봉하여 진강후를 삼고 부를 세워 홍녕이라 하여 소속 관원을 두고 홍덕궁을 이에 소속시켰다(《高麗史》 권 129, 列傳 42, 叛逆 3, 崔忠獻).
   (3) 왕이 (최)충헌에게 中書令·晉康公을 더하니, 충헌이 사양하고 받지 않았다. 이듬해 (희종 3년)에 다시 중서령·진강공을 삼으니, 충헌이 말하기를 '公이란 5등의 우두머리요, 중서령은 人臣의 극입니다'라고 하며 사양하고 받지 않았다(《高麗史》 권 129, 列傳 42, 叛逆 3, 崔忠獻).
   (4) 왕(강종)이 (최)충헌의 홍녕부를 고쳐 진강부라 하였다(《高麗史》 권 129, 列傳 42, 叛逆 3, 崔忠獻;《高麗史節要》 권 14, 강종 원년 1월).
   ㉢ (1) (고종) 8년에 최우를 진양후에 봉하였으나 굳이 사양하고 받지 않았다(《高麗史》 권 129, 列傳 42, 叛逆 3, 崔忠獻 附 怡).
   (2) (고종) 21년에 왕이 최우의 강화로 천도한 공을 논하여 후에 봉하고 부(진양부)를 세우고자 하자 백관이 모두 그 집에 가서 하례하였다. 이에 최우가 조서를 맞을 예물이 갖추어지지 않았다고 하며 사양하자, 州郡

에서 다투어 선물을 보내므로 드디어 봉하여 晋陽侯를 삼았다(《高麗史》 권 129, 列傳 42, 叛逆 3, 崔忠獻 附 怡).

(3) (고종) 29년에 최우에게 식읍을 더하고 작을 올려 公(진양공)을 삼았다(《高麗史》 권 129, 列傳 42, 叛逆 3, 崔忠獻 附 怡).

㉣ (1) (고종 37년) 강화의 중성을 쌓은 공으로 왕이 최항을 문하시중을 삼고 진양후에 봉하여 부를 열게 하였으나 사양하고 받지 않았다(《高麗史》 권 129, 列傳 42, 叛逆 3, 崔忠獻 附 沆),

(2) (고종 38년) 왕이 최항을 후에 봉하고 부를 세우고자 하였으나 또한 사양하고 받지 않았다(《高麗史》 권 129, 列傳 42, 叛逆 3, 崔忠獻 附 沆).

(3) (고종 40년) 왕이 최우에게 작호를 더하게 하고 최항에게는 후에 봉하고 부를 세우게 하며 그의 죽은 어머니에게는 봉작을 더하게 하였다(《高麗史》 권 129, 列傳 42, 叛逆 3, 崔忠獻 附 沆).

(4) (고종 41년) 왕이 조를 내리기를 '시중 최항은 가업을 계승하여 임금을 바르게 하고 난을 제압하였으며…진실로 세상에 드문 큰공을 세워 짐이 크게 칭찬하는 바이니 그 有司로 하여금 부를 열고 식읍을 더 봉하고 죽은 어머니에게 봉작을 더하고 두 아들에게 벼슬을 높일 것이다'라고 하였으나 최항이 사양하고 받지 않았다(《高麗史》 권 129, 列傳 42, 叛逆 3, 崔忠獻 附 沆).

위의 ㉠은 이자겸의 사례가 되고 ㉡은 최충헌의 사례가 된다. 한편 ㉢은 최우의 사례가 되고 ㉣은 최항의 사례가 되나, 최항의 ㉣(3)을 보면 封爵立府가 행해졌으나 다음 기사인 ㉢(4)를 보면 최항은 끝내 봉작입부를 사양하여 받지 않았던 것이다.

2) 정 방

최씨정권의 지배기구로 최충헌대에 도방과 교정도감 그리고 진강부가 설치된 데에 이어 최우(이)대에는 정방 및 서방·삼별초·마별초 그리고 진양부 등이 설치되었다. 정방은 최우가 고종 12년(1225)에 그의 사저에 설치한 인사행정 즉 銓政을 취급하던 기구였으며, 최우 이후에도 역대 권신들에 의하여 계승되었다. 또 정방은 무신정권이 몰락된 후에도 오랫동안 존속되면서 변태적인 국가기구로 변하여 고려 말기에 이르는 동안 그 존폐가 거듭되었으며 知印房 또는 箚子房의 이름이 붙여지다가 창왕 때 尙瑞司로 개편되었다.

정방의 설치는 최씨정권의 기반이 그만큼 강화된 것을 뜻하기도 하여 여기에 대하여《高麗史》選擧志 銓注條에는 다음과 같이 설명하고 있다. 즉 고종 12년(1225)에 최우가 사저에 정방을 설치하고 백관의 전주를 행하였는데, 문사를 뽑아 이에 속하게 하여 그 이름을 必闍赤(Biteshi)라 하였다는 것이다. 종전까지만 해도 이부에서는 문관의 인사를, 병부에서는 무관의 인사를 맡아 관리의 재직한 연수와 근태·공과·재주의 여부 등의 성적을 문서에 기록하였다. 그 문서를 정안이라 하여 이에 의하여 인사를 처리하되, 중서성에서 왕에게 상주하고 문하성에서 왕의 결재를 받아 인사를 행하였다. 최충헌이 집권하여 부(진강부)를 설치한 후부터는 정안을 사사로이 취하여 인사의 처리를 마음대로 행하였다. 그의 요좌로서 승선이 되면 政色承宣이라 하고, 그 승선이 된 자가 3품관일 때는 政色尙書라 하며, 4품관 이하일 때는 政色少卿이라 하였다. 그 아래에서 서기의 직을 맡은 자는 政色書題라 하여 이들이 모이는 곳을 정방이라 하였다는 것이다.

한편《高麗史》崔忠獻傳 안의 崔怡傳에는 정방에 대하여 다음과 같이 설명하고 있다. 고종 12년 백관이 최우(이)의 사저에 가서 정안을 올리면 그는 마루에 앉아 이것을 받았는데, 이때 6품 이하관은 마루 아래에서 재배하고 땅에 엎드려 감히 올려 보지 못하였다 한다. 이로부터 최우는 정방을 사저에 설치하고 문사를 뽑아 이에 속하게 하여 그 이름을 必闍赤라 하고 백관의 전주를 처리하여 批目에 써서 왕에게 올리면 왕은 다만 이를 결재하여 내릴 뿐이었다는 것이다.

이것이《高麗史》에 보이는 정방 설치와 그 내용에 대한 설명인데 이를 통하여 최씨정권의 권력기구로서의 인사행정기관인 정방이 고종 12년에 최우에 의하여 설치되었음을 알 수 있다. 그리고 최씨정권에 의한 백관의 인사행정은 이미 최충헌 때부터 시작되었음을 짐작하게 해주며, 최우의 정방 설치는 결국 최충헌 이래의 백관의 인사행정을 최씨정권의 지배기구 속에 구체화·제도화한 것에 불과한 것임을 알 수 있는 것이다.

위의 설명을 통하여 정방은 문사들을 뽑아 들여 이들을 必闍赤라 하여 사무를 보게 하였다는 것을 알 수 있는데, 이러한 문인의 등용은 무신정권의 성격으로 볼 때 주목을 끄는 일이라 하겠다. 여기에서「必闍赤」라 함은 문사를 의미하는 몽고어로 몽고의 영향을 받은 뒤에 생겨진 것이 분명하다.

한편 정방의 직제로 政色承宣·政色尙書·政色少卿·政色書題 등이 있었음을 알 수 있다. 여기에서 '政色'이라 함은 인사행정 담당을 뜻하는 것이 되며, 승선은 왕명의 출납을 맡는 정3품직이며, 상서는 6부의 우두머리 관직으로 정3품, 소경은 諸寺의 관직으로 정4품이 된다. 정방의 그것은 정부조직의 그것으로 설치되지 않는 것은 두말할 것도 없다.

정방의 승선에 대하여 李齊賢이《櫟翁稗說》前集 1에서 "최씨의 요좌로 승선이 된 자가 궁궐에 들어가서 왕에게 아뢰면 왕은 하는 수 없이 이에 좇았다"라고 한 것을 보면, 정방의 승선은 인사행정 즉 전정에 있어서 왕에게 아뢰는 일을 맡았음을 알 수 있다.

이렇게 설치된 정방은 일국의 인사행정을 오로지 하였는데,《櫟翁稗說》권 9의 "백관의 陞黜(進退)은 모두 정방으로 하여금 注擬하게 하였는데, 왕에게 올리면 왕은 하는 수 없이 모두 이를 옳다고 하여 시행하였으며, 재상은 말도 못하고 두 손을 맞잡고 문서를 받들어 행할 뿐이었다"라고 하는 것으로 미루어 보아 최씨정권의 초왕권적 실력행사의 정도를 알 수 있다.

최씨정권에 의하여 전정(인사행정)이 전단된 것은 이미 최충헌 때부터였고, 최우의 정방 설치로 한층 더 강화되었다. 그러나 권신에 의한 전정에의 간여는 이미 무신정권 초기부터 있었던 일이다. 즉 명종 3년(1173)에 무신정권은 東北面兵馬使 金甫當의 반기를 평정시키고 나서 3경·4대도호부·8목을 비롯하여 군·현·관·역에 이르기까지의 관직을 무신으로써 독점케 하였다.[6] 이 조치는 물론 왕명에 의한 것이지만 무신정권의 강박에 의하여 취하여진 것이 분명하므로, 무신집정의 전정에의 간여가 무신정권 초기부터 있었던 것을 알 수 있다. 무신정권 초기의 전정에의 간여는 이외에도 重房에서도 행하여졌다. 즉 명종 13년(1183)에 중방이 동반(문관)의 관직을 생략하여 줄일 것을 상주한 것으로 보나,[7] 명종 7년에 중방이 상주하여 동북양계의 州鎭의 판관은 무관으로서 보직하지 않게 하였다는 것[8] 등으로 보면 중방이 전정에

6)《高麗史》권 19, 世家 19, 명종 3년 10월.
7)《高麗史》권 20, 世家 20, 명종 13년 5월.
8)《高麗史》권 19, 世家 19, 명종 7년 4월.

깊이 간여하였던 것을 알 수 있다.

그러나 최충헌이 집권하고 나서는 직접 인사행정에 간여할 뿐만 아니라 전정을 전단하기에 이르렀고 왕은 형식을 갖추는 존재밖에는 되지 못하였다. 즉 최충헌은 李義旼 일당을 제거하고 나서 명종에게 封事 10條를 올렸는데, 그 가운데 "廩祿이 부족한데 冗官이 많음은 古制에 어긋나니, 고제에 따라 정리하여 적당히 제수하십시오"[9]라는 내용은 이미 전정에 돌리고 나서 왕의 추인을 받은 것에 다름 아님을 보여 준다. 그리하여 그는 문무관의 전주권을 장악하게 되어 신종 2년(1199)에는 병부상서로서 知吏部事를 겸하여 아침에는 병부에 가고 낮에는 이부에 가서 문무관의 전주를 행하였다는 것이다.[10] 이것을 보면 이 때는 그나마 합법적인 형식을 통하여 문무관의 전주권을 장악하였다 할 것이다. 그것은 앞에서 본 바와 같이 원래의 전주의 절차가 문관은 이부, 무관은 병부에서 그 성적을 매겨 중서성에 보고하면 중서성에서는 왕에게 상주하고 문하성에서 결재를 받아 처리하였던 것으로 보아 그러하다.

그러나 최충헌은 이것으로 만족하지 않았다. 신종 5년에 최충헌은 사저에 있으면서 처음으로 內侍員外郎 盧琯과 함께 문무관을 注擬하여 왕에게 상주하였는데, 왕은 이에 대하여 머리를 끄덕거려 승낙하고 이부와 병부의 判事는 政堂에 앉아서 다만 검열을 할 뿐이었다. 최충헌이 전정을 독단하자 청탁과 뇌물을 공공연히 주고받게 되었다는 것이다.[11] 이리하여 최충헌은 사저에서 한 나라의 전주권을 전단하였던 것으로, 이것을 보면 최우 때의 사저에 설치한 정방은 새삼스러운 것이 아님을 알 수 있다.

더욱이 최충헌은 전정을 오로지 하여 그 시행하는 시기도 일정하지 않았고 자신의 필요에 따라 마음대로 행하였다. 《高麗史節要》에는 고종 5년(1218)에 행한 都目政(都目政事 : 관리의 인사행정)에 대하여 다음과 같이 기록하고 있다. 즉 "종래의 제도에는 도목정을 매년 12월에 행하였는데, 최충헌이 집권하고 나서는 벼슬을 팔았으나 근래에 전란으로 인하여 뇌물을 바치고 벼슬을 구하는 자가 없으므로 전란을 핑계 삼아 도목정을 미루었다. 이에 이르

9) 《高麗史》 권 129, 列傳 42, 叛逆 3, 崔忠獻.

10) 위와 같음.

11) 위와 같음.

러 모든 순서를 어기고 전쟁에 공로가 있다고 빙자하여 뇌물을 바친 자에게 벼슬을 주고 공로가 있는 자라 하더라도 뇌물을 바치지 않으면 벼슬을 주지 않았다"는 것이다.[12] 이러한 점으로 미루어 볼 때 벼슬이 뇌물에 의하여 좌우되었고, 최충헌의 필요에 따라서는 도목정이라는 종래의 제도를 무시하고 마음대로 시기를 정하여 처리하였던 것을 알 수 있다.

도목정에 대하여는《高麗史》選擧志 銓注條에 "舊例에는 頒政을 6월에 하는 것을 權務라 하고 12월에 하는 것을 大政이라 하였는데, 이부와 병부의 판사가 여러 요좌와 함께 본부에 모여 공이 있는 자를 올리고 죄가 있는 자를 물리치되 왕명을 받고, 이때를 지나면 비록 결원이 있어도 이를 보충하지 않았다"라고 되어 있다. 곧 도목정은 6월과 12월 두 번 베풀어져, 6월의 것은 權務(政)라 하여 임시성을 띤 것이었고, 12월의 것은 大政이라 하여 기본적인 것이었다. 이 두 도목정이 아니고는 비록 결원이 생기더라도 인사의 행정처리를 하지 못하였던 것이다. 그럼에도 불구하고 최충헌은 이러한 옛 제도를 무시하고 언제나 마음대로 인사발령을 내렸다.

이러한 최충헌의 전단이 결국 정방의 설치로 나타난 것은 당연한 귀결이었다. 정방이 최씨정권의 지배기구의 하나로 일국의 전정을 전단하였기 때문에 그 위세는 하늘을 찌를 듯이 높았다. 따라서 벼슬을 하여 출세하고자 하는 자는 정방에서 근무하는 것이 둘도 없는 소망이었고, 또 그렇게 함으로써 실제로 출세의 길이 크게 트여 영달할 수 있었던 것이다. 朴暄이 과거에 급제하여 최우의 가신이 되어 총애를 받다가 몇 해도 안되어 요직에 올라 정방에 들어가 조야를 진동시킬만한 권세를 누렸다는[13] 것만으로도 그것을 알 수 있다.

이처럼 정방은 최씨정권이 몰락된 뒤에도 오랫동안 존속하면서 그 권능을 발휘하였다. 최씨정권을 몰락시킨 大司成 柳璥이 왕에게 아뢰어 정방을 便殿 근처에 두고 전주를 맡게 하여 국가의 모든 기무를 처리하게 하였다는[14] 것으로 보나, 또《櫟翁稗說》前 1에서 "柳文正公 璥은 김인준(김준)과 함께 최의를 죽인 뒤에 정권을 왕실에 돌리고, 정방을 폐지하지 않고 왕실의 중요 기관으로 삼아 권문이 붙인 명칭을 그대로 이어 받았으니 가히 개탄스러운

12)《高麗史節要》권 15, 고종 5년 정월.
13)《高麗史》권 125, 列傳 38, 姦臣, 朴暄.
14)《高麗史》권 105, 列傳 18, 柳璥.

일이다"라고 한 것은, 정방이 최씨정권이 몰락된 뒤에 변태적이나마 일단 국가기관이 되어 종전과 같이 전정을 담당하였음을 알 수 있게 해준다. 그러나 정방이 국가기관이 되었다고 하더라도 김준·임연 등이 권력을 잡음으로써 또한 그들에 의하여 조종되었을 것이 분명하다. 정방이 그나마 국가기관으로 기능을 발휘하게 된 것은, 임유무가 피살됨으로써 무신정권이 완전히 막이 내려진 이후의 일로 보인다.

본래 정방은 최우가 사저에 설치하였던 최씨정권의 사적 기관이었다. 그러나 정방에는 정색승선·정색소경·정색서제 등 정식관직에 준하는 인원으로 채워져 있었고, 또 직접 정안에 따라 전주를 관장하여 국왕의 결재를 받은 것으로 보아 공적기구의 일면도 가지고 있었다. 이러한 정방이 완전히 국가기관으로 된 것은 최씨정권이 몰락한 이후부터였다. 그후 정방은 고려 말기 창왕 때 상서사로 개편될 때까지 그 폐단에 대한 논란이 끊이지 않았고 존폐를 반복하였다. 그 존폐는 왕권의 강약에 비례하였던 것으로 왕권이 강할 때는 폐지되었다가 반대로 臣權이 강할 때는 부활되는 양상을 띠었다.

《高麗史》 百官志 諸司都監各色條에서 상서사에 대한 설명을 보면 "尙瑞司는 곧 정방으로 지인방 혹은 차자방이라고도 칭하다가 辛昌(창왕)이 고쳐 상서사라 하였다"라 하였고, 관원은 판사 4인으로 하되 양부(재추)가 겸하고, 尹 1인으로 하되 代言이 이를 겸하며, 少尹 1인, 승·주부·직장·녹사 각각 2인씩으로 하되 모두 타관으로써 이를 겸하게 하였다는 것이다. 이처럼 정방은 창왕때 상서사로 개편되었는데, 그 개편은 종래의 정방이 최씨정권 몰락 후 변태적으로 운영된 데 대한 우려에서였다. 어떻든 이후 상서사는 정식 국가기관이 되었다는 데서 그 의의를 찾을 수 있다.

한편 위에 보이는 정방을 '知印房' 혹은 '箚子房'이라 하였다는 것은 공민왕 때에 해당되는 것으로 생각된다. 왜냐하면 공민왕 원년(1452)에 정방을 폐지하였다는 기록과 공민왕 5년 6월에 정방을 영원히 폐지하라는 왕명이,[15] 보일 뿐, 공민왕 일대에 그것을 부활하였다는 기록이 보이지 않으며, 공민왕 6년 12월에 전정을 이부와 병부에 복구시켰다는[16] 기록이 보이기 때문이다.

---

15) 《高麗史》 권 75, 志 29, 選擧 3, 銓注 選法.

16) 위와 같음.

이 기록을 검토할 때, 그 동안 정방이 부활되지 않았다 하더라도 그것과 유사한 기관이 설치되어 전정을 행사하였을 것임을 짐작할 수 있다. 그 유사한 기관이란 바로 지인방 또는 차자방이었던 것으로 생각되며, 이렇게 새 명칭을 사용하게 된 것은 일단 폐지한 정방을 그 명칭 그대로 부활시키기를 꺼려한 데에 원인이 있었던 것으로 보인다. 이러한 것을 뒷받침하여 주는 기록으로는 우왕 원년(1375) 10월에 차자방을 폐지하였다는 것을 들 수 있다.[17)]

그러면 정방이 상서사로 개편된 이유는 무엇일까. 역시 그것은 정방의 폐단에 따른 결과로 여겨진다. 《高麗史》 選擧志 銓注 選法條에 "충렬왕 초에 승선 朴恒이 전주를 맡아 비로소 궁궐에 유숙하였다가 제수를 마치고 나왔다. 옛날에는 정방의 관원이 매양 제수를 당하면 새벽에 들어갔다가 저녁에 나왔으므로 사사로이 면회를 청하는 자가 문에 가득 차더니 이에 이르러 고쳐졌다"라고 한 것[18)]을 보아서도 정방을 통한 전정의 폐단이 극심하였던 것을 알 수 있다. 또 李齊賢이 충선왕에게 권신이 망하였는데도 아직 정방이 남아 있으므로 전정을 잡은 승지는 재상보다도 권세가 크다고 호소하여 마침내 문관의 인사는 典理司에, 무관의 인사는 軍簿司에 돌리게 되었다는[19)] 것을 보아도 짐작할 수 있다. 이렇게 정방은 국가기관이 된 뒤에도 전정에 강력한 작용을 하여 그 권세는 재상을 능가할 정도로 그 폐단이 컸었다. 그리하여 충렬왕 24년(1298)에 새로 즉위한 충선왕은 정방을 폐지하여 전정을 한림원에 맡기고 학사 崔旵 등 4인과 승지 金昇에게 전주를 맡게 하였다.[20)] 곧이어 충선왕은 詞林院(전의 한림원)을 중심으로 전주를 비롯한 개혁정치를 단행하였는 바 새로 전주를 맡게 된 이들은 신진사류들이었다.

이렇게 충선왕이 정방을 폐지하고 전정을 신진사류층에 맡기게 된 이유는 정방의 폐단이 컸기 때문이기도 하였지만, 무엇보다도 기존의 권문세력을 억제하기 위해서였다. 충선왕은 일찍이 볼모로 원나라에 갔다가 충렬왕 24년에 나이가 많은 부왕 충렬왕의 양위를 받아 즉위하였다. 그는 대륙에서 성장하였기 때문에 포부도 크고 식견도 높았을 뿐만 아니라 과단성과 적극성이 풍

17) 《高麗史》 권 75, 志 29, 選擧 3, 銓注 選法.

18) 위와 같음.

19) 《益齋亂藁》 권 9, 上.

20) 《高麗史》 권 33, 世家 33 충선왕 즉위년 4월 및 권 75, 志 29, 選擧 3, 銓注 選法.

부하였다. 그리하여 그는 과감하게 옛 폐해를 개혁하여 널리 인재를 등용하고 田民兼倂을 살펴 문책 또는 금지하여 維新의 정치를 베풀려고 하였다. 그러나 이러한 유신의 정치는 권문세가와 이해관계가 상반되었기 때문에 그들의 무고로 1년도 못되어 원나라에 소환됨으로써 충렬왕이 그 뒤를 이어 다시 왕위에 오르게 되었다.

충선왕이 왕위에 오르자 옛 폐해에 젖은 정방을 폐지하고 젊고 뛰어난 인재를 등용하여 낡은 기성세력을 억제하려 하였던 것은 너무나 당연한 일이었다. 충렬왕은 재즉위한 지 10년만에 세상을 떠나자 충선왕이 다시 즉위하게 되었고, 그 5년만에 왕위를 충숙왕에게 물려주었다.

그러나 충숙왕은 어리석고 음탕하며 사냥으로 일을 삼아 정사를 돌보지 않았으므로 群少의 무리들이 날뛰고 정치는 어지러웠다. 게다가 권문세가는 토지와 노비를 강탈하고 백성들은 조세와 부역에 시달려 유민으로 화했으며, 전정은 더욱 문란하여졌고 왕이 口傳으로 관리를 임명하는 이른바 口傳授職이 행하여졌다.

충숙왕이 즉위하면서 신구의 대립이 생기자 기성세력은 신진세력을 몰아내어 권력을 잡음으로써 정방이 다시 부활되었다. 즉 충숙왕 7년(1320)에 정방을 다시 설치하여 대언 安珪로써 전주를 맡게 하고 右常侍 林仲沇·議郎 曺光漢·應敎 韓宗愈 등으로 하여금 이에 참여하게 하였던 것이다.[21] 이처럼 기성세력이 다시 권력을 잡으면서 부활된 정방은 참신한 운영을 기할 수 없었다. 당시의 부패와 전정에 대하여《高麗史節要》에 다음과 같은 기록이 있다. 즉 충숙왕 16년 9월에 원나라의 사신 完者가 왔는데, 그의 족당이 고려에 있었으므로 그에게 벼슬을 주기 위하여 內臣密直 金之鏡·大司成 高用賢·右副代言 奉天祐 등에게 전주를 맡게 하였다. 그런데 이때 內臣 申時用이 정방에 가서 김지경에게 꾸짖기를 "오늘 벼슬을 제수하는 것은 사신을 위한 것인데, 어찌 너희들이 벼슬을 팔면서 나의 자손에게는 벼슬을 시키지 않느냐"라고 하였다. 마침 벼슬을 잃은 자들이 뜰에 있었는데, 신시용은 그들을 바라보고 또한 꾸짖기를 "너희들은 돈이 없으니 누구를 원망하겠느냐"라고 하였다. 벼슬을 얻고자 하는 자들이 운집하므로 김지경 등은 밤마다 여염집에 숨어서 주의하였

---

21)《高麗史》권 35, 世家 35, 충숙왕 7년 12월 및 권 75, 志 29, 選擧 3, 銓注 選法.

다. 상장군 申丁이 벼슬을 청하였는데 이루어지지 않자, 그는 김지경 및 봉천우에게 "왕의 총명을 가리고 제수를 마음대로 하는 것은 그 무슨 짓이냐. 참으로 돈이 없는 자는 벼슬을 구하지 못할 것이다"라고 꾸짖으니 그들은 대답을 하지 못하였다. 批目이 내려지자 일을 처리하는 자들이 앞을 다투어 뭉기고 고쳐 써서 분별하기 어렵게 되니 일반에서는 이를 「黑冊政事」라고 하였다. 이와 비슷한 내용은 《高麗史》의 選擧志 銓注 選法條와 列傳 金之鏡傳에도 보인다.

정방을 중심으로 한 전정이 문란하였음을 실감케 한다. 국왕으로부터 인사발령의 문서가 내려지게 되면 일을 처리하는 자들이 뭉기고 고쳐 써 마치 어린이가 글씨 연습을 하는 기름종이(黑冊)처럼 만들어 인사행정을 함으로써 흑책정사라는 이름까지 생기게 되었다는 것이니 참으로 어처구니 없는 일이었다.

이렇게 정방의 폐단이 커지자 충혜왕 후 5년(충목왕 즉위년, 1344)에 정방을 폐지하고 전정을 전리사(문관 인사)와 군부사(무관 인사)에 돌리고 京畿의 祿科田을 모두 본래의 전주에게 돌려주었다.[22] 이는 기성세력을 억제하기 위한 것이지만, 정방의 존폐가 기성세력의 성쇠와 항상 그 흐름을 같이 하였던 것을 또다시 확인하여 주는 것이 된다. 그러나 이때만 하더라도 변변치 못한 왕이 등장하고 친원세력이 날뛰던 때였으므로, 기성세력의 쇠퇴로 폐지되었던 정방은 얼마 가지 않아 다시 설치되었다.[23] 政丞 王煦가 정방을 폐지하려다가 기성세력의 반대에 부딪혀 파면을 당하였다.[24]

그러나 공민왕 원년(1352) 2월에 정방을 폐지하여 문무관의 전정을 전리사와 군부사에 돌리는 한편 정방의 부활을 청하는 趙日新을 사직케 하고, 정방에 있으면서 사사로이 사람들에게 40여 건의 벼슬을 주었던 大護軍 成士達을 투옥하였다.[25]

공민왕 원년에 정방이 폐지되었다고 하였으나 다음의 사실들은 이를 의심하게 한다. 곧 공민왕 5년(1356)에 李穡이 원나라에서 돌아와 왕에게 올린 時

22) 《高麗史節要》 권 25, 충혜왕 후 5년 12월.
《高麗史》 권 75, 志 29, 選擧 3, 銓注 選法 및 권 78, 志 32, 食貨 1, 經理.
23) 《高麗史》 권 37, 世家 37, 충목왕 원년 정월.
24) 《高麗史》 권 37, 世家 37, 충목왕 원년 12월.
25) 《高麗史》 권 38, 世家 38, 공민왕 원년 2·9월.
《高麗史節要》 권 26, 공민왕 2년 2·3·9월.

政 8事 가운데 정방을 폐지하고 이부와 병부의 전정을 회복할 것을 말한 것이 있는데, 왕은 이를 받아들여 그를 이부시랑 겸 병부낭중을 삼아 문무관의 전주를 맡게 하였다.[26] 또 때를 같이하여 왕이 "정방은 권신으로부터 설립되었으니, 어찌 조정에서 사람에게 벼슬을 주는 뜻이 되리요. 이제 마땅히 영구히 폐지하고 그 3품 이하관은 재상으로 더불어 함께 진퇴를 결정하게 하고 7품 이하 관은 이부와 병부에서 헤아려 보고하도록 하라"[27]는 교서를 내렸다. 이는 그 동안 정방이 일시나마 부활된 사실을 보여주지만, 기록에는 그것이 뚜렷하게 보이지 않는다.

공민왕 때 정방의 존부에 대한 이러한 애매한 기록으로는 "공민왕 6년 12월에 전정을 다시 이부와 병부에 돌렸다"[28]라는 내용이 있다. 이것을 보면 이때까지 전정을 이부와 병부가 아닌 다른 부서에서 행사하였다는 것이 되어 정방의 존재를 시사하여 준다. 또 공민왕 15년(1366) 4월에 좌간의대부 鄭樞·좌정언 李存吾가 상소하여 辛旽을 맹렬히 비난한 것이 빌미가 되어 정추는 東萊縣令, 이존오는 長沙縣監으로 좌천되었는데,[29] 동왕 20년 5월에 이존오가 죽고 그해 7월에 신돈이 주살되자 왕은 이존오의 충성을 생각하여 손수 글을 정방에 내려 그의 아들 李安國을 掌車直長에 임명하였다.[30] 앞에서와 같이 여기에서도 정방의 존재를 말하고 있으나, 그 동안 정방이 부활되었다는 기록 역시 보이지 않는다. 그렇다면 위에서도 말한 것과 같이 정방이 공민왕 원년에 폐지된 것은 사실이나 그 후 부득이 하여 부활하기는 하였으되 종전의 명칭을 피하여 지인방 또는 차자방이라 칭하여 전정을 주관하였던 것으로 보여진다. 그러나 그 폐단은 조금도 시정되지 않아 우왕 원년(1375)에 사헌부에서 차자방(정방)을 제지하고 문무관의 전정을 이부와 병부에 돌릴 것을 청하였으며[31] 마침내 창왕 즉위년에 정방(차자방)을 상서사로 개편하였던 것이다.[32] 이로써

26) 《高麗史》 권 115, 列傳 28, 李穡.
27) 《高麗史》 권 75, 志 29, 選擧 3, 銓注 選法.
28) 위와 같음.
29) 《高麗史》 권 41, 世家 41, 공민왕 15년 4월.
30) 《高麗史》 권 112, 列傳 25, 李存吾.
31) 《高麗史》 권 75, 志 29, 選擧 3, 銓注 選法.
《高麗史節要》 권 30, 신우 원년 10월.
32) 《高麗史》 권 77, 百官 2, 諸司都監各色 尙瑞司.

보면 고려 말에는 정방의 폐지·복구의 악순환이 계속되고 그 이름도 차자방, 지인방으로 불리웠던 듯하다.

이렇게 공민왕 원년에 정방을 폐지하였음에도 불구하고 그 후 다시 설치하게 된 것은 권문세가의 세력이 그만큼 작용하였다는 것이 되며, 창왕 때 정방을 상서사로 개편하여 정식 국가기구로 편입, 권문세가의 전정에의 간여를 어느 정도 봉쇄한 것은 신진세력의 대두로 말미암은 것으로 생각된다. 이 상서사는 역시 전정에 관여하다가 조선시대로 계승되어 符印·除拜 등을 맡았으며 그 뒤 寶璽·符牌·節鉞을 맡는 尙瑞院으로 정착되었다.

이 정방에서는 문인들이 실무를 담당하였다. 최씨정권 특히 최우 때는 정방을 설치하고 거기에 문인을 등용하여 必闍赤라 하여 전주를 맡게 하였으며, 또 뒤에서 말할 서방을 설치하여 문인들로 하여금 숙위하게 하는 등 종래의 무신정권에서 볼 수 없는 문인 중용정책을 썼다. 그리하여 최씨문중을 통하여 많은 문인이 배출되었는데, 이들 가운데 李奎報·琴儀·金敞·朴暄 등이 특히 유명하였다.

최씨정권은 이미 최충헌 때부터 유능한 문사들을 많이 포섭·등용하고 그들을 우대한 반면 오히려 무신들을 억압하는 정책을 썼다. 고종 10년(1223)에 추밀원부사 吳壽祺가 일찍이 장군 崔愈恭·金季鳳·낭장 高守謙 등과 함께 중방의 여러 장수를 자기 집으로 초대하여 문신들을 모두 죽임으로써 사사로운 원한을 갚으려 하다가 일이 발각되어 白翎鎭將으로 좌천되었다가 죽음을 당하고, 최유공이 巨濟縣令, 김계봉이 溟州副使로 좌천되고 高守謙은 섬으로 귀양간 일이 있었다.[33] 또 그 이듬해 최유공과 김계봉이 대장군 李克仁과 함께 최우를 죽이려다가 일이 발각되어 최우는 그들을 잡아죽이고 그의 일당 50여 인과 함께 관련자 추밀원부사 金仲龜·상장군 咸延壽·李茂功·대장군 朴文備 등을 섬으로 귀양보냈다.[34] 이렇게 최우가, 문신을 대량 제거하려는 무신을 가차없이 숙청한 것은 그의 문사 포섭 및 등용정책과 무신억압 정책의 반영이라 할 것이다.

---

33) 《高麗史節要》 권 15, 고종 10년 정월.
《高麗史》 권 129, 列傳 42, 叛逆 3, 崔忠獻 附 怡.

34) 《高麗史節要》 권 15, 고종 11년 7월.
《高麗史》 권 129, 列傳 42, 叛逆 3, 崔忠獻 附 怡.

최우는 무신으로서 집권자이기는 하였지만 문학을 좋아하고 서예에도 능통하여 이른바 神品四賢(金生·坦然·崔瑀·柳伸)의 한 사람으로 꼽힐 정도의 인물이었다. 이러한 점에서 문사를 좋아하고 그들을 포섭하는 데에 힘썼다고도 할 수 있다. 또 이렇게 유능한 문사를 포섭 등용함으로써 그 자신의 정치적 기반을 더욱 공고히하려는 데에 그 목적이 있었던 것이다. 무신정권이 성립하면서 문신들이 학살 또는 은퇴로 대거 퇴진하고, 중앙과 지방의 중요 관직은 모두 무인이 독점하다시피 되었는데, 이 점에서 무신정권의 성격을 분명하게 알 수 있다. 그러나 무신들만으로는 실제에 있어서 정무수행이 불가능하였다. 이에 따라 무신정권은 기반이 취약했던 초기에는 문신세력을 제거하는데 무자비했지만, 무신정권을 확립한 최씨정권에 이르러서는 문신이 위험한 존재가 못되었으므로 도리어 그들을 우대하게 되었다. 이에 반해 무력을 가진 무신들을 위협적인 존재로 여겨 그들을 견제하는 정책변화를 꾀하였다.

이러한 사실들은 문신등용을 위한 科擧에 있어서도 나타나는 바 과거의 실시는 무신정권기에도 종전과 비슷하였을 뿐만 아니라 과거급제자의 수에 있어서는 종전보다 훨씬 많았다. 이것으로 보면 무신정권기 집권자들은 신진문신을 등용하는데 인색하지 않았다는 이야기가 된다.

무신정권은 그 성립단계에 있어서는 문신들을 제거한 듯하였지만, 그 반면에는 그 성립 초기부터 신진문인을 등용하고 있었다. 이것은 그 간 횡포를 부려오던 기성 문신세력을 제거하고 그 대신 무신정권 아래에서 정무 수행을 담당할 신진문인을 등용하는 일종의 신구세력의 교체 현상으로 해석할 수 있다. 이들 문신들은 비록 무신정권에 등용되었다고 하나 성격상 종래 문신정치기의 그들과 같을 수는 없었다. 그들은 단지 무신정권을 뒷받침하는 존재에 불과하였고 정치상의 요직과 권력은 전적으로 무인들에 의하여 독점되었던 것이다.

그럼에도 불구하고 무신정권기에 비록 권력은 가지고 있지 않았지만 재상직에까지 오른 문신도 적지 않았다. 예컨대 文克謙은 문신귀족 정치기에 正言으로 있으면서 왕의 총애를 받는 것을 기화로 횡포를 일삼던 宦者·術人 등의 비위를 직언한 것으로 이름이 나서 정중부의 난 때 죽음을 면하였을 뿐만 아니라 무신에게 포섭되어 재상이 되고 대장군을 겸하였다. 또 崔惟淸

은 經·史·子·集에 두루 능통한 학자로서 평소에 덕이 높아 사람들의 존경을 받아왔다고 한다. 정중부의 난이 일어나자 군사들은 서로 경계하여 그의 집을 침범하지 않았을 뿐만 아니라 그의 친척까지도 화를 면하게 되었고, 곧 무신정권에 포섭되어 재상의 자리를 그대로 유지하였다. 그리고 李知命은 群書에 통달하고 문장과 시를 잘하여 일찍이 과거에 급제하고 黃州書記를 거쳐 忠州判官이 되어 선정을 베풀어 백성들이 모두 감복하였다 한다. 때마침 정중부의 난이 일어나자 백성들이 그를 보호하여 화를 면하였을 뿐만 아니라, 또한 무신정권에 포섭되어 간관이 되었고 뒤이어 정당문학에 올라 영화를 누렸다.

무신정권은 그 초기부터 신진문인을 등용하여 정무상의 실무를 담당하게 하는 한편, 기성문신을 포섭하여 중용하기도 하였다. 그러나 최씨정권 때에 이르러서는 문인을 대량 요직에 등용하기 시작하여 최우 때는 정방 및 서방을 설치하여 문사들을 가까이하고 우대하였다. 이런 데서 문인이 다시 각광을 받아 저명한 문인들이 배출되기 시작하였다. 이것은 문무겸전을 꾀하는 최씨정권이 정권을 정화하기 위한 정책에서 비롯하였으며, 또한 시대적 변화에도 큰 원인이 있었다.

최씨정권 특히 최우 때는 무신정권 초기와는 사정이 크게 달랐다. 이 때는 무신정권 수립 후 이미 반세기를 지낸 때였으므로 무인에 대한 감정도 사라진지 오래이고, 문신귀족정치기의 문신의 횡포도 하나의 옛 이야기가 되고 말았다. 그 뿐만 아니라 무신정권 초기부터 등용하기 시작한 신진문인의 세력 성장도 무시할 수 없었다. 더욱이 이 때는 대륙에서 몽고가 새로 일어나 그와의 관계가 자못 복잡하였고, 끝내는 전쟁으로까지 발전하여 민족적인 일대 시련기를 맞게 되었다. 이러한 일대 시련기를 무인세력만으로 감당하기는 극히 어려운 일이었다. 그리하여 최씨정권은 지나친 무신세력을 견제하는 한편 미약하였던 문신을 보호하는 문무겸전의 정책을 취하게 되었다.

3) 서 방

최씨정권의 지배기구 가운데 문인이 인사행정을 담당한 政房이 있었지만,

이와 아울러 문인들의 숙위기관으로 서방이 있었다. 서방은 문인들로 구성된 최씨정권의 숙위기관으로 고종 14년(1227) 최우(이)에 의해 설치되어 무신정권이 몰락된 원종 11년(1270)까지 지속되었다.

서방에 대하여는《高麗史》崔忠獻 附 怡傳에 "최우의 문객 가운데는 당대의 名儒가 많아 이들을 3번으로 나누어 교대로 서방에 숙위하게 하였다"라는 기록이 있다. 이러한 면으로 미루어 볼 때 당시 최우의 문객으로는 도방을 중심으로 한 무인들 외에 문인들도 많았음을 알 수 있어, 그 가운데는 명유도 상당히 있었던 것으로 보인다. 이러한 현상은 이미 앞에서 살핀 바와 같이 최우가 문무겸전의 정책을 써서 종전에 학대를 받아오던 문인을 포섭 등용하는 데서 나온 것이라 하겠으며, 서방은 곧 이들 문인에 의한 최씨정권의 숙위기관이었던 것이다.

최우가 서방을 설치하여 문사로 하여금 교대로 숙위하게 한 것은 문사를 포섭하려는 뜻도 있겠지만, 그보다는 그들이 옛일에 밝고 식견이 높아 정치에 있어서 고문 역할을 충분히 담당할 수 있었기 때문인 것이다. 결국 서방도 최씨정권의 강화책에서 등장한 것임을 의심할 여지가 없다. 이렇게 서방을 설치함으로써 최씨정권의 숙위기관은 문무의 쌍벽을 이루게 되었다. 즉 무사가 교대로 당번하는 도방이 그 하나이고, 문사가 교대로 당번하는 서방이 그 하나가 된다. 최씨정권은 서방을 설치하여 유교적인 고문역으로 활용하였지만, 문사들은 무신정권 아래에서 크나큰 안식처를 얻게 된 셈이었다.

서방은 최씨정권의 智力의 숙위기관으로서의 사명을 다하였다. 이미 앞에서 언급한 바 있지만, 고종 44년(1257)에 최항이 죽자 殿前 崔良伯이 이를 비밀에 붙이고 宣仁烈과 함께 최항의 유언대로 최의를 받들기로 하고 문객 대장군 崔瑛·蔡楨·柳能 등에게 연락하여 서방 3번을 비롯하여 야별초·신의군·도방 36번을 회합시켜 밤낮으로 경비하게 하고 나서 초상을 발표하였다.[35] 그것으로 보면, 그 동안 서방은 야별초·신의군·도방 36번과 함께 최씨정권의 지배기구로서 중요한 구실을 하였음을 알 수 있다. 이 서방은 도방 및 삼별초와 함께 최씨정권이 몰락한 뒤 김준이 이를 이어받고 임연을 거쳐

35)《高麗史》권 129, 列傳 42, 叛逆 3, 崔忠獻 附 沆.
《高麗史節要》권 17, 고종 44년 윤4월.

임유무 때까지 존속하다가 폐지되었다.

즉 고종 45년에 최씨정권이 몰락한 뒤 왕이 王輪寺에 행차할 때 서방과 각 번 도방 및 삼별초가 어가를 호위하고 갔는데, 이 광경을 본 사람들이 감격하여 울었다는[36] 것을 보면 최씨정권이 몰락한 뒤에도 서방이 건재하였음을 알 수 있다. 또 어가를 호위하고 갔다는 데서 서방은 도방·삼별초와 함께 한때 왕권 아래에 귀속되었음을 짐작할 수 있다.

그러나 임유무가 교정별감이 된 후 도방 6번을 모아 사저를 호위하게 하고 그의 아우 惟梱으로 하여금 서방 3번으로써 그의 형 惟幹의 집을 호위하게 하였다는[37] 내용에서 서방은 도방과 함께 왕권 아래에서 벗어나 다시 무인집정인 임유무에게 귀속되었음을 알 수 있다. 그러나 그 귀속은 임유무 때라기보다는 이미 김준 때에 이루어졌으며, 위의 사실로 보아 서방 3번의 분번제는 최우 이래 임유무에 이르기까지 그대로 지속되었음을 알 수 있다.

최씨정권의 지배기구로서 서방과 도방 사이의 공통점은 모두 숙위기관이었다는 것이며, 서방과 정방 사이의 공통점은 다 함께 문사의 등용처이며 안식처였다는 점일 것이다. 서방과 도방과의 관계는 위에서 언급하였으므로 다음에는 서방과 정방과의 관계를 잠시 살펴보기로 하겠다.

우선 설치시기를 보면, 정방이 고종 12년(1225)인데 대하여 서방은 동왕 14년으로 2년이 늦기는 하나 서로 비슷하다. 그 구성원을 살펴보면, 위에서 말한 바와 같이 최씨문중에는 문객으로 문사가 많았고 그 가운데는 名儒도 있었음이 주목된다. 즉 최우는 정방을 설치하여 그들 가운데서 能士를 뽑아들여 必闍赤라 하여 전정을 맡게 하였고, 이후 2년 뒤에 문사로 구성되는 서방을 설치하였다. 그러므로 이 양자 사이 특히 구성원 사이에 어떠한 상호관계가 성립되어 있었던 것 같이 느껴진다.

이것을 최우의 입장에서 생각하여 볼 때, 최우는 문객 문사들을 효과적으로 활용하기 위하여 그들에게 어떠한 정치적 사명의식을 부여하여 사기를 앙양시킬 필요성을 느꼈을 것이다. 이런 데서 먼저 정방을 설치하여 문객 문사들 가운데 능사를 뽑아 등용하고 그 후속책으로 서방을 설치하여 나머지 능사를 등

36) 《高麗史》 권 24, 世家 24, 고종 45년 4월.
37) 《高麗史》 권 130, 列傳 43, 叛逆 4, 林衍 附 惟茂.

용하게 된 것으로 보여진다. 그리고 뒤에 정방의 충원이 필요할 때는 서방의 문사로써 충당하였던 것으로 생각된다.

서방과 정방은 서방의 분번제와 정방의 문사를 必闍赤라 칭하였다는 사실로 미루어 보아 몽고의 영향을 받은 듯하다. 그것은 도방의 분번제가 몽고의 怯薛制度 즉 겁설(番直宿衛)로 분번하여 교대 숙위하는 것과 비슷하며, 정방의 必闍赤가 몽고어로 문사를 뜻하는 말이기 때문이다.

〈閔丙河〉

4. 별초군의 조직

무신정권기에 있어서 주목할 만한 것은 새롭게 군사조직을 정비했다는 점이다. 특히 그 가운데에는 사병조직도 포함되어 있는데, 최우(이)는 사적인 무력장치로서 최충헌 때부터 만들어졌던 都房을 확대·재편하여 내도방과 외도방을 조직하고[1] 거기에 다시 馬別抄를 창설하였다. 이러한 사병집단인 도방과 마별초는 서방 등과 함께 최씨정권의 권력기구 조직의 일부로서, 여러 정적을 타파하고 반대자의 음모를 배제하면서 최충헌에서부터 최의에 이르기까지 국정을 전횡할 수 있는 바탕이 되었으며, 오랫동안 집권의 직위를 세습하여 그 위세를 보존하게 한 것이었다. 이와 함께 군사조직을 새롭게 조직화한 것으로서 別抄軍으로 지칭되는 馬別抄와 三別抄, 地方別抄가 있다.[2]

---

1) 都房은 최충헌이 정권을 장악한 후 4년이 지난 뒤에 설치되었다. 이 때의 도방의 규모와 조직은 경대승 때의 도방과 규모면에서는 크게 차이가 없었으나, 六番都房制의 실시는 최충헌이 독자적인 지위에 서게 된 권력의 발전 과정을 보여주는 것이다. 최충헌 때의 도방은 최우(이)에 이르러 內都房과 外都房으로 확대 개편되었다. 내도방은 최우 자신이 거느리고 있던 家兵으로 조직하고, 외도방은 아버지 최충헌으로부터 물려 받은 도방을 재편성한 것이다. 그 임무에 있어서 내도방은 최우 자신과 그의 저택을 호위하고, 외도방은 친척이나 외부에 대한 경비를 담당하고 있었다(柳昌圭, 〈崔氏武人政權下의 都房의 설치와 그 向方〉, 《東亞硏究》 6, 1985, 387·389쪽 및 金塘澤, 《高麗武人政權硏究》, 새문사, 1987, 79~87·177~184쪽 참조).

2) 지금까지의 별초군에 대한 연구는 다음과 같다.
池內宏, 〈高麗の三別抄について〉(《史學雜誌》 37-9, 1926 ; 《滿鮮史硏究》 中世篇 3, 吉川弘文館, 1963, 70~77쪽).

'別抄'는 선봉대, 유격대, 별동대 등을 특별히 뽑아 조직했다는 뜻으로 국가가 대내외적으로 비상시국을 당했을 때 임시적으로 정예한 자, 즉 용감하고 생명을 돌보지 않는 자를 특별히 선발하였다는 뜻을 가진 말이다. 이러한 특별부대로는 숙종 때의 別武班이 유명한데, 이의 영향으로 후세에 내란 또는 외란이 있을 때 각종의 별초를 편성하였다. 곧 고려의 병제가 문란해짐에 따라 국방을 담당할 능력이 없어져 여진을 정벌하는데 있어서 특별 임시부대인 별무반을 조직하여 이를 수행하였던 것이다.

별초군은 기존의 병제가 유명무실화되는 무신정권기에 들어와 그 실체를 확연히 드러내기 시작한다. 즉 명종 4년 趙位寵의 난을 토벌하기 위한 결사대로서 戰鋒別抄를 특별히 모집하고 최충헌을 別抄都令으로 삼은 것이 그 예이다.[3] 최충헌의 묘지명에 의하면 그가 지휘한 전봉별초가 조위총의 난이 평정된 이후에 해산되고 최충헌은 本衛의 별장이 되었다. 따라서 이 때의 전봉별초는 전시에 임시적으로 조직된 별동대였음을 알 수 있다.[4]

그 후의 별초에 관한 기록으로는 신종 5년(1202)과 7년 경주별초군의 예가 있다.[5] 즉 《高麗史》 세가에 의하면 신종 5년 10월 경주별초군은 雲門山의 농민폭동군과 합세하여 永州를 공격하였다는 것이며, 《高麗史》 지리지의 東京과 安東府條에 각각 신종 5년 5월과 신종 7년 동경야별초가 폭동을 일으

內藤雋輔, 〈高麗兵制管見〉(《靑丘學叢》 15·16, 1934 ; 《朝鮮史硏究》, 京都大東洋史硏究會, 1961).
金庠基, 〈三別抄와 그의 亂에 對하여〉(《震檀學報》 9·10·13, 1939~1941 ; 《東方文化交流史論攷》, 乙酉文化社, 1948).
김재홍, 〈고려 의무병제도의 성립과 와해과정〉(《력사과학》 3, 1959).
韓沽劤, 〈麗末鮮初巡軍硏究〉(《震檀學報》 22, 1961).
姜晋哲, 〈蒙古의 侵入에 대한 抗爭〉(《한국사》 7, 국사편찬위원회, 1977).
閔丙河, 〈崔氏政權과 支配機構〉(《한국사》 7, 국사편찬위원회, 1977).
尹龍爀, 〈崔氏武人政權의 對蒙抗戰姿勢〉(《史叢》 21·22, 고려대, 1977).
金潤坤, 〈三別抄의 對蒙抗戰과 地方郡縣民〉(《東洋文化》 20·21, 1981).
金塘澤, 〈武臣政權時代의 軍制〉(《高麗軍制史》, 육군본부, 1983 ; 《高麗武人政權硏究》, 새문사, 1987).
張世原, 〈對蒙抗爭 主體의 性格에 關해서〉(《群山實業專門大學論文集》 9, 1986).
申安湜, 〈高麗中期의 別抄軍〉(《建大史學》 7, 1989).

3) 《高麗史》 권 129, 列傳 42, 叛逆 3, 崔忠獻.
4) 金潤坤, 앞의 글, 158~159쪽.
5) 《高麗史》 권 21, 世家 21, 신종 5년 10월과 권 57, 志 11, 地理 2, 東京 신종 5년 5월 및 권 57, 志 11, 地理 2, 安東府 신종 7년 참조.

켰다는 것이다.[6] 또한 고종 3년에는 거란의 잔류병의 침입을 막기 위해 군대가 동원되었을 때 적이 가까이 왔다는 정보를 입수하고 3군에서 각기 별초 100인과 神騎 40인씩을 파견하여 싸우게 한 기사도 발견된다. 이러한 과정을 통하여 별초군은 점차 임시적인 편성이 아닌 상설부대의 성격을 띠게 되었고, 그 특징 내지는 조직을 표시하는 글자를 덧붙여 마별초, 야별초, 삼별초 등으로 일컬었던 것이다. 그 가운데 마별초와 삼별초는 최우에 의하여 조직된 상설부대의 대표적인 것이라고 할 수 있다.

1) 마별초

최씨정권기의 마별초에 관해서는 다음의 기록이 먼저 주목된다.

1. 최우가 宰樞를 초대하여 그의 집에서 잔치를 베풀고, 毬庭에 임하여 도방 마별초의 擊毬・弄槍・騎射를 관람하였는데, 鞍馬와 衣服, 弓矢를 서로 다투어 빛나게 자랑하려고 힘쓰고 韃靼(몽고)의 풍속을 본받으려고 하였다(《高麗史節要》 권 15, 고종 16년 10월).
2. 최우가 가병・도방・마별초를 사열하였는데, 안마와 의복・궁시・병갑이 매우 사치스럽고 아름다웠다. 5軍으로 나누어 전투 훈련을 하는데 사람과 말이 넘어져 죽고 다치는 자가 많이 생겼다(《高麗史節要》 권 15, 고종 16년 11월).

우선 1의 고종 16년 10월의 기사는 마별초에 관한 최초의 자료이다. 고종 16년에 마별초가 있었으므로, 그 이전에 이미 창설되었음이 분명하다. 최우가 집권한 시기가 고종 6년이었음을 감안할 때 6년에서 16년 사이에 창설된 것으로 짐작되는데,[7] 고종 16년 이전에 이루어진 것으로 보아 그 성립의 배경이 정방 및 서방과 비슷한 점이 있다. 즉 최우는 몽고와의 긴장관계가 긴박해지자 그의 집권체제를 강화시킬 목적으로 서방처럼 마별초를 몽고의 제

---

6) 김재홍은 앞의 글, 46쪽에서 신종 5년의 경주별초와 7년의 동경야별초는 경주 지방민들로 조직된 주현군이며 조위총을 공격하던 최충헌 휘하의 전봉별초와는 성격이 다른 것이며, 이 경주별초는 무신집권 이후 계속되는 남도 농민폭동으로 인하여 와해된 주현군을 대신하여 조직된 임시적인 주현군으로 인식하고 있다.

7) 閔丙河, 앞의 글, 174~175쪽.

도를 참작하여 창립하였던 것으로 짐작된다. 결국 최우는 고종 12년 정방과 함께 마별초를 설치한 것으로 여겨진다.

그리고 2의 자료를 통해 마별초는 최씨의 家兵·都房 등과 더불어 최씨정권을 보위해 주고 있는 무력세력 가운데 하나임을 알 수 있다. 그리고 騎兵의 역할을 담당하였던 마별초가 항상 도방과 병칭되어 나타나는 것으로 보아 도방은 보병의 성격을 지닌 것으로 볼 수 있다. 따라서 마별초의 설치로 인해 최우는 보병뿐만 아니라 기동력이 강한 기병까지 지님으로써 그 무력적 기반을 더욱 강화시킨 셈이다.[8)]

최씨정권의 무력기반인 도방과 마별초의 조직상의 관계를 놓고 마별초를 도방에 속한 특별부대로 보기도 하지만,[9)] 마별초의 성격을 위와 같이 해석한다면 양자는 병립관계에 있었던 것으로 파악된다.

마별초는 최우가 자신의 신변과 일족에게 미칠 예기치 못한 화를 우려하여 자위 수단으로서 조직한 것으로 볼 수 있다.[10)] 고종 16년에 도방·마별초를 5군으로 나누어 전투훈련을 시키고, 또 이들의 무예를 재추들에게 5~6일간씩 관람케 하였다는데, 이는 최우의 정치적 불안감으로 말미암은 것이 아닌가 짐작된다. 즉 그는 자신의 무력을 재추들에게 과시함으로써 政敵들의 위협에 대한 불안을 감추고자 했을 뿐만 아니라,[11)] 나아가 정적들의 도발을 방지하고자 했던 것이라고 볼 수 있다. 따라서 마별초는 최씨정권을 강화시켜주는 무력으로서 최씨정권의 호위와 자택 경위대의 기능을 주임무로 하면서 의장대의 역할까지 담당하였을 것이다. 마별초는 私兵으로 존재하였기 때문에 특별한 경우를 제외하고는 권신들이 마별초를 이용할 수가 없었을 것이고, 그러므로 삼별초와 같이 군대적 기구인 국가 관제에 의한 지휘자가 배치될 수 없었다.

그런데 마별초의 역할 및 성격문제와 관련하여 益齋 李齊賢은《櫟翁稗說》에서 삼별초에 대하여 "권신들이 신변 호위를 위하여 날쌔고 용감한 자들을 모집·양성하였는데, 그 이름을 신의군·마별초·야별초라고 하였으니

---

8) 金庠基, 앞의 글, 234쪽.
9) 池內宏, 앞의 글, 92쪽.
內藤雋輔, 앞의 글, 200쪽.
10) 金庠基, 앞의 글, 116~117쪽.
11) 金塘澤, 앞의 글, 191쪽.

이른바 삼별초이다"라고 주석하여[12] 마별초를 삼별초에 넣고 있다. 삼별초가 권신에 의해 설치되고 이용되었다 하더라도 그들의 녹봉이 국가에서 지급되었던 만큼 단순한 사병으로 볼 수 없을 것이다. 뿐만 아니라 삼별초정부가 탄생했을 때에는 이미 마별초의 존재는 찾아볼 수 없고, 특히 사병인 마별초를 삼별초에 넣은 것은 이제현의 잘못이라는 지적이 있다. 즉 이제현의 이러한 인식은 별초라는 이름이 같고 또 삼별초가 마별초와 같이 권신에게 이용되고 조종되었다는 점에 치중한데서 비롯한 것으로서, 엄격히 말해 삼별초는 야별초가 분화되어 생긴 좌우별초와 신의군을 가리킨 말이며 마별초와는 어떠한 관련도 없다는 것이다.[13]

馬別抄는 위와 같은 성격을 띠고 있긴 하지만, 일면 달리 생각해 볼 수도 있을 것 같다. 즉 마별초는 분명히 최씨정권의 사병집단이었지만, 최우가 처음 야별초를 조직할 때 마별초의 일부 조직을 분리하여 야별초에 편성시켰을 가능성이 있다. 이렇게 본다면 이제현이 그 당시에 마별초를 삼별초에 포함시킨 것을 일기에 전면 부정할 수는 없을 것이다. 오히려 이제현의 이러한 이해는 당시에 남아 있던 사료를 바탕으로 말했던 것으로 보이기 때문에 타당성이 있다고 할 수 있다. 그리고 야별초가 마별초의 전체가 아닌 일부를 분리해서 편성시킨 것으로 생각하는 이유는, 야별초가 조직된 이후에도 그 명칭이 독립적으로 혹은 야별초와 병립해서 나타나고 있기 때문이다.[14] 요컨대· 마별초 즉 기병대의 일부를 분리하여 야별초에 편성시킨 것은 야별초의 기동성을 높이기 위한 조치였다고 생각한다.[15]

마별초가, 최씨정권의 사병집단으로서 그 핵심의 일부를 이루어 왔음에도 도방과는 달리 崔沆 때의 기록 이후에는 나타나지 않는 것으로 보아 최씨정권의 몰락과 함께 해체되었다고 보아야 할 것인지,[16] 또는 다른 대부분의 지

12) 《櫟翁稗說》 前集 2.
13) 金庠基, 앞의 글, 235쪽.
閔丙河, 앞의 글, 176쪽.
14) 야별초가 조직된 이후에 마별초가 계속 존립하였는데 그 한 사례로서 "高宗四十一年 宴宰樞于其第 觀擊毬戲 馬別抄 有以黃金飾障泥…"(《高麗史》 권 129, 列傳 42, 叛逆 3, 崔忠獻 附 沆)을 들 수 있다.
15) 金潤坤, 앞의 글, 149~150쪽.
16) 金庠基, 앞의 글, 235쪽 및 이 분야 연구논문의 대부분이 이러한 관점을 표하고 있다.

배기구와 같이 김준·임연부자 때까지 존속하다가 무신정권이 완전히 끝나는 시기에 이르러서야 해체되었는지는 분명하지 않다.

2) 지방별초

地方別抄는 京外別抄 또는 外別抄라고도 하는데, 이는 京別抄(三別抄)[17]에 대칭되는 말이다. 이들은 이름 앞에 주현의 이름을 붙이거나 신분을 나타내는 다양한 명칭을 띤 부대였다. 이들 역시 주로 몽고군과의 전투를 담당하여 혁혁한 공훈을 세우지만 그들의 편성은 아마 그때 그때의 필요에 따라 이루어지는 경우가 많았고 전쟁이 장기화되면서 차츰 상비적인 성격을 지닌 부대들도 생겨났을 것이다.[18]

전술한 바와 같이 별초의 기록은 후대로 내려오면서 많이 보이는데 사료상에서 가장 먼저 나타나는 것이 慶州別抄이다. 신종 5년에 원래 永州(慶北 永川)와 사이가 벌어져 있던 경주별초군이 雲門(慶北 淸道)의 적과 大邱에 있는 符仁寺 및 桐華寺의 승도를 이끌고 영주를 공격하자, 영주의 李克仁 등이 정예를 이끌고 성을 나가 크게 싸워 이를 패주시켰다고 했다.[19] 이를 보면 신종 5년 이전에 이미 중앙의 별초군뿐만 아니라 지방군에도 별초가 있었던 것을 알 수 있다. 즉 무신집권기를 전후해서 기존의 고려 병제와 마찬가지로 중앙에는 삼별초(경별초)가 조직되어 있었고, 지방에는 지방 자체의 방어체제인 지방별초가 조직되어 있었던 것 같다. 이 별초도 위에서 살펴본 별초와 같이 지방군에서의 결사대·별동대로서의 역할을 하였을 것으로 짐작된다. 이들은 대개 都護(安北)別抄·渭州別抄·泰州別抄·牛峯別抄, 忠州別抄 등과 같이 그 지역명을 붙여 불렀으며, 때에 따라 양반으로 조직된 양반별초와 노비·잡류로 된 奴軍·雜類別抄 등 신분에 따른 구별도 있었다.[20]

---

17) 金潤坤, 앞의 글, 163쪽에서 경별초를 개경별초로 해석하였고, 金塘澤은 앞의 글, 312쪽에서 삼별초를 고유명사로, 경별초를 보통명사로 구분하였다.
18) 池內宏, 앞의 글, 82~87쪽 및 金庠基, 앞의 글, 114~115쪽 참조.
19) 《高麗史》 권 21, 世家 21, 신종 5년 10월.
20) 《高麗史節要》 권 16, 고종 19년 정월.
金庠基, 앞의 글, 114쪽 및 閔丙河, 앞의 글, 178~180쪽 참조.

이러한 지방별초의 편성은 고종 때에 와서 보편화되었는데, 이는 몽고와의 관계가 그만큼 긴박한 것임을 보여준다.[21] 따라서 이때부터의 지방별초의 활약은 삼별초의 대몽항전과정과 동일한 선상에서 그 의미를 찾아야 할 것이다. 이처럼 지방별초와 몽고병과의 충돌은 이미 제1차 살리타(撒禮塔)의 침입때부터 일어났는데, 바로 고종 18년 9월에 몽고병이 龜州에 이르자 西北面兵馬使 朴犀 및 靜州分道將軍 金慶孫 등을 도와 몽고의 대병력을 물리친 것이 최초였다.[22] 그리고 지방별초의 전법과 전술 등은 삼별초와 유사한 유격전술을 바탕으로 한 것이었다.

요컨대 州縣別抄 가운데에서도 경주와 같은 큰 고을에는 지방 치안의 필요상 평상시에도 별초를 둔 곳이 있었던 것 같으나, 대부분의 주현별초는 외적의 침입과 지방폭동에 대비하기 위하여 수시로 필요에 따라 조직된 것이었다. 앞에서 예거한 각종의 주현별초는 몽고침략을 기점으로 조직된 것으로 보인다. 즉 김경손이 李延年의 「草賊」을 격파할 때에 수시로 뽑아들인 별초라든지, 扶寧別抄 全公烈이 본래 醫業擧人으로서 별초가 되어 몽고병을 격퇴하고 그 공으로서 본업으로 입사하였다[23]든지 하는 것은 그러한 사실을 알려 주는 좋은 예가 된다. 이처럼 일시적 필요에 의하여 조직된 주현별초는 최충헌의 지휘하에 있었던 戰鋒別抄와 같이 변란이 종식되자 해체되었던 것이다.[24] 어떻든 이들 지방별초는 독립적 부대라기보다는 임시 편성의 특별부대였고, 이들의 임무는 지방의 동란과 외적의 침입을 방비하며 지방보위를 유지하는데 있었던 것으로 이해된다. 한편 이들 지방별초와 삼별초와의 관계에 대한 자료가 거의 없기 때문에 양자의 관계를 알 수 없는 형편이지만, 지방별초가 보편화되어 간 고종 이후의 경우를 놓고 볼 때 그들은 모두 몽고병을 방어하거나 격퇴하는데 서로 호응하여 활동하였을 것으로 추측된다. 결국 지방별초의 역할이나 그 공적은 역시 삼별초의 대몽항쟁과 동일한 맥락에서 찾아져야 한다.

야별초가 조직된 것이 언제인가는 정확히 알 수 없지만, 최우집권기의 일

21) 金庠基, 위의 글, 114~115쪽 및 김재홍, 앞의 글, 50~51쪽, 그리고 閔丙河, 위의 글, 177~180쪽과 申安湜, 앞의 글, 73~77쪽 참조.

22) 《高麗史節要》 권 16, 고종 18년 및 金庠基, 위의 글, 114쪽 참조.

23) 《高麗史》 권 23, 世家 23, 고종 23년 10월.

24) 池內宏, 앞의 글, 82~87쪽 참조.

임에는 틀림없다. 그 설치목적은 농민폭동군을 제압하기 위한 것으로, 서울과 각 지방에 야별초를 파견하여 폭동군을 제압하게 하였는데, 그 수가 너무 많아 좌우별초로 나누었던 것이다. 이때 지방에 파견된 야별초의 분견대와 기존의 지방별초와의 관계를 보면 양자의 합류도 생각할 수 있겠지만, 대부분은 독자적 지방별초로서 기존의 지위를 그대로 유지하였던 것으로 보인다.[25]

지방별초의 설치시기는 앞서 본 별초군의 예와 같이 숙종 때의 특별부대인 別武班에서 그 기원을 찾을 수 있다. 2군 6위의 정규군이 무력해졌을 때 尹瓘의 건의에 의해 조직된 것이 바로 이 별무반이다. 별무반은 전국의 양반·서리로부터 상인·노예에 이르기까지 말을 가진 자는 神騎軍에, 말을 갖지 못한 자와 20세 이상의 남자로서 과거를 보지 못한 자는 神步軍 및 특수부대인 跳蕩·精弩·發火軍에 편입하고, 또 승도를 뽑아 降魔軍에 편성함으로써, 신기군(기병)을 중심으로 한 신보군(보병), 항마군(승병)의 3군으로 편제되었다. 이로써 예종 2년 윤관이 원수가 되어 17만의 군사로 함흥평야에 나가 여진을 정벌하고 그곳에 9성을 쌓았다. 이 별무반은 후의 별초와 같이 임시적이고 선취적이며 기동적인 특별부대였다. 이 사실은《高麗史》에서 "별무반은 옛 제도에 부합하지 않으나 한때 이를 이용하여 공을 거두었으니 목적을 달성하였다고 하겠다"[26]라고 한 것으로 보아 그것의 임시성을 알 수 있다. 또 별무반은 병력 충원의 대상이 양반에서 노비에 이르렀다고는 하지만, 그 대상자를 전원 징집한 것이 아니므로 결국 선취의 형식을 취하였다고 할 수 있으며, 그 편성에 있어서도 기병에 중점을 두었으므로 정규군보다 기동력이 더욱 우세하였다는 것을 알 수 있다.[27]

이러한 점에서 볼 때 규모나 편제 등에 차이가 있기는 하지만, 임시적으로 선취한 특수부대라는 점에서 뒷날의 별초와 상통함이 있다. 그러므로 후세에 내외의 변란이 있을 때 편성된 각종 별초는 그 이전의 별무반으로부터 큰 영향을 받았을 것으로 믿는다. 어떻든 지방별초군은 중앙의 별초군, 즉 삼별초의 역할과 마찬가지의 임무를 띠고 그에 대한 보강과 번상 그리고 지방

25) 閔丙河, 앞의 글, 180쪽.
26)《高麗史》권 81, 志 35, 兵 1, 總論.
27) 김재홍, 앞의 글, 42~43쪽 및 閔丙河, 앞의 글, 182~183쪽 참조.

자체적인 방어를 담당하였던 것이다.[28]

이들의 활동 가운데 중앙의 야별초와 연합전선을 구축하여 혁혁한 공을 세운 예로서 다음의 사료가 주목된다.

> 야별초군이 砥平縣 사람들과 함께 몽고군을 야간에 쳐서 죽이고 사로잡은 것이 매우 많았으며 말과 나귀를 노획하여 나라에 바쳤다(《高麗史》 권 22, 世家 22, 고종 23년 10월).

즉 야별초와 지평현(현 京畿道의 楊平郡) 사람들이 밤에 몽고군을 습격하여 많이 죽이고 사로잡았다고 하였다. 여기서 야별초와 지방농민들이 연합전선을 형성해서 게릴라 전법으로 몽고군을 섬멸시켰음을 알 수 있다. 이 전법은 대몽항쟁 초기부터 제주도에서 삼별초군이 최후 항전하기까지 거의 일관되게 사용되었던 것 같다.[29] 이밖에도 지방별초 가운데 大府島(남양)의 별초가 珍島로 남하한 삼별초정부와 호응하여 밤에 仁州(仁川) 경계의 蘇來山 아래에 나아가 몽고병 100여 인을 살해하고 봉기한 사실도 있다.[30] 대몽항쟁 전기간에 걸쳐 주체적인 역할을 담당한 것은 정부군이 아니라 이들 지방별초군이었다. 또한 이들은 이른바 「초적」들과 규합하여 항몽전선을 구축하였는데, 여기에 노비·부곡민들까지 가세하여 아군의 사기를 높이는데 결정적인 역할을 담당하였다.[31]

3) 삼별초

「三別抄」는 고종 때 최우가 조직한 야별초를 좌별초와 우별초로 나누고 여기에 신의군을 합하여 일컫는 말이다. 삼별초의 설치와 유래에 대하여는 원종

---

28) 申安湜, 앞의 글, 74쪽.
29) 金潤坤, 앞의 글, 161쪽.
30) 《高麗史》 권 24, 世家 24, 고종 3·43년 4월.
31) 지방별초군의 대몽항쟁에 관한 구체적인 내용은, 다음 논문이 주목된다.
    關丙河, 앞의 글.
    金潤坤, 〈抗蒙戰에 參與한 草賊에 對하여〉(《東洋文化》 19, 嶺南大, 1979).
    ———, 앞의 글, 162~163쪽.

11년 5월에 단행된 삼별초의 혁파와 관련하여 실린 다음과 같은 《高麗史》의 기록에 의해 알 수 있다.

> 처음에 최우가 나라 안에 도둑이 많은 것을 근심하여 용사들을 모아서 밤마다 순행하며 폭행을 막게 하였으므로 그로 인하여 이름을 야별초라고 하였다. 도적들이 여러 도에서 일어나자 별초를 나누어 보내어 이를 잡게 하였는데, 그 군사가 심히 많은지라 마침내 나누어 좌우로 만들었다. 또 일부는 나라사람으로서 몽고로부터 도망하여 온 자들로 신의라 불렀으니 이것이 삼별초이다(《高麗史》 권 81, 志 35, 兵 1, 兵制 원종 11년 5월).

위의 내용을 통해서 우선 삼별초를 처음 조직한 사람이 최우이며, 그 시원은 야별초였다는 사실을 확인하게 된다. 그러나 야별초의 기원 연대에 대해서는 자세히 알 수 없다. 그런데 야별초의 기록이 처음으로 보이는 것은 고종 19년부터이다. 고종 19년 6월 강화천도 문제가 논의되고 있을 때 그것을 반대하고 나선 金世沖의 지위가 '夜別抄指諭'였다는 데서 처음으로 보인다.[32] 최우의 집권이 고종 6년부터였다는 점과 최우의 집권기에 야별초가 만들어졌다는 점, 그리고 위의 고종 19년의 기사를 함께 생각해 보면, 야별초의 기원을 고종 6년(1219)부터 고종 19년(1232) 사이에서 찾을 수 있다.[33]

다음으로 삼별초의 성립시기와 관련하여 주목할 점은 이 야별초가 좌우별초로 나뉜 시기와 신의군이 조직된 시기를 파악하는 것이다. 그러나 이에 대한 기록도 자세하지 않다. 다만 신의군의 이름이 처음 보이는 것은 고종 44년이다.[34] 이때 崔沆이 죽자 문객들이 야별초·신의군 및 서방 3번·도방 36번을 회합시켜 밤낮으로 지키게 하고 비로소 그의 초상을 발표하였다는 것이다. 따라서 그 이전 언제인가 조직되었음이 분명한데, 몽고로부터 도망을 나온 사람들로 구성되었다 했으므로 고종 41년에서 44년 사이가 아닌가 한다. 그러나 이 기록에도 아직 야별초의 이름이 그대로 보이고 좌우별초의 이

---

32) 《高麗史節要》 권 16, 고종 19년 6월.
《高麗史》 권 129, 列傳 42, 叛逆 3, 崔忠獻 附 怡.

33) 金庠基, 앞의 글, 105쪽과 김재홍, 앞의 글, 46쪽, 그리고 閔丙河, 앞의 글, 184쪽, 金塘澤, 앞의 글, 187쪽에서는 야별초 설치시기를 고종 17년부터 동왕 19년 사이로 범위를 좁혀 추정하고 있다.

34) 《高麗史節要》 권 17, 고종 44년 閏月.
《高麗史》 권 129, 列傳 42, 叛逆 3, 崔忠獻 附 竩.

름은 찾아지지 않는다. 좌별초와 우별초에 관한 기록은 다시 그 다음 해인 고종 45년에 비로소 나타난다.[35] 여기서 좌우별초와 신의군의 설립이 기록상에 나타나는 것보다 앞설 것이라는 점은 충분히 짐작된다. 그러나 야별초의 분리로 인해 설립된 좌우별초 내지 삼별초라는 이름이 기록상에 나타난 이후에도 야별초의 명칭이 계속 보여서 야별초, 좌우별초, 신의군, 삼별초 등의 이름이 혼용되고 있다. 이는 야별초가 삼별초의 선행명칭이기 때문에, 그 이름을 후대에까지 활용한데서 비롯된 결과가 아닌가 한다.

최우가 처음 야별초를 조직할 때 마별초 가운데에서 그 일부를 분리하여 편성시켰을 것이다. 이렇게 보는 것은 야별초가 조직된 이후에도 마별초의 명칭이 독립적 혹은 야별초와 병립해서 계속 나타나고 있기 때문이다. 요컨대 마별초 즉 기병대의 일부를 분리하여 야별초에 편성시킨 것은 야별초의 기동성을 높이기 위한 조치였을 것이다. 특히 전시과제도의 붕괴와 무신 상호간의 권력 투쟁이 반복됨에 따라 각기 경쟁적으로 사병을 양성하게 되자 수도의 수비임무를 맡고 있었던 三衛(左右·神虎·興威)와 경찰의 임무를 맡고 있던 金吾衛(備巡衛) 등의 기존 기구들이 거의 유명무실하게 되었다. 즉 무신집권기의 사병들이 武臣家의 사병으로 복무함으로써 삼위와 금오위 등의 관군이 무력화되어 수도의 수비와 경찰의 임무를 정상적으로 수행할 수 없게 되었다. 이에 최씨정권은 그 임무를 보다 강력하게 수행하기 위하여 새로운 기구가 필요하였고, 그 기구가 바로 夜別抄였다.

야별초는 독자적인 군영이 있었는데 그 존재 사실과 그것이 어떤 역할을 하였는가에 대하여 그 일례를 들어보기로 하자. 김준(金仁俊)이 최씨정권을 타도하고 정권을 잡자, 또 그 반대세력들이 김준의 일당을 제거하기로 음모하였다. 이 음모에 가담하였던 校尉 玄君壽는 거사를 성취할 수 없을 것으로 판단하고 그 음모를 밀고하기에 이르렀다.

> 교위 현군수…별초영으로 달려가서 文璜 등의 음모를 고했으므로 김준은 그 말을 듣고서 文璜·崔注·文光旦·文英旦·孝秀之 등을 국문 후에 죽였다(《高麗史》 권 130, 列傳 43, 叛逆 4, 金俊).

---

35) 《高麗史》 권 24, 世家 24, 고종 45년 3월.

여기에서 야별초의 군영은 교위 현군수가 음모의 사실을 밀고한 곳이며, 집권자 김준이 그 음모에 가담한 반대세력을 잡아다가 鞫問한 곳으로 나타난다. 그만큼 야별초의 군영은 정권의 보위를 위해서 중요한 기관이며, 정적을 제거하기 위한 최고의 사령부였다. 이 사령부에는 「驍勇之士」 즉 날쌔고 용맹스런 용사들이 많이 소속되어 있었다. 최우가 야별초를 창설할 당시 효용지사는 원래 대부분 그의 사병으로 부렸던 悍將勁卒이었을 것으로 믿는다. 다시 말하면 2군 6위의 한장경졸이 최씨 일가의 사병으로, 이 사병이 다시 야별초의 요원으로 충원되었을 것으로 생각된다.

야별초가 처음 조직될 때 농민폭동군이 각지에서 봉기했음에도 불구하고 기존의 군대로는 이를 제어하기 어려운 상태였다. 당시 관군들은 군인전을 지급 받지 못하여 일반 농민과 다를 바가 없었다. 따라서 이들에게 전투능력을 기대하기는 어려웠던 것이다. 이에 최우는 관군 가운데 용력이 뛰어난 자들을 가려 뽑아 야별초를 조직하였다.

사실 관군 가운데 용력이 뛰어난 자들은 다른 무인들에게 정치적으로 이용되거나 치안을 어지럽히는 자들로 전락할 가능성이 컸으므로, 이들을 그대로 방치해 두기도 어려웠던 것이다. 그들에게 군인으로서의 적절한 대우를 해주고 그들을 이용하는 것이 최우에게 유리했을 것이다. 야별초를 조직할 당시의 최씨정권은 정적들의 위협에 직면해 있었다. 따라서 야별초의 조직 이면에는 정적을 제거하려는 최우의 의도가 일정 부분 포함되어 있었다고 할 수 있다.[36]

삼별초는 최씨정권에 충성하는 군대로서 그들의 전위적 역할을 담당하였다. 특히 그 기간장교직은 심복들을 임명함으로써 완전히 장악하였고, 직접 명령을 받는 이들도 기간장교로서 중·하급의 무신이었다.[37] 그리고 삼별초는 독립적인 기구도 있었으며, 都領·指諭·校尉들이 통솔하였다. 대개의 경우 야별초의 직접 지휘는 야별초 지유가 맡고 있었다.[38]

무진집권기를 전후해서는 중앙에는 삼별초(京別抄)라는 전투편제가 있었고, 지방에는 지방 자체의 방어체제로서의 지방별초군(外別抄)이 조직되어 기존의

36) 金塘澤, 앞의 글, 200쪽.

37) 閔賢九, 〈蒙古軍·金方慶·三別抄〉(《韓國史市民講座》 8, 일조각, 1991), 90~91쪽.

38) 金潤坤, 앞의 글(1981), 161~163쪽.

고려 병제와 마찬가지의 이원적인 형태였던 것으로 보인다.[39] 최우가 새로이 조직하였던 중앙의 삼별초와 각 지방에서 이미 존재해오던 별초들은 다같이 田丁을 지급 받았던 군인이었다. 다만 중앙의 삼별초는 후한 녹봉을 지급 받으면서 상설적 임무를 띠고 있었다.[40]

6차에 걸친 몽고의 침략으로 무참한 파괴와 약탈 그리고 무인 권신들과 대토지 사유자들의 전횡으로, 특히 양인 농민이 몰락하고 있는 상황 속에서 삼별초가 조직 운용되었다. 초기의 야별초는 閑良과 府兵 가운데 힘세고 무예에 능한 자들을 선발하여 조직하였으나, 그 후 몽고의 침략시기에는 양반 지주들은 난을 피해 산성이나 해도로 피신하였고 양인 농민 및 그 이하의 최하층 인민들만 병역에 동원되어 몽고에 대항하였다. 따라서 강화천도 이후 양적으로 증가한 삼별초는 양인 및 그 이하의 농민들 즉 천민층들로 구성되었을 것이다. 그리고 삼별초군을 운영함에 있어 녹봉을 후하게 주었다는 것[41]은 삼별초의 일부 요원에게만 해당하며 전체 병졸들과는 무관한 것으로 보인다. 그것은 강화도에서 국가재정이 탕진 고갈되었을 당시에 전체 병졸에게 모두 녹봉을 주었다고 상상하기는 어려우며 삼별초 역시 모든 군비를 스스로 부담하는 것을 원칙으로 하였던 것으로 판단된다.

삼별초는 捕盜·禁暴·刑獄·鞠囚와 도성의 수비를 비롯하여 친위대·전위대의 임무를 맡아 수행하였다. 따라서 당시의 삼별초는 중앙상비군으로서 군대·헌병·경찰의 임무 일체를 담당하여 수행하였던 것이다. 그 중 야별초의 설치 목적에서 나오는「포도」,「금폭」의 임무에 대해 좀 더 살펴보기로 한다. "도적이 각 도에서 일어나자 별초를 각지에 나눠 보내 이를 잡게 하였는데 이 별초의 수가 매우 많아져서 …"[42]라는 기사에서 보다시피, 이들에 의해 체포의 대상이 된「盜」는 남의 물건을 훔치는 순수 도적만을 지칭하는 것이 아니라, 흔히「盜賊」혹은「賊」등으로 불리는 농민폭동군도 그 속에 포함되었던 것 같다. 이에 관해 좀 더 상세히 알아보기로 하자.

고종 19년 6월 경에 최씨무신정권은 많은 반대자를 고압적 수단으로 억압

39) 申安湜, 앞의 글, 76쪽.
40) 金潤坤, 앞의 글(1981), 160쪽.
41) 김재홍, 앞의 글, 47~49쪽.
42)《高麗史》권 81, 志 35, 兵 1, 五軍 원종 11년 5월.

해 가면서 기어이 강화천도를 단행해 버렸다. 이에 따라 그 천도의 반대운동은 더욱 광범위하게 일어났다. 이 가운데 경기지방의 초적과 승도들의 저항을 대표적인 사례로 들 수 있다. 이들은 개성의 유수병마사를 축출하고 그곳을 점거하기에 이르렀다. 이때 최씨정권은 강화에서 3군을 파견하여 그들을 진압하려 하였다. 이 싸움 속에서 초적 등의 저항세력은 패퇴하고 말았다. 이들을 패퇴시키는데 가장 큰 공을 세운 군대는 야별초였다.

> 牽龍行首 별장 李甫와 鄭福綏가 야별초를 거느리고 먼저 개성에 이르니, 적이 문을 닫고 성을 지켰다. …甫와 福綏 등이 문을 지키던 자를 죽이고 군사를 이끌어서 李通의 집에 이르러 그를 목베니, 삼군이 계속 들이닥쳤고 적의 괴수가 계책이 없어서 달아나 숨으니 나머지 무리는 다 죽였다(《高麗史節要》 권 16, 고종 19년 7월).

위에서 이보와 정복수 등은 야별초를 거느리고 개성에 먼저 도착해서 문지기와 우두머리인 이통을 목벤 뒤에, 3군이 뒤이어 도착하여 그 난을 평정하였다고 한다. 야별초는 날랜 장수와 정예의 병졸을 선발해서 편성한 부대이기 때문에 그 진영의 선봉군으로서 상대방을 섬멸할 수 있었던 것이다.

최씨정권이 강화천도를 단행하고 그 저항세력을 위와 같이 섬멸하였던 당시에는, 몽고가 침략의 야욕을 채우기 위해서 광분하고 있을 때이다. 이 같은 시기에, 최씨정권은 몽고병을 막고 무찌르기보다 오히려 민중의 봉기를 진압하는데 더욱 주력하였던 것 같이 보인다. 그래서 이제현은 삼별초에 관해서 "권신들이 驍勇之士를 모집·양성하여 自衛하였다"고 한 듯하다. 이 '自衛'는 권신, 즉 최우 자신이 정권을 보위하기 위해서 삼별초를 조직 운영하였다는 뜻인 것이다. 이제현이 삼별초 조직의 목적을 이 같이 밝혀 놓은 것과 《高麗史》 찬자가 "최우가 나라 안에 도적이 많은 것을 걱정하였다"하여 그것을 설치했다고 한 것이, 서로 어긋나는 것은 아닌 것 같다. 여기의 「國中多盜」는 각 지방의 민중봉기를 의미하고 있는 것이며, 이 당시 많은 농민·천민의 봉기가 있었다는 것은 주지의 사실이다. 요컨대 야별초, 즉 삼별초는 수도를 비롯한 전국의 농민폭동을 진압하기 위해서 조직한 것이요, 최씨 무신정권을 보위하기 위해서 설치한 것이다. 따라서 야별초의 숫자가 늘어나 좌우별초로 확대개편하였다는 것은 최씨정권의 농민폭동에 대한 강경진압책에도 불구하고 농

민폭동이 확대일로에 있었다는 것을 반영하는 것이다.[43]

삼별초의 요원들은 당시의 집권자들로부터 반대급부로서 많은 특혜를 입었던 것이다. 예컨대 권신 즉 무신들이 권력을 잡으면, 삼별초를 그들의 爪牙 즉 心腹之人으로 만들기 위해서 봉록과 사사로운 혜택을 후하게 베풀기도 하고, 또 죄인의 재산을 적몰하여 지급하기도 했다[44]는 것이 그것이다. 이것은 삼별초의 요원들이 많은 특혜를 받고 있었던 사실을 보여준다. 생각건대 집권자들은 삼별초를 이용하기 위해서 여러 가지 시혜를 베풀었을 것이다. 이것은 삼별초가 정치적 이용 대상이었음을 말해 준다. 그러나 삼별초의 요원들 가운데서 집권자들로부터 많은 특혜를 입고 어용적인 구실을 하였던 자들은 소수에 불과하였을 것이다. 그 재원이 무한한 것이 아니고 일정한 한계가 있었을 것이기 때문이다. 따라서 집권자들로부터 사적인 은혜와 적몰한 재산을 분배받을 수 있는 자는 특정한 소수에 불과할 수밖에 없었을 것이고, 삼별초의 요원들 가운데 집권자의 어용이 되어 정치적으로 이용된 자들도 소수에 지나지 않을 것임을 짐작할 수 있다. 결국 이들 소수 요원들만이 집권자의 어용이 되어 정치적 문제에 개입했던 것이다. 이러한 삼별초의 요원은 항상 집권자의 눈치나 살피는 어용군인이며, 오직 개인적인 이해관계에 따라 움직이는 정치군인이었다.

삼별초는 대몽항전의 전 시기를 통하여 무신정권의 가장 중요한 무력기반이었다. 결국 무신정권의 상비군적 성격을 띠게 된 것이다. 즉 최씨정권과 김준·임연부자가 모두 삼별초의 무력을 장악하고 이를 수족같이 이용하여 그 권력을 유지하였다. 최씨정권 초기에는 사병이 우세하였으나 강화도 천도 이후에는 삼별초가 가장 주요한 무력기반으로서 뚜렷이 두각을 나타내었다. 강화도에서 정변이 있을 때마다 삼별초는 무력의 담당자로서 결정적인 역할을 하였다. 따라서 권력을 잡기 위해서는 먼저 삼별초를 장악하여야 했으며, 집권자들은 삼별초를 손 안에 넣기 위해서 녹봉을 후하게 주기도 하고, 또는 재물을 보내 크게 우대하였다. 삼별초는 국가의 재정에 의하여 양성되고 국고에서 지출되는 녹봉을 받았다는 의미에서 권신의 사병과는 매우 성격이

43) 金潤坤, 앞의 글(1981), 153~155쪽.

44) 《高麗史》 권 81, 志 35, 兵 1, 五軍 원종 11년 5월.

다른 것이다. 이를 볼 때 삼별초는 정부의 상비군적인 성격을 가진 것으로 보인다.[45] 결국 무신정권을 유지시키는 무력장치로서 중추적인 역할을 담당하는 한편 왕실을 무력으로 견제하는 효과도 가지고 있었을 것이다.[46]

또한 전시과제도의 붕괴와 무인 상호간의 권력 투쟁이 반복됨으로써 각기 경쟁적으로 사병을 양성하였다. 이에 따라 수도의 수비임무를 맡고 있었던 3위와 경찰의 임무를 맡고 있던 금오위 등의 기존 기구들이 거의 있으나마나 해지면서, 그들이 담당하였던 임무를 보다 강력하게 수행하기 위해서는 새로운 기구의 필요성이 대두되었다.[47] 결국 최우에 의해 조직된 야별초 및 삼별초의 기능과 세력이 府衛軍(三衛・金吾衛)에 대해 상대적으로 증대되어, 부위군에 의해서 수행되는 직무와 크게 차이가 없게 되었다. 이는 부위군의 침체 상황과 짝하여 그러한 직무들이 삼별초의 활동에 의해 대체되고 있었음을 의미한다. 실제로 몽고의 침략 전 시기를 통하여 제1차 침입을 제외한다면 부위군의 움직임은 거의 눈에 띄지 않고 있어 삼별초의 활약과는 뚜렷한 대조를 보여 준다.

최씨정권 몰락 이후 빈번한 정변 속에서 그 성패 여부가 삼별초의 향방에 따라 결정되었던 사실들은 삼별초가 가장 강력한 무력기구로 성장해 있었음을 시사한다. 이렇게 삼별초가 강화된 것은 전란의 참화 속에서 군사력 확보 또는 증강이 불가피한 것이었기 때문이다. 그러나 정규군이 아닌 삼별초는 그 제도 자체에 포함되어 있는 변칙의 한계 때문에 최저선의 군사력 유지라는 선을 벗어날 수 없었을 것이다.[48]

여기서 삼별초의 기능과 조직과정을 다시 정리하면 다음과 같다. 첫째 야별초는 민중의 봉기를 진압하기 위하여 조직된 군대였다. 이것은 처음 최우가 나라 안의 많은 도적을 우려하여 조직했다는 것과 각 지방의 「盜起」 즉 단순한 의미의 도둑뿐만 아니라 민중 봉기를 진압하기 위해 별초를 나누어 보내서 붙잡아 들이게 했다고 한 것 등에서 알 수 있다. 둘째 야별초는 무인 최씨 정부가 원래 府兵의 날랜 장수와 기예한 군졸 그리고 마별초의 일부를 조직의

45) 姜晋哲, 앞의 글, 382~383쪽.
46) 申安湜, 앞의 글, 82쪽.
47) 金潤坤, 앞의 글(1981), 150~153쪽.
48) 尹龍爀, 앞의 글, 312쪽.

모체로 삼았으며, 그 구성원이 점점 늘어나자 마침내 좌·우별초로 나누기에 이르렀다. 이 야별초의 요원이 점증하게 된 것과 민중봉기의 빈도는 서로 비례하였다는 것을 알 수 있다. 셋째 신의군은 대몽항쟁과정에서 고려군이 적에게 포로가 되었다가 도망쳐 나온 자로 조직된 군대이다. 여기서 몽고병에 대한 이들의 적개심이 어떠했을까를 헤아려 볼 수 있다. 요컨대 이들은 정예부대로서 활약하였다. 이상에서 볼 수 있는 바와 같이 삼별초는 민중봉기의 진압과 몽고의 침략을 방어 분쇄하기 위해서 조직된 특수부대였다는 것을 알 수 있다. 이들은 그 조직의 목적에 부합되는 많은 전과를 거두었다.

다음으로는 삼별초의 성격 문제에 대해서 살펴보기로 한다. 삼별초는 公兵이었는가, 아니면 도방·마별초와 같이 권신의 사병이었는가 하는 것이 문제로 제기되어 오고 있다. 이 公私의 구분문제는 삼별초의 성격을 규명하고 이해하는 관건으로 보여지고 있다. 원래 삼별초는 권신 최씨 일가들에 의하여 조직된 것이며, 그 위에 또한 역대 권신에게 이용되었다는 것은 앞서 살펴보았다. 이와 같이 삼별초는 때로 도방·마별초와 마찬가지로 권신에게 이용되는 것으로 보아 언뜻 보면 사병과 같이 보이기도 한다. 益齋 李齊賢은 마별초·신의군·야별초 등의 삼별초를 권신의 자위를 위한 사병으로 보고 있다.[49] 원래 武將 권신의 발호시대에는 부병도 대개 그들의 심복으로 된 예가 많다. 이러한 사실들이 삼별초를 사병으로 이해하게 하는 근거가 되는 듯싶다. 이에 대해서는 무엇보다 《高麗史》 兵志의 기사가 주목된다.

> 권신이 집권하자 이들을 爪牙로 삼고 그 봉록을 후하게 하며 혹은 사사로이 은혜를 베풀기도 하고 또 죄인의 재물을 적몰하여 주기도 하였으므로, 권신은 이들을 마음대로 부릴 수 있었고 이들도 앞을 다투어 힘을 다하였다. 金俊이 崔竩를 주살하고, 林衍이 김준을 주살하며, 宋松禮가 林惟茂를 주살함에 있어서도 모두 이들의 무력에 의하였다(《高麗史》 권 81, 志 35, 兵 1, 五軍 원종 11년 5월).

위의 기사에서 그 성격이 잘 드러나고 있다. 이처럼 삼별초는 권신의 심복으로서 역할한 것이 사실이며, 또 이 기구의 설치 자체가 최우에 의해 이루어졌다는 데서, 그들이 사병처럼 보일 가능성은 한 층 더 높아진다. 따라

---

49) 《櫟翁稗說》 前集 2.

서 논자 가운데는 삼별초를 '公兵的인 성격이 농후한 사병'으로 보기도 한다.[50] 역대 권신들이 여러 가지 사적인 은덕을 베풀어 삼별초를 이용했던 것은, 삼별초 행동이 때로는 도방과 마별초와 구별하지 못할 만큼 분명하지 않았던 까닭이었다. 이미 언급한 바와 같이 고종 23년에 최초로 몽고병과 충돌한 야별초의 군관 李裕貞은 「崔怡都房夜別抄都領」이었는데, 이로 보면 이유정은 최우의 사병인 도방의 성원인 동시에 야별초의 도령을 겸하였던 것으로 이해된다. 이는 최우가 야별초를 이용하려는 목적으로 자기 도방에 속한 자를 가려 야별초의 도령으로 임명하였던 때문으로 여겨진다. 아무튼 삼별초는 일면으로는 공병으로, 또 다른 한편으로는 사병으로 각종 기록에 나타나므로, 그 성격이 혼동될 만한 소지가 없지 않다.

삼별초가 무인들에게 이용되었고 무인들의 저택경비에까지 동원된 것은, 당시 모든 권력을 장악하고 있던 자가 바로 무인들이었으며, 그들이 일체의 실권을 장악하고 전횡하면서 삼별초의 군관도 자신의 심복으로 충원하여 통제하였기 때문이다. 이러한 조건하에서 관군도 집권자에게 이용되어 농락되지 않을 수 없었을 것이며 마별초의 경우도 사정은 동일하였다. 그러나 삼별초가 권신들에게 이용되었던 현상만 가지고 그것을 도방 혹은 마별초와 같은 사병으로 볼 수는 없다. 또한 삼별초는 그의 직능에 있어서도 사병과는 구별된다. 사병이 어떤 개인 즉 권신들의 호위를 위한 기능만을 수행하였다면, 삼별초는 무인집권자들 개인에게만 복무한 것이 아니라 봉건 국가의 권력 도구로서 대내외적 기능도 충분히 수행하였다.[51] 이들의 조직이 최우에 의해서 이루어졌다고 하지만 그는 당시 왕권을 능가하는 위치에서 국가의 정책을 결정하는 자리에 있었고, 또 삼별초가 권신들에게 지휘·이용된 것도 사실은 최씨 정권 후기부터의 일로[52] 그들의 성격이 많이 변화되어 사병화된 뒤의 현상에 불과하다. 즉 이들은 본래 공병이었으나 나중에는 사병의 성격도 많이 지니게 된 「私兵化한 公兵」이었다는 견해가 그것이다.[53] 이러한

---

50) 閔丙河, 앞의 글, 196쪽.

51) 김재홍, 앞의 글, 49~50쪽.

52) 金塘澤, 앞의 글, 190~195쪽에서는, 야별초는 최우가 애초부터 정치적으로 이용할 목적에서 설치하였다는 주장을 펴고 있다.

53) 尹龍爀, 앞의 글, 309~310쪽.

견해가 가능한 것은 삼별초의 전신이라고 할 수 있는 야별초가 당시의 권신 최우에 의해서 설치되었다는 점과, 그 후에 역대 권신들에 의해 자주 사적으로 활용되었다는 점이다.

그런데 문제는 이와 같이 공병으로서의 삼별초가 그 성격상의 변질을 초래하여 권신의 사병화되었다는 데 있다. 삼별초는 설치 당시부터 권신 최우에 의하였다는 점으로 이미 사병화할 수 있는 소지를 다분히 가지고 있었다.

그렇다 하더라도 삼별초는 고려의 중앙군이었던 것이다. 이들이 각 지방에 파견되어 그곳에서 임무를 수행하기도 했지만, 그 조직과 소속은 어디까지나 京軍에 해당하는 군대였다. 삼별초를 따로 京別抄라고 부른 이유도 그 때문이라고 생각한다.

그러나 정작 우리가 중요시해야 할 점은, 삼별초나 마별초의 소속 내지 성격문제 보다도 그들이 당시와 같은 시대적 여건 아래에서 어떤 기능을 담당하였는가를 파악하는 것이다. 설령 이들의 성격을 구분하는 것이 가능하다고 하더라도 이는 큰 의미가 없다는 생각이다. 엄밀히 따져보면 당시 최씨 무신정권이 모든 실권을 장악하고 정사를 천단하였기 때문에 공사의 구분이 확연할 리 없었다. 이 같은 시대적 상황을 고려해 볼 때 굳이 공사의 구분을 시도할 필요가 없을 것이며, 설혹 그것을 구분했다 하더라도 큰 의미가 없을 것 같다.

야별초를 포함한 삼별초가 원래 2군 6위의 관군이었음을《增補文獻備考》兵考는 밝히고 있다. 즉 무신집권 이후에 驍軍·銳卒이 모두 삼별초에 소속되었으므로 祖宗의 옛날 군제가 허물어지게 되었다고 하였다. 이것을 뒤집어 생각해 보면, 유명무실한 조종의 舊制 즉 2군 6위의 부병제가 삼별초의 창설로 인해서 새롭게 보강되었다는 말이 된다. 최씨정권이 강화천도를 단행하고, 그 저항세력을 위와 같이 섬멸하고 있었던 이 당시는, 몽고가 침략의 야욕을 채우기 위해서 광분하고 있을 때이다. 이 같은 시기에 최씨정권은 몽고병의 방어·격퇴보다는 오히려 민중의 봉기를 진압하는데 더욱 주력하였던 것 같이 보인다. 그래서 이제현은 삼별초에 관해서 "권신들이 驍勇之士를 모집·양성하여 自衛하였다"라고 한 듯하다. 이「自衛」는 권신 즉 최우 자신의 정권보위를 위해서 삼별초를 조직하였다는 뜻인 것이다. 이제현이 삼별초의 조직 목적을 이 같이 밝혀 놓은 것과《高麗史》찬자가 "최우가 나라 안에

도적이 많은 것을 걱정하였다"라 하여 그것을 설치했다고 한 것이, 서로 어긋나는 것은 아닌 것 같다.

삼별초의 처음 설치목적은 최씨정권의 보위 즉 농민·천민의 봉기를 진압하고 몽고의 침략을 저지하려는데 있었다. 집권자들은 삼별초를 江都에서 육지로 파견하여 농민폭동군을 진압하고, 몽고병의 침략을 저지 격퇴케 하기도 하고, 그들의 정권장악에 삼별초를 이용하기도 하였다. 그런데 삼별초 중에서 집권자의 정치적 야욕(정적제거 등)에, 혹은 실력자의 정권 장악 행위(쿠데타) 등에 이용된 자는 소수에 불과하였고, 그 대부분은 항상 대몽항쟁의 대열에 투입되어 있었다. 수도가 강화에 있을 때, 집권자들은 국내의 반정부세력보다는 몽고의 침략에 더 큰 불안과 위협을 느꼈을 것이다. 이와 같은 당시의 국내정세는 삼별초로 하여금 정치적 작용, 즉 쿠데타 등에 참여하기보다는 대몽항쟁의 대열에 종사하기를 요구하기에 이르렀을 것이다. 이 과정에서 민족적 저항정신의 소유자로서 더욱 성장할 수 있었을 것이다. 결국 당시의 임금인 원종과 일부 문신들이 몽고와의 야합을 통해 「出陸還都」의 길로 나서자, 이들은 반개경정부와 대몽항전의 기치를 들고 새로운 정부를 수립하기에 이르게 되었던 것이다. 다시 말하면 몽고의 침략세력에 의해 참담한 전화에 시달리고 있었던 전국 군현민들의 전폭적인 지지와 협조 속에 삼별초 정부를 수립할 수 있었던 것이다.[54]

〈金潤坤〉

54) 이에 관해서는 金潤坤, 앞의 글(1981)에서 상세히 언급한 바 있다.

Ⅲ. 무신정권기의 국왕과 무신

Ⅲ. 무신정권기의 국왕과 문신

1. 국왕의 권위

1) 중방정치와 국왕

고려의 전통적인 右文政策에 따른 武班에 대한 차별대우, 일반군인들의 불평불만 그리고 의종의 失政 등이 복합적으로 작용하면서 마침내 武臣亂이 발발하였다. 그러나 무신란은 무신들의 상승된 지위[1]를 전제로 하는 것이며 무력의 핵심을 이루는 일반군인들이 전적으로 동조하였기 때문에 성공할 수 있었다.

의종 24년(1170) 8월 鄭仲夫, 李義方 등이 주동이 된「庚寅의 亂」이 성공하자 집권무신들은 많은 문신을 살해하였을 뿐만 아니라 당시 국왕인 의종을 폐출하여 거제도로 유배하였으며 이어 王弟 명종을 새 국왕으로 추대하였다. 명종 때에는 아직 무신정권이 안정되지 못한 상황이었기에 집권무신들 간의 정권다툼이 치열하였고, 정치 역시 고위 무신의 합좌기관인 重房을 중심으로 이루어졌다. 중방은 무신란 이후 정변 주역의 한 사람인 이의방이 강화시킴으로써 명종 때 집권무신들의 정치적 중심기구로 등장하게 된다.[2]

무신집권기 중방의 기능은 군사는 물론 警察, 刑獄, 백관의 任免, 기타 諸規例의 판정 등 모든 정무에 간여하고 있었으며, 한편으로는 무신집정의 지위가 확고하지 못하여 집권무신들의 전횡을 억제하는 자기조절의 기능도 수행하였음을 간과할 수 없다.

---

1) 貴族政治期 현종대 이후 북방민족과의 전쟁을 통하여 점진적으로 무신의 지위를 향상시켜 갔으며 문종 30년 更定田柴科에서 무반의 대우가 좋아진 것이나 예종 4년에 武學齋가 설치된 것은 이러한 추세의 반영이다.

2) 《高麗史》 권 77, 百官 2, 西班 序 및 권 128, 列傳 41, 李義方.

《高麗史節要》 권 12, 명종 때의 사료를 중심으로 중방의 권력행사에 대하여 규명해 보기로 하겠다.

1. 將軍 李永齡, 別將 高得時, 隊正 敦長 등이 이의방을 위하여 정중부에게 원수 갚기를 꾀하다가 일이 누설되니 중방에서 체포하여 먼 섬에 귀양보냈다(《高麗史節要》 권 12, 명종 6년 9월).
2. 興王寺의 중이 중방에 와서 고하기를 '절의 중이 德水縣 사람과 함께 반란을 일으킬 음모를 하는 자가 있는데 散員 高子章이 사실을 알고 있습니다'하니 중방에서 중과 子章을 체포하여 먼 섬에 귀양보내고 비밀히 사람을 보내어 강물에 던져 버렸다(《高麗史節要》 권 12, 명종 8년 1월).
3. 어느 사람이 중방에 호소하기를 '修國史 文克謙이 의종이 시행 당한 사실을 그대로 바로 썼는데 主上을 시해한 것은 천하의 大惡입니다. 마땅히 무관으로 하여금 수국사를 겸임시켜 사실을 바르게 쓰지 못하도록 해야 할 것입니다'하였다. …(문)극겸이 史堂에서 무관인 崔世輔와 농담하며 말하기를 '儒官으로 상장군이 된 것은 나로부터이고 무관으로 同修國史가 된 것은 역시 公으로부터 비롯되었다'면서 서로 한바탕 웃었다(《高麗史節要》 권 12, 명종 16년 12월).
4. 재추·중방·대간이 奉恩寺에서 회합하여 시장의 물가를 정하고 말(斗)과 곡(斛)의 용량을 고르게 하며 위반하는 자는 섬에 귀양보내기로 하였다(《高麗史節要》 권 12, 명종 11년 7월).
5. 여러 무신이 중방에 모여 문관으로 남아 있는 자를 모두 불렀는데 李高가 모두 죽이려고 하니 (정)중부가 말렸다(《高麗史節要》 권 11, 명종 24년 9월).
6. 중방에서 동북 양계의 州·鎭 판관은 무관으로 임명하는 것을 허락하지 말기를 奏請하니 이를 聽從하였다. 이 논의를 주장한 자는 장군 洪仲方이었는데, 무관 金敦義 등 6명이 (홍)중방이 나오기를 기다려 길을 막고 (그 잘못을) 호소하니 중방에서 체포하여 墨刑하고 섬에 귀양보내었다(《高麗史節要》 권 12, 명종 7년 4월).

위의 사료 가운데 1과 2는 중방이 경찰 내지 형옥의 권한을 행사하였음을 말하여 주는 것이며, 3은 인사행정, 4는 시장가격을 사정하고 斗斛을 표준화하는 등의 條規를 제정하였음을 말하여 주는 것이고, 특히 5와 6은 집권무인들의 전횡을 억제하는 자기조절의 기능을 수행하였음을 보여주는 사례이다.

무신정권의 전기에 해당하는 명종 때에는 아직 무신집정의 위치가 확고하지 못하여 무신세력의 중심기구인 중방에 의지하여 무신정권을 보전하였으므로 중방은 무신정권에 대한 항거를 방지하는 중심체가 되었던 것이다. 따라서 명종대는 문반에 대한 탄압과 견제가 가장 심한 때이기도 하다.

집권무신들에 의해 의종의 同母弟인 명종이 새로운 국왕으로 추대되었다는 사실은 한편으로 제한된 범위에서나마 국왕의 통치영역을 그들이 인정하지 않을 수 없었음을 뜻한다. 무신집정과 중방의 견제 속에서도 국왕은 정치의 구심점으로서 정무의 수행이 가능하였고 무신에 대한 銓注權 행사와 과거제 운용에 영향력을 발휘함으로써 문신세력을 기반으로 한 국왕 자신의 통치영역을 어느 정도 유지할 수 있는 과도기적 시기였다고 생각된다. 그리고 대외적으로 金나라와의 외교관계를 주관하고 天命의 대행자인 군주의 기본적 책무로서 국가적 행사나 천재지변을 당하여는 詔書를 반포하거나 사면권을 행사하여 정치의 쇄신을 기하려 하였다. 또한 국가와 왕실의 안녕을 기원하는 종교의식, 불교행사 등도 귀족정치기와 마찬가지로 빈번히 행하여졌다.

국왕은 銓政(인사행정)을 행함에 있어「政案」에 대한 최후의 결재자였을 뿐만 아니라 측근에 학식이 뛰어난 문신관료를 거느리고 있어 무신들의 간섭을 받지 않은 채 과거제를 운용하여 급제자를 배출시켰다.

명종이 潛邸에 있을 때 꿈에 본 인물과 닮아 차례를 뛰어 넘어 중용된 閔令謨[3]나, 翼陽公府의 典籤으로 있던 崔汝諧[4]가 명종이 왕이 될 꿈을 꾼 것을 아뢰어 이것이 인연이 되어 결국 현달하게 된 것이나, 일찍이 翰林院에 있을 때에 글을 잘 지어 왕태후가 乳瘡을 앓고 있으므로 왕이 기도하는 글을 짓게 했더니 그의 뛰어난 글로 말미암아 특별히 총애를 받아 翰林學士에까지 승진한 李純佑[5]의 경우 등은 비록 무신집권기이지만 문신들의 전주권 행사에 영향력이 컸음을 알게 하는 사례이다. 더욱이 명종이 인물을 등용할 때 嬖臣·宦者들과 더불어 의논하여 엽관 운동과 뇌물이 공공연하게 행해짐으로써 정치기강의 문란을 초래했다는 기록[6]은 이를 입증해 준다.

무신집권기는 사회적 혼란과 儒風이 부진하였음에도 불구하고 문신들의 벼슬길인 과거는 계속되었다. 시험관인 知貢擧와 급제자는 座主와 門生의 관계를 맺어 일생을 통하여 긴밀하게 연결되었고 이를 중심으로 하나의 사회적 집단이 형성되어 갔으며 그 정점에 국왕이 존재하고 있었다. 무신집권기

3)《高麗史》권 101, 列傳 14, 閔令謨.
4)《高麗史》권 101, 列傳 14, 崔汝諧.
5)《高麗史》권 99, 列傳 12, 李純佑.
6)《高麗史節要》권 13, 명종 15년 6월.

국왕의 권위가 유지될 수 있었던 배경은 왕실과 깊은 연관을 가진 문신세력의 꾸준한 진출이 있기 때문이었다.

명종 때에도 귀족정치기에서와 같이 국왕은 司祭로서 왕실(조상)에 대한 제사 및 종교행사 등을 관장하고 천재지변이나 국가적 행사 그리고 왕실의 慶吊행사에 사면권을 발동하여 德治와 권위를 내세울 수 있었다.

국왕이 사제로서 왕실에 대한 제전 및 종교의식 등을 주관하는 것은 귀족정치기에 있어서는 의례적인 행사였으나, 왕권이 크게 위축된 무신집권기에 와서는 묵시적으로 왕실의 권위를 내외에 표출하고 인정받는 구실을 했던 것으로 여겨진다. 이를 살펴보기로 하자.

① 정월 경오 초하루에 景靈殿에 알현하였다. 9월 을유에 昌陵(世祖陵)에 알현하였다(《高麗史》 권 19, 世家 19, 명종 2년).
② 정월 을축 초하루에 景靈殿에 알현하였다. 4월 을축에 친히 大廟에 禘祭하고 宣旨를 내려 '…赦令을 내리고 무릇 禘禮에 참여하며 三陵에 배알한 자에게도 또한 선물을 내리라'고 하였다. 5월 병신에 端午이므로 景靈殿에 알현하였다(《高麗史》 권 19, 世家 19, 명종 3년).
③ 10월 을유에 왕이 친히 大廟에 祫祭를 지내고 죄수를 용서하였다(《高麗史》 권 20, 世家 20, 명종 16년).
④ 9월 경신에 重陽이므로 景靈殿에 제향하였다(《高麗史》 권 20, 世家 20, 명종 20년).

위의 사료는 왕실(조상)에 대한 제사의 기록이고, 불교행사에 관한 기록은 다음과 같다.

① 6월 무오에 왕이 보살계를 大觀殿에서 받았다. 10월 宣慶殿에 百高座를 설치하고 仁王經을 읽었다. 을사에 승려 3만 명을 공양하였다(《高麗史》 권 19, 世家 19, 명종 원년).
② 2월 계축에 燃燈으로 왕이 봉은사에 행차하였다. 有司가 태조의 옛 제도에 의하여 2월 보름날로 연등할 것을 청하니 왕이 그 청을 어기기 어려워 좇았으나 다음해부터는 다시 정월 대보름으로 하게 되었다. 3월 기사 초하루에 왕이 靈通寺에 행차하여 세조·태조·인종의 眞影을 배알하였다(《高麗史》 권 19, 世家 19, 명종 2년).
③ 11월 계묘에 八關會를 베풀고 法王寺에 행차하였다(.《高麗史》 19, 世家 19, 명종 3년).
④ 10월 병진에 百座道場을 대관전에 베풀고 中外로 하여금 승려 3만 명을 공양하게 하였다(《高麗史》 권 19, 世家 19, 명종 8년).
⑤ 10월 임술에 仁王道場을 대관전에 베풀고 승려 3만명을 毬庭에서 공양하였

다(《高麗史》 권 20, 世家 20, 명종 11년).

⑥ 4월 임인에 華嚴法會를 洪圓寺에서 성대히 베풀고 경인·계사년간에 죽은 사람들의 명복을 빌었다(《高麗史》 권 20, 世家 20, 명종 13년).

고려에서는 새롭게 왕이 즉위하면 大廟에 친히 제사지낸 후에 사면을 반포하였다. 사면은 삼국시대부터 국왕만이 가질 수 있는 專權으로서 국왕은 이를 통하여 자신의 선정과 덕치, 그리고 권위를 내세울 수 있는 하나의 계기로 삼았다. 삼국시대 사면을 실시하는 계기는 주로 新王 즉위 때가 가장 많고 다음으로는 태자책봉, 순행, 천재지변 등이었다.[7]

고려에서도 천재지변의 발생 때 국왕은 이에 대한 消災의 방법으로 의식적인 대책과 현실적인 대책을 실시하고 天意의 소재를 파악하여 이에 따랐다. 대개 전자의 경우는 스스로의 責己修德, 불교적인 祭齋의 거행, 도교의 醮齋 등을 거행하였으며, 후자의 경우에는 죄수에 대한 사면의 실시, 조세의 감면, 과중한 工役의 중지, 인사처리의 시정, 그리고 반란 음모에 대한 사전 대비와 같은 구체적인 재해대책이 실시되었다.[8]

명종 때에도 국왕은 고려왕실을 대표하여 금나라와의 외교관계를 주관하였다. 무신정권의 격변 속에서 즉위한 명종으로는 대외적으로 금나라 조정과의 事大外交를 통하여 실추된 국왕의 권위를 보장받으려 하였을 것이다. 고려와 금나라 양국은 정월과 11월에 정례적으로 사절을 교환하여 신년과 생신을 축하하였으며 이 밖에도 수시로 사절 왕래를 행하였다.

무신란 이후 대외적인 외교관계에 있어 커다란 변화는 무신들이 사절로 파견되는 것이 일반화되고 또한 수행하는 경우가 많아졌다는 점이다. 원래 문신귀족정치기에는 외국에 파견되는 사신과 書狀官은 문관에 한하였고, 그것도 유교적 지식이 뛰어난 관리에 한하였다. 무관의 경우 이에 임명되지 못하였을 뿐 아니라 심지어는 武學人의 使行까지도 허락되지 않았다.[9] 명종 때에 성품이 잔인하고 탐학하였던 무관출신 李英搢[10]이 금나라에 사신 가기

7) 辛虎雄, 〈高麗以前의 赦免制度〉(《高麗刑法史硏究》, 東國大 博士學位論文, 1986), 232~235쪽.

8) 李熙德, 〈高麗時代의 天文觀과 儒敎主義 政治理念〉(《韓國史硏究》 17, 1977).

9) 《高麗史》 권 16, 世家 16, 인종 9년 9월.

10) 《高麗史》 권 100, 列傳 13, 李英搢.

를 요청하여 沿路에 재물을 요구하니 군현에서 다투어 뇌물을 준 것이 萬金이나 되었다는 사실이나, 금나라 사람이 "…너희 나라에 사람이 없어서 너를 고관으로 임명하여 使命을 받게 하였느냐"하면서 이르는 곳마다 모두 그를 업신여겨 꾸짖고 예로써 접대하지 않았다는 사실은 사신의 관행이 무신란 이전과 크게 달라졌음을 알게 해 준다.

그리하여 명종 12년에 "무릇 금나라에 가는 서장관은 國學 翰林의 儒官으로 才名이 있는 자를 보내도록 하라"[11] 하였던 것은 곧 그 동안 외국에 파견되는 사행의 잘못을 시정하려는 국왕의 의도를 말해주는 것이다.

2) 국왕의 권위

무신집권기 무신들의 전횡으로 왕권이 크게 위축된 상황에서도 고려왕조가 붕괴되지 않고 존속할 수 있었던 배경은 무엇일까. 이에 대한 해답은 먼저 출신가문이 미천한 집권무인들이 전통적 신분사회에 대한 잠재의식을 불식할 수 없었고, 고려왕조를 상징하는 국왕의 권위를 무시할 수 없었던 데서 찾게 된다. 명종 때에 일어난 무신정권에 대한 반란이나 집권무인들의 정권투쟁은 바로 국왕의 권위를 배경으로 하여 전개되었던 것이다.[12]

국왕의 살해가 반란이나 정권투쟁의 명분으로 이용되었음은 다음 사료를 통하여 알 수 있다.

① 李俊儀가 (동생) 義方을 꾸짖어 '네게 세 가지 큰 죄악이 있다. 임금을 시해하고 그 第宅과 姬妾을 탈취하였으니 죄악의 하나이요…'라고 말하니 의방은 크게 노하여 칼을 빼어서 죽이려 하였다(《高麗史節要》 권 12, 명종 4년 정월).
② (趙)位寵이 군사를 일으켜 (이)의방이 임금을 시해하고 장사하지 아니한 죄를 聲言하였으므로 선왕을 禧陵에 받들어 장사하고 그의 화상을 海安寺에 봉안하였다(《高麗史節要》 권 12, 명종 5년 5월).
③ 將軍 慶大升이 정중부와 그의 사위 宋有仁을 베어 죽였다. 조정의 벼슬아치들이 궁궐에 나아가 축하하자 대승이 말하기를 '왕을 시해한 자가 아직 있는데 어찌 축하할 수 있는가'하니 李義旼이 듣고 크게 두려워하였다(《高麗史節要》 권 12, 명종 9년 9월).

11) 《高麗史》 권 20, 世家 20, 명종 12년 6월.
12) 金塘澤, 〈高麗 崔氏武人政權과 國王〉(《高麗武人政權硏究》, 새문사, 1987).

①은 이의방 형제의 불화가 빚은 사건이지만, 형 이준의가 동생을 꾸짖어 임금을 축출하고 시해한 죄를 성토하자 이의방은 격분하여 형을 죽이려 하였다는 내용이다. 한편, ②는 조위총이 정중부·이의방을 타도하기 위한 구실로서 이의방이 임금을 시해하고 장사하지 않은 죄를 성토하므로 의종의 화상을 海安寺에 봉안했다는 기록이다. ③은 장군 경대승이 정중부를 죽이자 조정의 벼슬아치들이 이를 축하하였다는 내용이다. 그러나 경대승은 왕을 시해한 이의민이 있음을 상기시킴으로써 국왕의 권위를 인정하였지만, 그 이면에는 자신의 정권 장악을 정당화시키고 있음을 볼 수 있다.

다음으로 重房政治의 취약성에서 고려왕조의 계속성을 찾을 수 있다. 명종 때에는 아직 무신정권이 안정되지 못하여 그들의 지위가 확고하지 못하였고 정치도 중방을 중심으로 이루어졌다. 이러한 정치상황이 한편으로는 미약하나마 왕권을 유지시켜 주는 배경이 되기도 하였고 다른 한편으로는 무신집정자들이 王氏의 고려왕조를 감히 넘보려는 의도조차 갖지 못하는 요인으로 작용하였다.

명종 때에 국왕의 권위가 지속될 수 있었던 배경에는 고려왕실과 깊은 연관을 갖는 문신세력의 집요한 뒷받침이 있었기 때문에 가능하였다. 의종 때보다 수적으로는 감소하였지만, 무신란 이후에도 많은 문신들이 국정을 담당하고 있었다. 그리고 대외적으로 외교를 통한 금나라 조정의 후견적 측면도 명종 당시 국왕의 권위를 뒷받침해 준 또 하나의 요인이 되었던 것이다. 명종 즉위 후 금나라에 告奏使로 파견된 庾應圭는 金帝의 禪位에 대한 의심과 힐난을 단식투쟁으로 극복하면서 回詔를 받아오는데 공을 세웠다.[13)]

金甫當의 亂을 당하여 '文臣之長'으로 지목된 宰相 尹鱗瞻이 묶기고 이어 유응규를 핍박하려 함에 그가 이를 힐난하면서 의연하게 대처하자, 諸將이 말하기를 "庚寅의 일은 金帝에 대한 公의 告奏가 아니었더라면 우리 무리는 죽어 젓으로 담기게 되었을 것이다"라고 하면서 사죄하였는데,[14)] 이러한 당시 상황인식을 다만 의례적, 관념적 측면으로만 보아 넘길 수는 없는 것이다.

최충헌은 집권 후 국왕의 폐위를 마음대로 하고 독자적인 집정부라 할 수

13) 《高麗史》 권 99, 列傳 12, 庾應圭.
14) 《高麗史節要》 권 12, 명종 3년 9월.

있는 敎定都監을 설치하여 국정을 천단하면서도 스스로 왕이 되지는 못하였다. 무신세력의 대두로 인해 신분제가 붕괴되고, 귀족제의 해체를 야기시킨 것은 사실이지만 유교적 전통이 강한 고려왕조에 있어서 전통적 신분관념을 떨쳐버릴 수 없는 당시의 사회적 여건이나, 북방민족과 연관을 갖는 대외정세의 추이는 최씨정권 자체도 결코 무시할 수 없는 것이었다.

최씨집정자들은 국왕이 되려는 모험을 시도하여 정권의 몰락을 초래하기보다는 오히려 국왕의 권위를 이용하여 그의 정권을 공고히 하려 하였다.[15] 최충헌 형제가 政敵 이의민을 제거할 때에 "그가 일찍이 시역의 죄를 범하고 백성을 포학하게 침해하여 왕위를 엿보고 있었다"[16]는 구실을 들고 있지만, 최충헌은 집권한 직후 왕에게 「封事10條」를 올려 舊政을 개혁하고 新政을 도모하여 태조의 正法을 준행할 것을 한결같이 건의하였다. 이는 고려왕조에 대한 권위를 부정하지 않겠다는 그의 의도를 엿보게 하는 것이다.

최충헌 집권 후 동생 崔忠粹가 그의 딸을 태자비로 들여 정치적 열세를 만회하려 하다가 최충헌의 반대에 부딪혀 결국 살해되었다. 이는 비록 최충헌 형제의 권력투쟁에서 비롯된 문제이기는 하지만, 최충수가 그의 딸을 태자비로 들이려 하는 것을 최충헌이 반대하여 설득하는 다음의 내용은 시사하는 바가 크다.

> (최)충헌이 타이르기를 '지금 우리 형제의 세력이 비록 한 나라를 기울이고 있으나 가계가 본래 미천하니 만약 딸을 東宮에 시집보낸다면 비난이 없겠는가. …옛 사람이 말하기를 앞 수레가 넘어지면 뒷 수레가 경계한다 하였는데, 전번에 이의방이 딸을 시집보냈다가 마침내 남의 손에 죽었으니 지금 그대가 앞 사람의 실패한 자취를 따라 하는 일이 옳겠는가'라 하였다(《高麗史節要》 권 13, 명종 27년 10월).

이러한 것은 무신집정자가 아직 전통적 신분사회에 대한 잠재의식을 떨쳐버리지 못하였다는 것이 되며, 또한 왕실의 권위를 배경으로 하여 권력투쟁이 전개되고 있음을 알게 해 주는 기록이기도 하다.

이의민 일당을 타도한 최충헌은 그의 정권을 공고히 하기 위하여 구세력의 상징인 명종을 폐위하지 않을 수 없었다. 명종의 후계자 선정문제는 최충

---

15) 金塘澤, 〈崔氏武人政權과 國王〉(《韓國學報》 42, 1986).

16) 《高麗史節要》 권 13, 명종 26년 4월.

헌의 집권 후 그의 형제간에 일어난 최초의 정치적 대립의 양상을 띤 사건이었으나, 이 문제는 최충헌이 지지한 平涼公 旼(神宗)을 왕위에 올림으로써 일단락지었다. 그런데 이 때 최충헌에 동조하였던 조카 朴晋材의 다음과 같은 발언은 금나라와의 외교관계에 있어서 주목을 끌게 한다.

> (박)진재가 말하기를 '縝(진)과 旼이 모두 왕이 될만하나 금나라에서 진이 있는 것을 알지 못하니 만일 진을 왕으로 세운다면 저들이 왕위를 찬탈하였다고 할 것이니 민을 세우는 것만 같지 못합니다. 의종의 옛일처럼, 아우에게 왕위를 전했다는 것으로서 금나라에 알린다면 후환이 없을 것입니다'라 하니 의논이 이에 정하여 졌다(《高麗史節要》 권 13, 명종 27년 9월).

이것은 새 왕을 세우는데 있어서 독재정권인 최씨정권 조차도 금나라를 크게 의식하고 있었던 것을 확인시켜 주는 하나의 실례가 된다.

예측대로 금나라는 신종 원년에 宣問使 孫俁를 보내와 전왕의 양위를 힐문하고 "詔勅이 있는데 반드시 전왕을 보고야 친히 주겠다"하였으나, 門下侍郎 趙永仁의 임기응변으로 이 위기를 넘길 수 있있다. 외국이에 능통히여 금나라 사신의 접대로 출세한 金鳳毛와 그의 자손들이 최씨정권과 연결하여 크게 번성하면서 김봉모계의 慶州 金氏를 이루어 뒤에 충선왕의 '宰相之宗'에 오르는 귀족가문이 된 것은 그 동안 금나라와의 관계의 일면을 잘 보여준다.[17]

최씨 집권기인 13세기 초엽 동아시아의 정세는 몽고족의 흥기로 일대 변동기를 겪고 있었으며, 滿洲에서는 금나라가 쇠퇴하고, 고려는 대외적으로 새로운 시련기를 맞게 된다. 금나라가 쇠약해진 틈을 이용하여 독립하게 된 거란족이 몽고군에게 쫓겨 고려로 침입하였다.

최충헌이 죽자 그 뒤를 이은 崔瑀(怡)는 능숙한 정치적 수완으로 그의 부친이 구축해 놓은 권력적 기반 위에 왕실의 권위를 배경으로 그의 정권을 한층 더 공고히 하였다.

최우가 집권할 무렵 동아시아의 정세는 몽고족의 강성으로 한층 더 긴박감이 감돌게 되었고, 만주에서 금의 쇠망과 함께 고려는 대몽항쟁의 시련기로 접어들게 된다. 특히 몽고 침략에 접한 최우정권은 단호한 항전을 결의하

17) 〈金鳳毛墓誌銘〉(《朝鮮金石總覽》 上, 朝鮮總督府, 1919).
《高麗史》 권 101, 列傳 14, 金台瑞.

고 고종 19년에 江華 천도를 단행하여 대처하였으며, 국왕을 앞세워 대몽교섭에 임하는 한편 국내의 강화 여론을 무마하였다.

최씨정권이 존립하기 위하여는 대몽항쟁이 불가피하였던 것으로 몽고와의 강화는 최씨정권의 지위를 무의미하게 만들어 결국 최씨정권의 몰락을 가져오게 된다는 것은 최우 자신도 모를 리가 없었다. 최우가 조직한 三別抄는 都房과 더불어 최씨정권의 군사적 지주로서 대외적인 시련기를 맞이하여 대몽항쟁의 핵심부대로서 괄목할만한 활약을 하였다. 이와 같은 대몽항쟁을 수행하는 과정에서 국왕은 대몽교섭의 상징적 존재로서 그 권위를 유지할 수 있었다.

3) 국왕과 문반·민중

명종은 의종의 동복아우로 庚寅亂 직후 정중부, 이의방 등 정변의 주동인물에 의하여 옹립되었다. 경인란의 성공으로 많은 문신들이 살해되었지만 이런 혼란의 와중에서도 모든 문신이 학살된 것이 아니고 免禍救命된 문신도 적지 않았다. 무신란에 가담한 무신들 가운데 비교적 온건한 태도를 취했던 집단[18]은 무신란의 확대를 원치 않고 있었다. 또한 政務面에서 미숙한 집권무신들은 정책수립 및 행정실무를 담당할 문신들을 필요로 하였고, 민심을 수습 안정시키기 위하여도 덕망있는 옛문신의 포섭 등용은 효과적인 것이었다.

무신정권 성립 후 새로 등용된 문신층은 왕의 측근에서 신임을 받고 무신정권에 협조할 수 있는 옛문신과 과거를 통하여 진출하는 신진문신이 주류를 이루었다. 무신란 직후인 명종 즉위년 9월 문극겸의 批目에 의하여 새로 등용된 주요 문신을 보면 다음과 같다.[19]

- 任克忠 : 中書侍郎平章事
- 韓　就 : 樞密院使
- 尹鱗瞻 : 知樞密院事

---

18) 《高麗史》 권 128, 列傳 41, 鄭仲夫와 권 18, 世家 18, 의종 24년 9월 및 권 100, 列傳 13, 陳俊.
金塘澤, 〈李義旼政權의 性格〉(《歷史學報》 83, 1979)에서는 初期 武臣政權에 참여한 무신들을 「가담집단」과 「비가담집단」으로 나누고, 「가담집단」을 「온건집단」과 「행동집단」으로 나누었다.

19) 《高麗史節要》 권 11, 의종 24년 9월.

· 文克謙 : 右承宣 · 御史中丞
· 庾應圭 : 工部郎中

무신들이 집권하는 격변기임에도 불구하고 禍를 면한 문신들이 宰樞兩府로부터 六部·臺省職 등 요직에 임명되고 있다. 무신정권 성립 후에도 문신 관료들이 국정에 꾸준히 참여할 수 있었던 것은, 그들이 무신정권 아래에서 행정실무를 담당한다는 중요한 직책에 있었기 때문이지만, 국왕의 전주권이 계속 행사되고 있었다는 점도 큰 몫을 하였던 것으로 보인다. 이 국왕의 전주권에 대하여는 이미 앞에서 언급하였다.

무신집권기에 정권은 무신이 차지하였다 하더라도 실제로 정무를 다루는 데는 문신이 아니고는 감당할 수 없었다. 그리하여 문신을 양성하기 위한 유학교육이 여전히 행해졌고 비록 儒風이 부진한 가운데도 과거 또한 중단되지 않고 설행되었다.[20]

집권무신들은 국왕과 문신들이 밀착하는 것을 항상 견제·탄압하였고, 무신들의 불법과 부당한 처사에 대한 대간의 탄핵을 그들에 대한 도전으로 간주하여 응징하려 하였으며, 가능한 한 많은 東班職을 차지하여 자신들의 권력을 신장시키고자 하였다.

정중부 일파의 문신에 대한 견제와 탄압은 다음과 같은 사례를 통해서 알 수 있을 것이다.

> 명종 8년 7월 太學博士 盧寶瑛를 지방관인 蔚州防禦副使로 임명하게 되자 參知政事 송유인은 「文武交差之法」을 이유로 하여 告身에 서명하지 않고 끝내 중방까지 동원하여 자기의 뜻을 관철시켰다. 또 11월에는 문관인 민영모가 먼저 中書侍郎平章事가 되었던 바 왕은 송유인을 민영모보다 윗자리에 班列시키려 하였는데, 그 배경에는 송유인이 정중부의 사위인데다 무신으로서 기세가 드높아 왕의 배려에 의한 것이나, 결국 송유인의 사양으로 원만히 해결되었다. 정중부의 가노가 금령을 범했으므로 臺官인 中丞 宋詝와 御史 晋光仁이 잡아 심문하자 정중부가 노하여 송저 등을 죽이려 하므로 그의 아들 鄭筠이 간하여 위기를 넘길 수 있었다. 왕은 정중부가 분한 마음을 풀지 않을까 염려하여 명종 8년 7월 송저의 관직을 파면시키고 진광인을 工部員外郎으로 좌천시켰다(《高麗史節要》 권 12, 명종 8년).

---

20) 李奎報는 14세 되던 辛丑年(1181)에 비로소 文憲公徒가 되어 誠明齋에 들어가 학업을 익혔다(《東國李相國集》 年譜 ; 《補閑集》).

문극겸과 韓文俊이 왕의 두터운 신임을 받고 있었는데, 그 때문에 송유인의 미움을 받아 명종 9년 7월 樞密院使 문극겸은 尙書左僕射로, 추밀원부사 한문준은 判司宰事로 좌천되었다(《高麗史節要》 권 12, 명종 9년 7월).

이와 같은 일련의 사례를 통하여 볼 때 국왕은 정치의 중심부에서 문신과 무신의 알력·대립을 완화시키고 문신에 대한 예기치 못한 박해를 최소화시키는 조정자의 역할을 하였음을 알 수 있다.

정중부의 횡포에 분개하고 있던 청년장군 경대승이 명종 9년(1179) 정중부 일당을 제거하고 정권을 잡게 되자 「庚寅亂」에 의해 추대된 국왕이나 집권 무신들에게는 일대 충격적인 사건이 되지 않을 수 없었다. 그리하여 무신들은 경대승을 공동의 적으로 돌리게 되고 경대승은 신변의 안전을 도모하여 都房[21]이라는 사병집단을 두게 된다. 한편 명종은 경대승에 대하여 내면적으로는 꺼리는 것이 있었으나 겉으로는 두터운 은총을 베풀면서 기존 무신세력과의 알력과 권력적 대립관계를 원만하게 조정해 나갔다.

경대승은 문신에 대하여 비교적 호의적인 인물이었다. 그의 강건하고 학식을 중히 여기던 성품은 다음 사료를 통하여 엿볼 수 있다.

항상 무신들의 불법한 행동에 분개하여 개연히 복고의 뜻이 있었으므로 문신들이 기대어 존중히 여기었다. 왕이 (경)대승을 불러 묻기를 '정균의 承宣職을 卿에게 제수코자 하노라'하니, 그는 말하기를 '신은 문자를 알지 못하니 감히 바랄 바가 아닙니다. …승선은 왕명을 출납함이니 儒者가 아니면 불가합니다'라 하였다. …사람이 많이 따르고 붙었으나 학식과 勇略이 있는 자가 아니면 문득 거절하니 무신들이 모두 그 위엄을 두려워하여 감히 방자하게 굴지 못하였다(《高麗史》 권 100, 列傳 13, 慶大升).

무신정권 성립 후 한동안 벼슬과 거리가 멀었던 문사들이 仕宦의 길을 찾아 과거에 응시하고 있는데, 이는 당시의 정치상황과도 무관하지 않은 것 같다. 李仁老는 명종 10년 과거에서 29세의 나이로 장원급제하였으며, 문명이 높은 吳世才도 명종 12년에 나이 50으로 과거에 급제하였고, 科試에 부정적

21) 都房이란 말은 원래 사병들의 숙소를 가리키는 것이었으나 뒤에는 宿衛隊를 지칭하는 말로도 사용되었다. 도방은 경대승의 신변보호 뿐만 아니라 비밀탐지, 반대세력 숙청을 비롯하여 主家의 권세를 배경으로 약탈·살생 등을 자행함으로써 그 폐단이 자못 많았다.

입장을 취하던 林椿 역시 과거를 거쳐 宦路를 찾으려 하였다.[22]

명종 13년(1183) 경대승이 죽은 후 천민 출신인 이의민이 왕의 부름을 받고 새로운 무신집정자로 등장하였다. 무신정권의 시대적 상황에서 국왕이 새로운 무신집정자를 선택할 수 있었다는 것은 무신세력에 대처해 나가는 국왕의 정치적 위치가 결코 허약하지만은 않았다는 것을 보여주는 것이기도 하다.

명종은 이의민과 제휴함으로써 기성 무신세력에게 신뢰와 안도감을 주고 경대승집권의 충격에서 벗어나 종전의 정치질서를 유지해 나갈 수 있었다. 명종에 대하여 성품이 유약하고 결단성이 없어서 정권을 아랫사람에게 농단당했다는 史家의 평[23]은, 당시의 시대상황을 너무 피상적으로 보고 군주의 책무에 대한 당위성만을 강조한 견해라고 볼 수 있다.

이의민정권의 등장은 자유분방한 기질을 가진 일반 문사들에게는 시련기요, 암흑기였다. 무신란 이후 혼란한 세태는 문신들로 하여금 현실 도피적인 은거생활을 강요하였고 그들 자신이 耆老會나 竹林高會 등을 만들어 자연을 벗삼아 詩酒로써 소일하는 풍조를 가져오게 하였다. 오세재, 임춘 등이 중심이 된 이른바 「竹林七賢」[24]의 등장도 이러한 세태의 반영이라고 볼 수 있다. 이의민정권이 장기화되면서 명종은 정사를 게을리 하고 그림에 열중하는가 하면 관리를 등용할 때 폐신·환자들과 더불어 의논함으로써 엽관운동과 뇌물이 공공연하게 행해져 정치기강의 문란을 초래하기도 하였다.[25]

명종 때에 크게 활약하던 重臣 문극겸이 동왕 19년에 죽었고, 그 다음 해에는 연로한 한문준이 세상을 떠났으며, 門下侍郎平章事로 致仕한 민영모도 동왕 24년 3월에 사망하였다. 그리하여 명종의 울타리는 허물어져만 갔다.

최충헌이 명종 26년(1196) 이의민정권을 타도하고 집권하게 되자 정치적 혼란은 점차 안정되어 갔고 무신정권은 새로운 국면에 접어들게 되었다. 최충헌은 집권 초에 趙永仁·奇洪壽·任濡·崔詵 등 그와 친분이 있거나 인척관계에 있던 고위문무관을 측근으로 맞아 들였으며[26] 그의 장기적 집권체제

22) 《破閑集》 권 下·《東文選》 권 59, 與皇甫本書.
23) 《高麗史節要》 권 12, 명종 14년 2월.
24) 《高麗史》 권 102, 列傳 15, 李仁老.
25) 《高麗史節要》 권 13, 명종 14년 12월·15년 6월.
26) 《高麗史》 권 102, 列傳 15, 李奎報·《高麗史節要》 권 13, 명종 27년 12월.

를 공고히 하기 위하여 왕실의 강력한 지지기반인 문신세력과 국왕과의 공식적인 연결 통로를 철저히 차단하려 하였다. 이리하여 최충헌은 집권 후 문무관의 전주를 장악하여 관료사회에 군림하였고, 그의 정권을 보다 확고히 하기 위하여 문반에 대한 우대정책을 썼을 뿐만 아니라 과거제를 강화 운용하였다. 이와 같은 일련의 조처가 국왕의 문신에 대한 직접적인 영향력을 크게 감소시킨 것만은 사실이다. 그러나 문반계층은 그들의 속성으로 보아 국왕의 잠재적 지지세력으로 꾸준히 성장하고 있었음도 간과할 수 없다. 곧 무신정권 몰락 후 왕정복고와 같은 정치적 변화를 맞아 문신들의 향배가 이를 증명해 주는 것이기 때문이다.

崔瑀의 문신에 대한 정책은 최충헌의 정책을 답습하면서 이를 제도적으로 보완하는데 중점을 두었다. 전주권을 행사함에 있어 政房[27]의 설치라던가 文士에 대한 회유책으로 書房[28]을 두어 운영한 것이 그것이다.

최우는 최충헌에 이어 국가의 중대사는 주로 宰樞會議를 통하여 처리함으로써 중방의 역할을 크게 약화시켰다. 왕실과 연결되어 있던 문반이 국왕을 지지하는 세력기반이었다면 피지배층인 민중은 국왕과 무신정권에 대하여 어떠한 관계에 있었나 하는 것을 규명하는 것도 매우 중요한 과제라 하겠다.

민중은 무신집권기라는 고려왕조의 정치적 격변기에 민란으로 그들의 불만을 표출하면서도 국왕의 타도가 아닌 反武臣政權的 태도를 분명하게 표방하였다. 또한 그들은 고려왕조가 유지될 수 있는 사회적 정치적 세력으로 집단화함으로써 간접적으로 국왕의 지위를 보전케 하는 배경이 되었다고 하겠다.

민란의 근본원인은 무신정권 이전인 문신귀족의 전성기부터 존재하여 왔다.[29] 그러나 명종대(중방정치시기)에 민란을 촉발시킨 원인은 중앙의 무신정

조영인과 임유는 최충헌의 집안과 인척관계에 있었으며 최선은 최충헌 집권 이전부터 그와 친분을 맺고 있었고 기홍수는 최충헌이 가장 신임하는 무관 중의 한 사람이었다(朴菖熙, 〈崔忠獻小考〉, 《史學志》 3, 1969).

27) 《高麗史》 권 129, 列傳 42, 叛逆 3, 崔忠獻 附 怡.

28) 위와 같음.

29) 민란 발생의 중요한 요인 중의 하나는 守令의 횡포로 백성이 流亡하였다는 점을 지적할 수 있는데, 이러한 면은 무신정권 이전 예종대에도 심각한 문제로 제기되고 있음을 볼 수 있다. 즉 《高麗史》 권 12, 世家 12, 예종 즉위년 12월에 "甲申 敎曰…今諸州郡司牧 淸廉憂恤者 十無一二 慕利釣名 有傷人體 好賄營私 殘害生民 流亡相繼十室九室 朕甚痛焉…"이라 한 것에서도 알 수 있다.

권과 결탁한 지방관(주로 守令) 및 향리의 탐학과 횡포였다.30) 경제적 측면에서 민란의 또 하나의 원인은 토지겸병31)에 따른 농촌사회의 피폐와 궁핍화를 들 수 있다. 명종대에 오면 민중들은 신분사회의 큰 변화를 경험하게 된다. 무신란의 주역인 정중부·이의방 등 집권무신들은 미천한 신분출신이었고, 그 우익의 무신들도 대부분 그러하였다.32) 따라서 민란의 다른 원인으로 민중의 사회의식과 신분의식의 상승을 들 수 있다. 「庚寅의 亂」을 계기로 민중들도 집권무신들과 같이 정치적 출세와 사회참여가 가능하다고 자각하게 되었고 이러한 민중의 자각은 하극상의 풍조와 함께 민란을 일으킬 충분한 요인이 되었던 것이다.

이들 민란이 왕권과 무신정권에 미친 영향은 어떠했는가를 사건 별로 살펴보기로 하겠다.

公州 鳴鶴所에서 일어난 亡伊, 亡所伊의 난은 명종 6년에 일어난 대규모의 농민반란이었다. 그들에 대한 회유책으로 조정에서는 그 해 6월에 그들의 향리인 명학소를 忠順縣으로 승격시키고 수령을 파견하여 안무케 하였다.

이 난이 일어난 근본적인 원인은 정중부 일파의 전횡에서 비롯된 것으로 《高麗史節要》 권 12, 명종 6년 8월조에서 "諸領의 군사가 익명의 방을 붙여 말하기를 '시중 정중부 및 그 아들 승선 균과 그 사위 僕射 송유인이 권세를 마음대로 하고 방자하였다. 南賊이 일어남은 이로 말미암음이니 만약 군사를 내어 치려면 반드시 먼저 이 무리들을 제거한 뒤에 하는 것이 옳다'라고 하므로 (정)균이 이를 듣고 두려워하여 해직을 빌고 여러 날 동안 나오지 않았다"라고 하였고, 《高麗史》 권 128, 鄭仲夫傳에서도 "남적이 일어난 것은 당시 무신집정인 정중부 일가의 전횡에 그 근원이 있다"라고 하여 사실상 민란의 원인이 무신정권에 있음을 밝히고 있어서, 민란은 역설적으로 말하여 무신정

30) 《高麗史》 권 74, 志 28, 選擧 2, 全國 選用監司.

31) 《高麗史》 권 128, 列傳 41, 叛逆 2, 鄭仲夫.
최충헌 형제의 封事 제7조 가운데 "此聞 郡國吏多逞貪 廉恥道息'이란 말이 있어 그 당시 州縣의 吏(刑吏)가 탐오하여 염치를 저버리고 있었음을 알 수 있다(《高麗史》 권 129, 列傳 42, 崔忠獻).

32) 정중부·이의방을 추종했던 무인들 가운데 대표적인 인물로 杜景升·于學儒·奇卓誠·洪仲方·陳俊·崔世輔·朴純弼·李英搢·白任至·鄭邦佑 등을 들 수 있는데 이들은 대체로 "起自行伍"·"系本寒微"·"門地賤微"·"起自電吏" 등으로 표현된 신분의 출신이었다(《高麗史》 권 100, 列傳 13 참조).

권을 견제하고 간접적으로 왕권을 유지케 하는 역할을 하였다고 할 수 있다.

경대승 집권기인 명종 12년에는 全州에서 官奴의 亂[33]이 일어났다. 즉 전주의 司錄인 陳大有 및 上戶長 李澤民 등이 官船의 건조를 督役함이 너무나 가혹하였으므로 旗頭(기수병) 竹同 등 6인이 관노와 불량배를 불러모아 반란을 일으켰던 것이다. 이 전주의 난은 그 주체자가 旗頭 竹同 등의 군인이었으나 노예가 직접 참가한 최초의 반란으로서 그 동기가 지방관과 향리의 가혹한 督役, 驅使에 있었으나 보다 근원적인 것은 무신정권과 결탁한 지방관의 고질적인 횡포와 탐학에 있었던 것이다.

명종 23년 이의민 집권기에 경상도 雲門과 草田에서 일어난 金沙彌와 孝心의 난은 민중과 무신정권 및 국왕과의 미묘한 관계를 잘 나타내고 있다. 당시 무신집정자인 이의민은 신라 부흥의 뜻을 품고 김사미·효심 등과 내통하였으며 그의 아들 李至純(將軍)도 대장군 全存傑의 휘하에서 반군을 치는 관군의 지휘관으로서 南賊과 내통하여 軍中의 동정을 반군에 누설시켜 관군의 패배를 자초케 하였다.[34]

한편 그 해 12월에 관군의 대토벌 작전이 어느 정도 성공하였을 때 남적의 괴수 가운데 한 사람인 得甫가 대궐에 들어와 생업에 종사할 것을 허락하여 주기를 청하므로 국왕은 有司에 명하여 놓아 돌려보내어 현지 兵馬使의 처분에 맡긴 일이 있으며,[35] 이듬해 8월에는 남적의 괴수가 그 무리 李純 등 4명을 보내어 대궐에 이르러 항복하기를 청하므로 국왕은 그들에게 隊正을 제수하고 布를 하사하여 돌려보냈다[36]는 기록이 있다. 이는 민란의 지도자들이 협상 대상을 국왕으로 하고 집정무신을 제외시키고 있는 것이다. 이러한 사실로 보아도 그들의 목표가 국왕의 타도나 적대감에 있던 것이 아니고 무신정권 내지 그와 연결된 지방관의 탐학·횡포에 대한 항거였다고 생각된다.

무신정권의 확립기라 할 수 있는 최씨집권기에 일어난 민란에서도 우리는 국왕의 위상과 관계 있는 중요한 사태를 경험하게 된다.

---

33) 《高麗史》 권 20, 世家 20, 명종 12년 3월.
34) 《高麗史》 권 128, 列傳 41, 李義旼.
35) 《高麗史》 권 20, 世家 20, 명종 23년 12월.
36) 《高麗史》 권 20, 世家 20, 명종 24년 8월.

최충헌 집권 초인 신종 원년(1198) 開京에서 萬積이 주동이 된 대규모의 公私奴婢의 반란이 일어났다.[37] 이 반란은 개경의 모든 노비들과 연락하여 계획적으로 신분해방, 나아가서는 정권탈취를 꾀하였다는 데에 중요한 의미가 있다. 비록 사전에 발각되어 거사는 하지 못하고 말았지만 개경 北山에서 공사노비를 모아 놓고 행한 다음과 같은 만적의 선동적 연설에서 시사 받는 바가 크다.

> 庚癸 이래 朱紫(高官大爵)는 賤隷 속에서 많이 일어났다. 將相의 씨가 따로 있겠는가. 때가 오면 누구든지 할 수 있는 것이다. 우리가 어찌 육체를 수고롭게 하고도 매질 밑에서 괴로워야 하겠는가. …먼저 최충헌 등을 죽이고 이어 각기 그 주인을 죽여 賤籍을 불살라서 三韓으로 하여금 천인을 없게 하면 公卿將相은 우리가 모두 할 수 있다(《高麗史》 권 129, 列傳 42, 叛逆 3, 崔忠獻).

여기에서 만적의 주장 속에 "장상의 씨가 따로 있겠는가"라고 한 것이나, 최충헌 등 집권자를 죽인 후 천적을 불태워 삼한에 천인을 없애고 자기들이 공경장상이 되어 정권을 장악하자는 선동은 그들의 봉기목적이 국왕의 타도가 아닌 신분해방 및 정권쟁취에 있었다는 점이 매우 특징적이다.

〈羅滿洙〉

2. 무신정권과 문신

고려 중엽인 의종 24년(1170) 무신란의 발발로 무신들이 정치의 주도세력으로 등장하여 권력을 장악함으로써 무신정권이 성립되었다. 그러나 무신들만이 정권에 참여한 것은 아니고 많은 문신이 관직에 등용되어 무신정권에 협력하였던 것이다.

무신정권기의 문신에 대하여는 그 동안 많은 연구들이 이루어졌다.[1] 지금

---

37) 《高麗史》 권 129, 列傳 42, 叛逆 3, 崔忠獻.

1) 閔丙河, 〈高麗武臣執政時代에 대한 一考〉(《史學研究》 6, 韓國史學會, 1959).
邊太燮, 〈高麗朝의 文班과 武班〉(《史學研究》 11, 1961 ; 《高麗政治制度史研究》, 一潮閣, 1971).

까지 연구된 바에 의하면 무신정권기는 초기 무신정권기와 최씨정권기로 구분하였고, 문신들은 은거한 경우와 정권에서 소외된 경우 그리고 정권에 참여한 인물 등으로 나누어 검토되었다. 그런데 종래에는 무신정권기의 한 시기 또는 문신들 중 일부만이 집중적으로 연구의 대상이 되었다. 즉 연구시기와 범위를 압축하여 文臣像 규명에 큰 학문적 성과를 이룩하였던 것이다. 이에 따라 전 무신정권기의 모든 문신에 대한 총체적 이해는 소홀해질 수밖에 없었다.

여기에서는 기왕의 연구업적을 참조·종합하면서 무신정권기를 초기 무신정권과 최씨정권으로 나누고, 무신란 이후 모든 문신의 동향과 정치활동을 살펴보기로 한다. 또한 최씨정권의 對文臣優待政策의 실상을 추구하고, 문신들의 역할과 정치적인 지위에 관하여 검토한 다음 문신의 정치의식과 그 성향을 살피고자 한다.

「文臣」이란 文人·文士·文班·儒者 등을 포괄하여 편의상 지칭한 것이며, 무신세력에 대한 상대적인 개념으로 사용하였다. 따라서 시기와 내용에 따라 용어가 달리 쓰여지기도 하였음을 밝혀 둔다.

1) 무신란과 문신의 동향

의종 24년(1170) 경인 8월에 무신들이 봉기하면서 "무릇 文冠을 쓴 자는 胥吏라 할지라도 남김없이 죽이라"고 하여 문신 멸종의 구호를 외치며 대소 문신에 대해 무차별로 대량 살육을 감행하였다. 이어 명종 3년(1173) 계사 9월 金甫當의 반란 때에는 앞서 경인란 때 살아남은 문신들이 다시 참화를 입어 10일간에 걸쳐 모두 살해되었거나 강물에 던져져 거의 전멸상태에 이

朴菖熙, 〈武臣政權時代의 文人〉(《한국사》 7－武臣政權과 對蒙抗爭－, 국사편찬위원회, 1973).

金毅圭, 〈高麗武臣執權期 文臣의 政治的 動向〉(《史學論志》 3, 漢陽大, 1975).

李佑成, 〈高麗武臣執權下의 文人知識層의 動向〉(《嶺南大開校紀念 國際學術會議發表論文集》, 1977 ; 《韓國의 歷史像》, 創作과 批評社, 1982).

金毅圭, 〈高麗武人執權期 文士의 政治的 活動〉(《韓沽劤博士停年紀念 史學論叢》, 知識産業社, 1981).

張叔卿, 〈高麗武人政權下의 文士의 動態와 性格〉(《韓國史硏究》 34, 1981).

南仁國, 〈崔氏政灌下 文臣地位의 變化〉(《大丘史學》 22, 1983).

金塘澤, 〈崔氏政權과 文臣〉(《高麗武人政權硏究》, 새문사, 1987).

羅滿洙, 〈高麗武人政權期의 國王과 文班〉(《震檀學報》 63, 1987).

르렀다고 한다.[2] 역사상 일찍이 없었던 문신의 수난기였음을 알 수 있다.

이와 같이 두 차례에 걸친 문신의 대학살로 고려 전기 문신 중심의 정치 체제는 종언을 고하고 무신정권기가 시작되었다. 그리하여 의종은 폐출되고 王弟인 명종이 새 국왕으로 추대되었다. 그러나 이와 같은 무신 폭거의 와중에서 문신들이 전멸된 것은 아니었다. 오히려 살육된 문신보다는 화를 면한 문신의 수가 더 많았던 것 같다.[3] 이제 그 사례와 목숨을 구한 문신들을 사료를 통하여 구체적으로 살펴보면 다음과 같다.

1. 入山逃避 : 神駿 · 悟生 · 權敦禮 · 李仁老

   불행하게 의종 말년에 무신의 난이 일어나 문신들을 멸살함에 薰과 蕕가 냄새를 같이 하고 옥과 돌이 함께 불타는 것처럼 선악의 구별이 없었습니다. 그 중에서 몸이 虎口를 벗어난 자는 깊은 산 속으로 종적을 숨겨 갓과 띠를 벗어 던지고 가사를 입고서 살아남은 동안을 보냈으니 神駿 · 悟生과 같은 무리가 그것입니다(《櫟翁稗說》 前集 1).

   그저께 난리를 만났을 때에 사람들이 모두 깊이 숨고 멀리 달아나 이름을 두둑질하고 거짓 복종하여 한때의 어려움을 도피하더니…넉넉히 貪汚의 마음을 경계한 자는 오직 北原處士 權君(敦禮)이 있었을 뿐이오(《西河集》 권 4, 寄伽倻山人悟生書).

   李仁老는…정중부의 난에 머리를 깎고 피신하였다(《高麗史》 권 102, 列傳 15, 李仁老).

2. 禮遇武臣 : 徐恭 · 李奕蕤

   恭은…사람됨이 담력과 지략이 있고 말 타고 활쏘기를 잘하여 여섯 번 兩界兵馬使가 되니 士卒이 즐겨 따랐다. 재상이 되어서는 뜻이 더욱 겸손하여 문사의 교만함을 미워하고 무인을 예우하였으므로 정중부의 난에 중방이 巡檢軍 22인으로 하여금 그 집을 둘러싸고 지켜서 화가 미치지 아니하였다(《高麗史》 권 94, 列傳 7, 徐熙 附 訥 · 恭).

   奕蕤는 閥閱에서 생장하여 부귀로서 사람에게 교만하지 않아 많은 사람들이 소중히 여겼으므로 정중부의 난을 면하였다(《高麗史》 권 95, 列傳 8, 李子淵 附 奕蕤).

3. 德望之士 : 崔惟淸

   崔惟淸은…정중부의 난에 문신이 다 살해를 당하였으나 여러 장수가 평소 惟淸의 덕망에 감복하여 군사를 경계하고 그 집에 들어가지 못하게 하였

---

2) 《高麗史》 권 128, 列傳 41, 鄭仲夫.

3) 閔丙河, 《高麗武臣政權硏究》(성균관대 출판부, 1990), 64쪽에 의하면, 문종 때 책정된 文臣數 532명, 吏屬數 1,165명 이상 모두 합하여 總 文臣系列數 약 1,700명 이상의 규모 가운데서 武臣亂(金甫當의 反武臣亂 포함)으로 살해된 수는 주로 문신을 비롯하여 宦官을 포함 150명 내외가 된다고 한다.

고…함께 화를 면하였다(《高麗史》 권 99, 列傳 12, 崔惟淸).

4. 忠直 또는 무신과 인척관계 : 文克謙

文克謙은…거듭 벼슬이 올라 左正言이 되어 왕의 침전 앞문에 엎드려 상소하기를 '宦者 白善淵은 위세로 상벌을 함부로 하고 비밀로 궁녀 無比와 추행을 하였고, 점장이 榮儀는 유교의 宗旨와는 어긋나는 左道로 임금에게 아첨하여 百順·館北의 양궁을 두고 사사로이 재화를 간직하여 祝釐齋醮의 비용으로 지출하되 (백)선연과 더불어 그 사무를 관장하였다. 무릇 양계의 兵馬와 5도의 按察이 陪辭하는 날에는 반드시 양궁에서 주연을 베풀고 위로하여 전송하되 각기 방물을 바치도록 하였는데, 그 貢奉의 많고 적음에 따라 殿最를 하니 집집마다 추렴하여 백성의 원망을 부르게 하였고…'라 하였다. 왕은 크게 노하여 그 疏를 불살랐다. …드디어 黃州判官으로 떨어지게 되었고…정중부의 난에 극겸이 殿中省에서 숙직하다 변을 듣고 도망하여 숨었는데 병사가 추적하여 잡으니 극겸이 말하기를 '나는 前正言인 문극겸이다. 임금이 만약 나의 말을 좇았으면 어찌 오늘에 이르렀으리오. 원컨대 예리한 칼로 나를 척결하라'하니 병사가 이상하게 여겨 잡아 여러 장수 앞에 이르니, 여러 장수들이 말하기를 '이 사람은 평소에 이름을 듣던 자이니 죽이지 말라'하고 궁성에 가두었다. 문극겸은…집에 딸이 있었는데 義方의 아우 隣이 그녀에게 장가들었다. 이로 말미암아 계사의 난에 일족이 모두 면하였다(《高麗史》 권 99, 列傳 12, 文克謙).

5. 惠政治民 : 李知命

李知命은…과거에 급제하여 黃州書記가 되었는데 관에 있으면서 청렴하고 굶는 사람이 있으면 마음을 다하여 진휼하니 떠돌던 백성들이 아이를 업고 이르렀다. 후에 忠州判官이 되었으나 다스림이 황주에서와 같았다. 정중부의 난에 내외 문신이 숨어 도망하여도 용납할 곳이 없었는데, 충주사람들이 知命의 선정에 감사하여 보호함으로써 지명은 홀로 면하였다(《高麗史》 권 99, 列傳 12, 李知命).

6. 무신에 의탁 또는 相善한 경우 : 庾資諒·盧永淳

의종조에 문신이 크게 성하였는데 資諒이 나이 16세에 儒家 자제와 약정하여 계를 만들기로 하고 아울러 무인 吳光陟·文章弼을 함께 끌어들이려 하니 모두 즐겨하지 않았다. 자량이 말하기를 '교유하는 가운데 문무가 구비됨이 좋지 않는가. 만약 이를 거절하면 뒤에 반드시 후회가 있을 것이다'라고 하니 여러 사람이 이를 좇았다. 얼마 지나지 않아 정중부가 난을 일으키니 계를 같이 한 자가 광척과 장필의 연고함에 힘입어 다 화를 면하였다(《高麗史》 권 99, 列傳 12, 庾應圭 附 資諒).

정중부의 난에 호종하는 관리가 많이 해를 입었으나 永淳은 본래 무관출신의 자제이며 또한 무신과 서로 좋아하였으므로 면하였다(《高麗史》 권 100, 列傳 13, 盧永淳).

이처럼 화를 면하고 구명된 문신들은 그들의 입장과 성격에 따라 무신정권에 각기 달리 대처하였다. 무신란 후 문신들의 동향은 크게 세 유형(隱居文士·疎外文人·登用文臣)으로 구분된다.

(1) 은거문사

전술한 입산도피의 경우에서 알 수 있는 바와 같이 무신란이 일어나자 신준과 오생은 虎口에서 몸을 빼어 佛門으로 들어갔다. 그리하여 儒者의 복식인 冠帶를 버리고 승려복인 가사를 입고서 무신정권에 좇지 않고 고결하게 여생을 마쳤다. 신준과 오생은《高麗史》에는 나타나지 않고 다만《西河集》·《破閑集》·《櫟翁稗說》등 문집이나 詩話類에 보일 뿐이다. 신준의 호는 白雲子로서 公州로 도피하였고,[4] 오생은 伽倻山에 은둔하였던 것으로 알려지고 있는데 그의 명성은 세상에 떨쳤고 절조는 숭상의 대상이 되었다.[5]

그런데 신준이 공주의 산장에서 지방의 郡守 자제들을 모아놓고 교육에 종사했다는 사실은[6] 크게 주목해야 할 것이다. 고려 말의 명유 이제현과 충선왕의 대화내용은 그 사정을 짐작하게 한다.

> 또 묻기를 '우리 나라는 예전에는 문물이 중국과 같다고 하였는데, 지금은 학자들이 다 승려를 따라 다니며 章句나 익히어 彫蟲篆刻의 무리는 번성하고 경서에 밝고 덕행을 수양하는 선비는 매우 적으니 그 까닭은 무엇인가'라고 하셨다. 신이 대답하기를 '…그 뒤에 국가가 차츰 文教의 정치를 다시 쓰게 되어 선비들이 비록 배우기를 원하는 뜻이 있으나 도리어 좇아가서 배울 곳이 없었습니다. 그러므로 깊은 산중에서 가사를 입고 숨어 사는 자를 발을 싸매고 멀리 찾아가서 강습하지 않을 수 없습니다. …따라서 臣이 생각하기에 학자들이 승려를 따라다니며 章句를 익히게 된 것은 그 근원이 대체로 여기에서 시작된 것입니다'라고 하였습니다(《櫟翁稗說》前集 1).

즉 충선왕이 우리나라 학자(배우는 자)들이 사원의 승려를 찾아가 글을 익히는 관습이 언제부터이냐고 했을 때, 이제현은 무신란 후 화를 피해 山門으로 들어간 문사들이 그곳에서 학자(지방자제)들을 교육시켜 그것이 한 근원이 되었기 때문이라고 하였다. 이 지방자제들의 성분은 구체적으로 알 수 없으나 아마도 신준의 경우와 같이 군수의 자제이거나 향리층의 자제일 것이다. 이 지방자제들은 계속 성장하여 중앙으로 진출하였고, 후일 士大夫 형성의 주체가 되었으며 나아가 조선왕조 건국의 주동세력이 되었던 것이다.[7]

---

4)《破閑集》권 下, 白雲子棄儒冠.
5)《西河集》권 4, 寄伽倻山人悟生書.
6)《破閑集》권 下.
7) 李佑成, 앞의 책(1982), 192쪽.

儒冠을 버린 신준이나 오생과는 달리 난 초에 피신은 하였으나 끝까지 유관을 버리지 않고 지방에서 유학을 닦으며 처사생활로 일관했던 權敦禮와 같은 문사도 있었다. 권돈례는 어사 출신이나 《高麗史》 열전에는 그 이름이 없고, 朴仁碩의 墓誌에 보면 그의 字가 不華였음을 알 수 있다.[8] 그는 原州에 은거하면서 門徒들을 길렀는데, 늘 문을 닫고 가르쳤으므로 제자들이 모여들어 강습하는 소리가 공자의 고장을 연상케 할 정도였다.[9]

권돈례는 끝내 세상에 나오지 않았으므로 林椿이 오생과 권돈례에게 보낸 서한에 의하면,[10] 당시 이재와 봉록에만 마음을 두고 명예와 이권에 유혹되는 俗儒들에게 그의 청명은 위의 오생과 함께 큰 모범이 되었음을 알 수 있다.

입산도피한 은거문사는 기록에 전하지 않은 것이 오히려 더 많았던 듯하니, 그것은 공양왕 3년(1391)에 成均生員 朴礎 등이 불교의 폐해를 논박한 다음의 상소문에서 잘 알 수 있다.

> 우리 국가가 경인·계사년 이전에는 通儒와 名士가 중국보다 많았기 때문에 唐에서 군자의 나라라고 하였으며 宋에서는 문물과 예악의 나라라고 하여 본국의 사신이 유숙하는 곳을 小中華의 館이라 하였습니다. 경인·계사년 이후에는 兵難에 죽지 않았으면 산림으로 도망하여 들어갔으므로 통유와 명사가 1백명에 한 두 명도 남은 사람이 없었습니다(《高麗史節要》 권 35, 공양왕 3년 6월).

庚癸亂 이후 문사들은 병란에 죽었거나 산림으로 들어갔으므로 통유와 명사로서 남은 사람이 별로 없었던 것이다. 통유와 명사는 곧 문사를 뜻하는 것으로 이 상소문에 의하여 무신란에서 살아 남은 문사들은 거의 입산도피하여 승려가 되거나 지방에 은거하였음을 알 수 있다.

신준·오생·권돈례 이외에 현재 문집을 통하여 찾을 수 있는 은거문사로는 李仲若·朴仁碩·王若疇·皇甫若水·趙亦樂 등이 있다. 은거문사는 문헌의 발굴로 더 나타날 것이 기대되고 이들의 동향에 대하여도 앞으로 구체적인 연구가 있어야 하겠다.

결국 은거문사들은 유관을 버린 경우와 버리지 않은 차이는 있었으나 무신정권과 타협을 거부하고 후학들을 가르치면서 맑고 고결한 입장을 고수했

---

8) 〈朴仁碩墓誌〉(《朝鮮金石總覽》 上, 1919).
9) 《西河集》 권 4, 答權御史書.
10) 《西河集》 권 4, 寄伽倻山人悟生書 및 代李湛之奇權御史敦禮書.

던 지식층이었다고 할 수 있다.

(2) 소외문인

은거문사와는 달리 무신란 초에 피신하였다가 다시 開京으로 돌아와 仕宦하려 했던 문인들이 있었다. 林椿·吳世才 등이 이 유형에 속하는데, 시문을 숭상했던 이들 문인은 당시 문단의 주류를 이루고 있었다.[11]

임춘은 원래 개국공신의 후예로 살림이 넉넉하고 안정된 가문에서 성장하였다. 그러나 무신란이 일어나자 功蔭田을 京軍에게 모두 탈취 당하고 그의 일가는 화를 입었다. 그는 겨우 몸을 피하여 한때 영남지방을 유랑하기도 하였다. 그 후 개경으로 돌아와 생활기반을 마련하기 위해 무신정권에 참여하고 있었던 문신들에게 관직에 등용시켜 줄 것을 간청하였으나 이루어지지 않았다. 그는 마침내 고난과 실의에 빠지고 기아에 허덕이다가 일찍이 죽음으로써 불우한 일생을 마쳤다. 그가 죽은 후 崔瑀는 그의 문집인《西河集》에 跋文을 써 주었고 서적점에 명하여 널리 인쇄하여 반포하게 하였다.[12]

오세재는 조부(吳學麟)가 翰林學士였고 두 형(世功·世文)은 문인으로 이름이 나 있었다. 그는 의종대에 청년기를 보냈는데 과거에 응시하지 않아 재야의 문인으로 있었다. 무신란으로 國子監 大司成으로 있던 빙부 李知深이 피살되는 액운을 겪었고, 그 후 호구책을 마련하기 위해 여러 차례 과거에 응시하였다. 마침내 급제하여 仕宦의 길을 원했으나 등용되지 못하고 말았다. 오세재는 무신집권자들로부터 인정을 받지 못하였으며 사회적 신분도 보장받을 수 없었다. 결국 그는 비참한 모습으로 開京을 떠나 말년을 보낼 수밖에 없었다.[13]

이처럼 임춘이나 오세재는 무신정권에서 소외되어 등용되지 않았으므로《高麗史》에는 그 기록을 거의 찾을 수 없고 문집류에 나타나는 시문을 통하여만 그들의 생애를 알 수 있을 뿐이다. 임춘과 오세재는 당대의 명시인들이었는 바, 이들 문인의 정치편력에 대하여는 항을 달리하여 초기 무신정권과 문신의 정치활동을 고찰할 때 재론할 것이다.

---

11) 朴菖熙, 앞의 글, 257쪽.
12)《西河集》권 末, 崔瑀跋(高麗版).
13)《高麗史》권 102, 列傳 15, 李仁老 附 吳世才.

요컨대 난 이후 소외되었던 문인들은 정권에 등용되지 못한 인물이었다. 곧 은거문사와 소외문인은 정계에서 은퇴한 계열로 볼 수 있다.

(3) 등용문신

문신의 셋째 유형으로는 무신란 이후에도 문신 지위의 유지가 그대로 허용되었거나 무신정권에 참여·협력했던 등용문신을 들 수 있다. 등용문신은 재등용된 경우와 신규로 등용된 문신으로 구분된다.

먼저 의종 때에 이미 관도에 진출해 있었거나 고위관직에 있던 문신들 중에서 덕망이 있거나 선정으로 백성을 다스렸던 인물이 있었음은 이미 앞에서 인용한 바 있다. 이들은 난 후 무신집권자들에게 인정을 받고 재등용되어 재상직에까지도 승진하였다. 이들 문신을 舊文臣이라 할 수 있는데, 文克謙이나 尹鱗瞻 등이 여기에 해당된다.

그리고 난 이후 과거에 급제하여 신규로 등용된 신진문신들도 있었다. 무신정권기를 대표할 수 있는 이인로와 이규보를 비롯한 대부분의 문신들이 이 부류에 속한다. 무신란 후 일시 머리를 깎고 승려가 되어 피신함으로써 화를 면했던 이인로는 난이 진정된 후 과거를 통하여 무신정권에 등용되었다.[14] 또한 이규보는 명종 때에 문신으로서 현달할 것을 지향하였으나 몇 번의 좌절을 겪은 후 최씨정권에서 중용되어 마침내 재상에까지 올랐다.[15]

그리하여 등용문신들은 무신집권자들이 포섭하고 우대함에 따라 그들에게 결탁·아부하면서 무신정권에 진출하여 크게 활약하였다. 무신들이 문신을 등용한 것은, 양반제도의 유지를 위해 문반기구를 그대로 놔두었기 때문에 제도적으로 문신을 등용할 정치가 되어 있었고, 정치나 행정사무를 담당할 문신이 필요했으며, 그리고 문신의 대학살로 민심이 흉흉하게 동요되었으므로 이를 수습·안정시키기 위함이었다.[16]

등용문신의 활동상과 그 성격에 대하여는 다음 항에서 자세히 살필 것이다. 등용문신은 말할 것도 없이 정계에 등장한 계열이라 할 수 있다.

---

14) 《高麗史》 권 102, 列傳 15, 李仁老.

15) 《高麗史》 권 102, 列傳 15, 李奎報.

16) 邊太燮, 〈高麗後期의 武班에 대하여〉(《高麗政治制度史研究》, 一潮閣, 1971), 407~408쪽.

2) 초기 무신정권과 문신의 정치활동

초기 무신정권기는 명종 원년(1171) 이의방의 정권탈취로부터 명종 26년(1196) 최충헌이 이의민을 제거할 때까지로 무신정권의 성립기에 해당한다. 이 시기는 난에 참가한 무신들의 이해 관계가 정권욕과 결부되어 무신 상호간의 처참한 정권쟁탈전이 계속되었으므로, 장기적으로 어느 한 무신세력에 의한 안정된 집권이 불가능하였다.

그리하여 명종조 26년간에는 李義方(?~1174)-鄭仲夫(?~1178)-慶大升(1154~1183)-李義旼(?~1197) 등이 교대로 권력을 장악하고 정치를 주도하였다. 무신란 직후 문신에 대해 보복적이었던 무신집권자들은 오래되지 않아 의종때에 관계에 진출해 있던 구문신들을 포섭하기 시작하였다. 그 결과 문신들은 무신란 이전처럼 관직을 모두 독점하지는 못하였으나, 무신들보다 관직을 많이 제수 받았다.17)

무신정권에 포섭되어 등용된 문신들의 관직 제수 내용을 통해 실제 정치활동사항을 살펴보기로 하겠다. 명종 즉위년(1170) 9월 문극겸의 批目에 의하여 단행된 문신들의 인사발령을 보면 다음과 같다.18)

任克忠……中書侍郎平章事　　文克謙……右承宣・御史中丞

---

17) Edward J. Shultz, The Military-Civilian Conflict of the Koryo Dynasty, *The Studies on Korea in Transition*, 1979, p. 11에 보면, 의종조에서 최씨정권기까지 中書門下省, 樞密院, 六部, 御史臺 소속의 관리와 知貢擧를 역임한 인물들을 대상으로 조사한 문신과 무인의 관직 제수 상황이 다음과 같은 표로 제시되었다.

區　分	毅　宗	明　宗		忠　獻	瑀	沆
		1170~75	1175~96			
總　計	96	53	77	77	90	35
文　臣	90(79%)	34(79%)	45(59%)	48(62%)	63(70%)	26(74%)
武　人	6(6%)	18(18%)	31(40%)	24(31%)	24(26%)	7(20%)
未　詳		1	1	5(6%)	3	2(6%)

18) 《高麗史節要》 권 11, 의종 24년 9월.

庾應圭……工部郎中	尹鱗瞻……知樞密院事
金莘尹……左諫議大夫	李應招……左司諫大夫
金甫當……右諫議大夫	崔　讜……右正言

任克忠은 무신란 전에 翰林學士, 樞密院事, 判尙書刑部事 등을 역임하였다. 그는 당시 인사에서 중서시랑평장사로 임명되었는데, 이는 정중부가 받은 參知政事보다 높은 관직이었다.

文克謙은 앞서 살핀 바와 같이 左正言으로 재직할 때 환관과 嬖臣의 부정을 논란·배척하여 그 충직함이 무장에게 알려졌던 까닭으로 화를 면하였고, 또한 집권세력과 인척관계를 맺어 그 일족이 모두 화를 면한 문신이었다. 명종이 즉위한 후 批目을 쓰게 된 殿中內給事 문극겸은 이의방의 추천으로 右承宣·御史中丞에 임명되었다. 그 후 그는 명종조에 修國史, 中書侍郎平章事, 判禮部事까지 승진하면서 안정된 지위를 누릴 수 있었다. 더욱이 문신으로서 최초로 상장군이 되었는데,[19] 문신의 고위 무반직의 겸임은 정치적 실력자가 아니고서는 불가능하였다.

庾應圭는 무신란 발생 때 閤門祗候로 재직한 인물이었는데, 명종 즉위 후 金에 告奏使로 파견되어 명종 옹립을 정당화시키는 큰 임무를 완수하였다. 그 후 그는 문신으로서의 긍지를 갖고 다른 문신들보다 의연하게 무신정권에 대처하였다. 유응규는 명종 때에 工部侍郎까지 승진하였다.[20]

尹鱗瞻은 무신란 당시 60세로 知樞密院事에 임명되었으나, 權貴나 왕에게 간하는 말을 피하고 우유부단하게 처신하다가 군졸들에게 수모를 당하기도 하였다. 金甫當이 거병하였을 때 윤인첨은 재상이었으나 문신이라는 이유로 미천한 군졸에게 결박지어졌고, 鄭筠에 의해 이의방이 제거되었을 때에는 조위총토벌군의 원수였음에도 불구하고 군졸들에게 의심을 받았다. 그러나 그는 스스로를 보전하는데 힘써 명종 때에 守太師門下侍郎까지 올라갈 수 있었고 무반직인 상장군을 겸대하였다.[21]

金莘尹은 左諫議로서 右諫義 李應招·左司諫 金甫當·右正言 崔讜 등 젊은

19) 《高麗史》 권 103, 列傳 16, 崔冲.
20) 《高麗史》 권 99, 列傳 12, 庾應圭.
21) 《高麗史節要》 권 12, 명종 원년 9월.

문신들과 함께 상소하여 의종 때 환관의 告身에 대한 탄핵을 요구하고 이의방의 형인 承宣 李俊儀와 이의방과 인척관계였던 문극겸의 臺省職 겸직의 해임을 요구한 바 있다. 이는 이의방에 대한 도전으로 간주되어, 김신윤은 隍城에 갇히고 判大府事로 좌천되었다.[22] 그는 무신란 때 開京에 일어난 유혈사태를 개탄하기도 하였으나[23] 난 직후 등용되어 관직을 맡고 同知貢擧로서도 활동하였다.

이응초도 김신윤과의 상소사건으로 좌사간대부에서 禮部員外郎으로 좌천되었다. 그 후 정중부집권기인 명종 8년(1178) 우간의대부로서 동지공거가 되었고, 경대승집권기인 명종 10년(1180)에는 지추밀원사가 되었다.

김보당은 난 후 우간의대부가 되었으나 위의 상소사건으로 공부시랑으로 좌천되었다. 그러나 곧 복직이 된 것으로 보아 무신들에게 인정을 받았던 것 같다. 그 후 명종 3년(1173) 김보당은 동북면병마사·간의대부로서 무신정권의 타도와 의종복위를 표방하면서 거병하였다. 그는 무신정권에 등용되어 활동하였으나 무신에 반감이 쌓여 정치성을 띤 反武臣亂을 일으켰다.[24] 당시 문신들의 무신에 대한 반항이 상당히 컸음을 알 수 있다.

崔讜은 덕망 높은 문사였던 崔惟淸의 아들로 우정언에 등용되었으나 역시 상소사건으로 한때 전중내급사로 좌천되었다. 그러나 다시 吏部員外郎이 되었고 관직이 여러 차례 승진되어 명종조에 참지정사까지 승진하였다.[25]

또한 무신란 때 화를 면하였던 문신들도 재등용되어 크게 활동하였다. 최유청은 昌原郡人으로 그의 6세조는 태조공신이었으며 부친은 守太保門下侍郎 同中書門下平章 判吏·禮部事를 지낸 귀족가문 출신이었다. 그는 무신란 당시 75세의 고령이었으나 평소에 덕망이 있었으므로 명종 즉위 후에도 중서시랑의 자리를 그대로 유지하였고, 그 후 守司空 集賢殿大學士 判禮部事를 지내고 물러났다.

이지명은 난 전에 황주서기와 충주판관을 역임하면서 선정을 베푼 데 대해 감사해 하는 지방민들의 보호로 구면된 문신이었다. 그 후 尙書右丞이 되었고 이어 정당문학이 되었다.

---

22) 《高麗史》 권 96, 列傳 9, 尹瓘 附 鱗瞻.
23) 《東文選》 권 19, 庚寅 重九.
24) 邊太燮, 〈武臣政權期의 反武臣亂의 性格－金甫當의 亂과 趙位寵의 亂을 中心으로－〉(《韓國史硏究》 19, 1978).
25) 《高麗史》 권 99, 列傳 12, 崔惟淸 附 讜.

위에서 살핀 바와 같이 무신란 후 문신들은 宰樞兩府로부터 6부·대성직 등 중요 관직에 임명되었다. 이처럼 문신들이 고위관직을 제수 받아 등용될 수 있었다는 것은 무엇보다 그들의 정치능력을 인정받았기 때문이었다.

이와 같이 많은 문신이 무신정권에 등용되었으나, 초기 무신정권기는 정권이 확립되지 않았으므로 문신들은 무신들에게 의심과 경계의 대상이었고 심한 압박과 견제를 받았다. 이러한 문신 탄압의 현상은 명종조는 말할 것도 없고 고종조에 이르기까지 起伏은 있었을 망정 꾸준히 계속되었던 것이다.[26] 따라서 문신들의 정치활동은 위축되어 많은 제약이 따랐던 것이다. 당시의 형국이 이와 같았음은 윤인첨의 사례에서 잘 알 수 있다.

> 정중부의 난부터 문신은 기운을 잃게되어 鱗瞻이 무신과 더불어 일을 같이 함에 늘 견제되어 스스로를 보전할 따름이었다(《高麗史》 권 96, 列傳 9, 尹瓘 附 鱗瞻).

즉 문신들은 정사에 있어서 항상 무신들에게 견제되어 기를 펴지 못하고 스스로 몸을 보전할 수밖에 없었으므로 의기를 잃을 수밖에 없었다.

한편 문신들의 사기가 위축되었던 것은 출사로의 축소에서도 살필 수 있다. 명종 원년 이의방이 집권한 후 무신세력이 확대되면서 문신의 출사로였던 외직에 무신이 임용되었는데,[27] 이는 문신들의 출사로가 축소된 반면 무신들의 宦路의 폭이 확대된 것을 뜻한다. 또 명종 5년(1175)에는 이의방에서 정중부로 집권세력이 바뀌었지만 외직에 武散官을 채움으로써[28] 문신들의 출사로는 더욱 축소되었다. 문신들의 사기가 위축되었을 것임은 당연하다.

그러나 경대승집권기에 오면 그간 계속되었던 문신 탄압의 현상이 사라지게 되었다. 반정중부세력이었던 경대승은 문신들과 긴밀한 관계를 유지하였던 온건한 인물로서 유학을 존중하고 문신에 대해 비교적 호의적이었다. 이 기간에 주목되는 것은 지금까지 정권에서 소외되었거나 외면 당하였던 문인들이 점차 과거에 응시하고 있다는 사실이다. 즉 科試에 대하여 부정적 입장을 견지했던 임춘이 과거를 통해 생활의 방도를 찾으려 하였고,[29] 뛰어난 글재주를

---

26) 邊太燮, 앞의 글(1971), 400~401·413쪽.
27) 《高麗史》 권 75, 志 29, 選擧 3, 銓注 凡選用.
28) 위와 같음.

지녔던 오세재는 낙방을 거듭하다가 명종 12년 50세의 나이로 겨우 과거에 급제하였다.[30] 또한 이인로도 명종 10년 과거에서 29세로 장원급제를 하였는데,[31] 이와 같은 사실은 이전보다 나아진 문신들의 상황을 보여 주는 것이다.

이와 같은 추세는 이의민의 집권기에 접어들자 다시 반전되었다. 이의민은 무신란에 적극 가담하여 행동한 인물로 스스로의 신분적 열세를 극복하면서 파격적으로 실력에 의해 출세하였다. 그는 이전의 집권자인 이의방·정중부·경대승보다 출신성분이 더 하층인 천민출신(寺婢의 아들로 태어났음)이었으므로 무력에만 의존하여 집권하였을 것이다.[32] 따라서 문신들에 대한 대우는 냉혹하였을 것이다.

임춘은 신병으로 과거를 포기하여[33] 사환의 뜻을 이루지 못하고 명종 17년(1187) 무렵에 빈궁 속에서 30대에 요절하였다.《西河集》이란 遺文集을 남긴 임춘의 죽음은 문인들의 수난을 의미하며, 이인로가 제문을 짓고 이규보가 그를 추도한 것도 문인에 대한 슬픔 때문이었다. 과거에 급제한 오세재는 사환을 원하여[34] 자신과 이인로 등의 천거·진정의 글을 올렸으나 끝내 입사가 좌절되었다. 그는 55세에 東京(慶州)에서 살다가 임춘이 사망한 비슷한 시기에 비참하게 객사하고 말았다. 오세재가 등용되지 못한 것은[35] 사회 현실에 대한 그의 날카로운 비판의식이 집권층에게 용납되지 않았을 뿐 아니라 무신정권에 추종하던 문신들에게도 환영받지 못했기 때문이었다. 그리고 이인로도 장원 급제하여 翰官으로 입사하였으나 집권층의 푸대접으로 명종 말까지 14년간 같은 관직에 머물러 있었다. 그러나 이인로는 출세를 하지 못했을 뿐이며 임춘이나 오세재와는 달리 안정된 생활은 할 수 있었다. 대체로 볼 때 이의민집권기는 문신들에게 시련기요 암흑기였다고 할 수 있다.

이러한 정치세태 때문에 명종 14년 무렵 임춘·오세재·이인로 등이 주축

---

29) 《東文選》 권 59, 與皇甫若水書.
30) 《破閑集》 권, 下.
31) 위와 같음.
32) 金塘澤, 〈李義旼政權의 性格〉(《歷史學報》 83, 1979) 참조.
33) 《東文選》 권 13, 病中有感 및 권 59, 與趙亦樂書.
34) 《東文選》 권 116, 吳先生德全哀詞并序.
35) 《東文選》 권 102, 吳德全載巖詩跋尾.
《高麗史》 권 102, 列傳 15, 李仁老 附 吳世才.

이 된 '竹林七賢'이 등장하여 현실 도피적인 은거생활의 풍조가 나타나게 되었다. 요컨대 이의민집권기에는 문신에 대한 견제가 다시 계속되어 문신의 사기는 가라앉고 말았던 것이다.

이상으로 초기 무신정권기에도 문신들이 무신보다 많이 관직을 제수받고 등용되었으나, 항상 무신들의 견제와 탄압으로 문신들의 정치활동은 위축된 상태가 계속되었음을 알 수 있다.

〈金毅圭〉

3. 최씨정권과 문신

1) 최씨정권의 문신정책

명종 26년(1196) 4월 최충헌(1150~1219)은 이의민을 축출하고 정권을 장악한 후 아들 瑀(?~1249), 손자 沆(?~1257), 증손 竩(?~1258)에 거치는 4대 60여 년간 권력을 세습함으로써 전형적인 무신정치를 실시하였다. 따라서 최씨정권기에는 무신정권의 확립을 보게 되었다.

명종 말기에 오면 무신란 발생으로부터 초기 무신정권기에 생존하였던 많은 문신과 무신들이 죽었다. 무신란에 가담했던 세대가 거의 물러난 시점에서 등장한 최충헌도 무신란에 참여하지 않았던 인물이다.[1] 그런데 최충헌은 단순한 무장이라기보다는 정치가로서의 역량을 구비했던 인물이라 할 수 있다. 그것은 최충헌이 집권한 후 명종 27년(1197) 5월에 上書한 「封事10條」[2]에서 당시 고려사회가 당면한 정치상황을 비교적 정확히 진단하고 새로운 정책의 방향을 제시한 것으로 미루어 보아 알 수 있다.

門蔭으로 관도에 진출한[3] 최충헌은 본래 文吏출신이었으므로 문학에 대한 식견과 문신들과의 친분유대도 가지고 있었다. 그는 집권과정에서 무신들을

1) 金塘澤, 〈李義旼政權의 性格〉(《歷史學報》 83, 1979), 46쪽.
2) 《高麗史》 권 129, 列傳 42, 叛逆 3, 崔忠獻.
3) 〈崔忠獻墓誌銘〉(《朝鮮金石總覽》 上, 朝鮮總督府, 1919).

다수 살해하거나 유배시켰으나 문신들은 소수의 숙청으로 그쳤다. 최충헌이 소수의 문신만을 제거했다는 사실은 문신이 정치적인 주도권을 장악하지 못했으므로 최충헌정권을 위태롭게 할 소지가 적었다는 것을 알려 주는 것이다. 그렇지만 무력으로 권력을 잡은 최충헌은 문신들에 대한 회유가 필요했을 것이다. 그리하여 그는 문신들을 포섭하고 탄력성있는 정치운용을 도모하면서 새로운 정권을 구축해 나갔던 것이다. 이와 같은 정국의 전환은 명종조 무신정권과는 대조를 이루는 것으로, 지난날 정권으로부터 냉대 받아 오던 문신들로부터 크게 환영을 받았다.

따라서 이 시기에는 문신을 견제하기보다는 오히려 문신을 우대하는 역현상이 나타났던 것이다. 이처럼 문신이 우대를 받고 점차 중용됨에 따라 무신이 도리어 억압받기에 이르렀다.[4] 최충헌이 집권한 후 첫 인사발령[5]에 이어 명종 27년(1197) 12월에 시행된 두 번째 인사발령[6]에서 등용된 문신들은 다음과 같다.

趙永仁……守太師門下侍郞平章事判吏部事　　崔　讜……中書侍郞平章事
任　濡……中書侍郞平章事　　崔　詵……知樞密院事
于述儒……左僕射

이들 문신에 대하여 검토해 보면 문신등용의 배경을 살필 수 있다.

趙永仁은 의종조에 급제하여 全州書記를 지낸 후 명종조에 참지정사·정당문학을 역임하였고, 첫 인사발령 때에는 문신으로서 유일하게 判吏部事로 임명되었다. 이 때 인사에서 문하시랑평장사가 된 그는 최충수와는 사돈관계였고 신종 옹립에 공을 세우기도 하였다. 그는 정권과 밀착하여 마침내 문하시중까지 승진하였으며 神宗廟庭에 배향되었다.[7]

任濡는 여러 대에 걸쳐 재상을 배출한 가문의 후예로서 명종조에 등제하였고 참지정사가 되었다. 최씨가문과는 이중의 혼인관계를 맺었고, 희종을 폐하고 漢南公 貞을 강종으로 옹립할 때 최충헌에게 영향력을 발휘하였다. 이번 인사에 중서시랑평장사로 임명되었다가 문하시랑평장사가 되었으며 康

4) 邊太燮, 〈高麗後期의 武班에 대하여〉(《高麗政治制度史研究》, 一潮閣, 1971), 407~408쪽.
5) 《高麗史節要》 권 13, 명종 27년 9월.
6) 《高麗史》 권 20, 世家 20, 명종 27년 12월.
7) 《高麗史》 권 99, 列傳 12, 趙永仁.

宗廟庭에 배향되었다.[8]

崔讜은 앞서 살핀 바와 같이 무신란 직후 우정언으로 임명된 후 승진을 거듭하다가, 이 때 인사에서는 중서시랑평장사에 임명되었고 門下侍郎同中書平章事가 된 다음 곧 물러났다. 于逊儒는 명종조에 등제하였고 이 때 인사에 좌복야에 임명되었으나 곧 그만두었다. 崔詵은 최유청의 아들이었으므로 崔讜과 마찬가지로 무신들과 밀착될 소지를 지닌 인물이었다. 더욱이 최선은 20년 전부터 최충헌과 교분을 맺고 있었다. 즉 최충헌이 28세 때인 명종 6년 知安東府事副使로 있었을 때 최선이 이 지역의 察訪使였으므로 친분이 성립되었던 것이다.[9] 이번 인사에 지추밀원사에 임명되었고 신종을 폐하고 희종을 옹립할 때 큰 역할을 하였다. 그후 門下侍郎 同中書平章事까지 승진하였으며 熙宗廟庭에 배향되었다.

이처럼 인사발령으로 등용된 문신들을 검토해 볼 때, 최충헌은 집권하기 전에 비교적 좋은 가문 배경을 지닌 문신들과 교섭을 가졌고 이들 고위문신들이 측근으로 들어섰음을 확인할 수 있다. 최충헌은 친분관계를 가졌던 문신들을 고위관직에 등용하였고, 이들은 최충헌정권에 깊이 간여하여 신왕 옹립과 같은 일에 적극 협력하였던 것이다. 최충헌은 비단 등용문신들에게 뿐 아니라 정권에서 외면당하고 있던 문인들에게도 관직을 제수하였다. 즉 '竹林七賢'이었던 이인로는 翰林, 李湛之는 留院, 咸淳은 司直이 되었다.[10]

그러면 문신이 최씨정권에 발탁·등용되는 과정과 집권자의 의도를 결부시켜 문신우대정책의 실상을 고찰하여 보기로 한다. 최씨정권에 발탁된 문신들은 모두 과거 합격자였다. 그런데 이들 문신은 반드시 최씨정권과 밀착된 측근문신의 천거가 있어야만 발탁되었고, 琴儀·李奎報·崔滋 등은 그 대표적인 인물이었다.

과거에 여러 차례 떨어지다가 명종 14년에 급제한 금의는 삼한공신의 후예였지만 그의 가문은 별로 떨치지 못하였다. 최충헌이 집권하면서 문사를 구할 때 그는 李宗撰에 의해 천거되어 발탁되었다. 그 후 금의는 최충헌에게

---

8) 《高麗史》 권 95, 列傳 8, 任懿 附 濡.
9) 《崔忠獻墓誌銘》(《朝鮮金石總覽》 上).
朴菖熙, 〈崔忠獻小考〉(《史學志》 3, 1969), 107쪽.
10) 《補閑集》 권 中, 己未 仲夏.

아첨하여 華要職을 역임하였다.[11] 그는 마침내 최충헌의 가장 신임받는 측근문신이 되었다.

명종 20년에 급제한 이규보는 오랫동안 관직에 나아가지 못하다가 조영인·임유·최당·최선 등 재상에 의해 천거되었다. 그러나 불평하는 자들의 방해로 사환이 이루어지지 못하다가 10년이 지난 신종 2년(1199)에 全州司錄에 始補되었다.[12] 그것은 이규보가 이인로·이담지·함순 등과 함께 최충헌의 저택에 초청을 받아 祝壽의 시 〈千葉榴花〉를 지은 것이 계기가 되었다.[13] 또 희종 3년(1207) 이규보는 최충헌이 새로 마련한 정자 茅亭에서 지은 기문[14]이 제일로 뽑힘으로써 直翰林에 들게 되었다. 그 후 고종 초에도 참직을 구하는 시를 짓고 스스로를 천거하여 최충헌에게 또 다시 발탁되기에 이르렀다. 이규보는 최충헌·최우 부자 2대에 걸쳐 집권자에게 각별한 배려를 받으면서 만년에는 재상이 되어 당대의 영화를 누렸다.

崔沖의 후예인 최자는 강종조에 등제하였는데 國學 學諭로 있을 때 이규보의 천거로 최우에게 발탁되었다. 그는 文翰을 담당했던 이규보의 후계자로 뽑혀 최우에게 주목되어 文柄을 승계하였고 마침내 성언에 이르렀다.[15] 이처럼 금의·이규보·최자 등 과거에 합격한 문신들은 출신에 관계없이 최씨정권과 밀착된 측근문신들의 천거로 발탁되어 출세가 보장되었던 것이다.

앞서 살핀 바와 같이 최충헌은 집권하자 문사를 구하였다. 최우도 마찬가지로 문사를 구하였을 것이다. 그런데 최우가 구한 문사는 주로 寒士로, 최우는 이들을 발탁하여 인망을 얻었던 것이다.[16] 그런데 최우가 한사로 발탁한 문신들의 가문은 대체로 한미하였으나 문장은 탁월한 인물들이었다.[17] 그리고 한미한 가문출신의 과거합격자가 최씨정권에 발탁되려면 그들의 座主(知貢擧·同知貢擧)의 영향이 크게 작용하였을 것이다. 왜냐하면 최씨정권기의 좌주들은 최씨와 친밀한 측근문신이었기 때문이다.

희종 4년 우부승선 금의가 동지공거로서 皇甫瓘 등을 뽑자 최충헌 부자는

11) 《高麗史》 권 102, 列傳 15, 琴儀.
12) 《高麗史》 권 102, 列傳 15, 李奎報.
13) 《東國李相國集》 권 9, 謝知奏事相公見 喚命賦千葉榴花 幷序.
14) 《東國李相國集》 권 23, 晉康候茅亭記.
15) 《高麗史》 권 102, 列傳 15, 崔滋.
16) 《高麗史》 권 129, 列傳 42, 崔忠獻 附 怡.
17) 金塘澤, 〈崔氏政權과 文臣〉(《高麗武人政權研究》, 새문사, 1987), 106~108쪽.

이들을 후하게 대접하고 왕도 이들에게 특혜를 베풀었다.[18] 이는 말할 것도 없이 이 科試의 동지공거가 최충헌이 신뢰하는 금의였기 때문이다.

이리하여 최씨를 중심으로 恩門·門生의 상하관계의 계열화가 강화되었던 것이다.[19] 실제로 최충헌정권기의 과거에서 좌주는 任濡·崔詵·李桂長·琴儀·崔洪胤 등이 주축이 되었는데,[20] 이들은 최충헌의 측근 문신이었다. 그리고 과시를 담당하였던 좌주인 금의와 최홍윤은 함께 정승이 되었고 특히 문생이 많기로 유명하였던 금의는 여러 번 과거를 관장하였으므로 물러난 후 축하연 때 많은 문신이 경하하여 감탄하였다고 한다.[21] 또한 금의는 훌륭한 인재를 많이 골라썼다. 翰林曲에 보이는 '琴學士'란 바로 그를 가리킨다.[22] 좌주와 문생은 매우 가까웠을 뿐 아니라 정치적 유대를 지닌 엄격한 상하관계를 평생 지속하였다.[23] 또 좌주들은 문생의 문하에서 나온 문생을 볼 수 있게 되었으므로,[24] 최씨정권이 60년간 지속하는데 이들 문신이 구축한 인맥은 큰 비중을 차지하였을 것이다.

또한 최우는 백관의 전주를 담당할 政房을 그의 사저에 설치하고 이곳에 문사들을 소속시켰으므로[25] 문신세력이 성장하는 기반이 되었다. 정방은 문객 중의 명유들로 조직하여 교대로 숙위케 할 書房[26]의 존재와 함께 최씨정권의 對文臣政策의 중요한 단면을 알려주는 것이다.

요컨대 문사를 구하고 한사를 발탁한 최씨집권자들은 이들 문신들을 측근으로 기용·장악하여 문무양반의 지배자로서 정권을 장기간 유지하고 권력을 강화시켜 나갈 수 있었다. 결국 최씨정권기의 문신에 대한 우대정책은 문신들에게 정치·사회적인 진출을 보장하면서 그들을 정권에 예속시키려는 고도의 용인술에서 비롯된 것이었다고 할 수 있다. 그리고 최우가 설치한 정방과 서

18) 《高麗史》 권 102, 列傳 15, 琴儀.
19) 朴菖熙, 〈武臣政權時代의 文人〉(《한국사》 7, 국사편찬위원회, 1973), 283쪽.
20) 《高麗史》 권 73, 志 27, 選擧 1, 科目 1 選場 명종 20년~고종 3년.
張叔卿, 〈高麗武人政權下의 文士의 動態와 性格〉(《韓國史硏究》 34, 1981), 81쪽의 〈表 3〉 최충헌집권기의 과거합격자 일람 참조.
21) 《補閑集》 권 上.
22) 《高麗史》 권 102, 列傳 15, 琴儀.
23) 曺佐鎬, 〈麗代의 科擧制度〉(《歷史學報》 10, 1958), 162쪽.
24) 《補閑集》 권 下.
25) 《高麗史》 권 129, 列傳 42, 崔忠獻 附 怡.
26) 위와 같음.

방도 문신정책의 일환이었다.

최씨정권의 문신우대정책으로 문신들은 관직을 얻어 각각 주어진 위치에서 국정에 참여하였다. 그러나 그것은 어디까지나 무신정권을 보좌하는데 지나지 않았고 최씨정권의 지지가 전제되었으므로 문신들은 무신세력과 결탁할 수밖에 없었다. 더구나 최씨집권이 장기화되자, 문신들은 정권에 대한 태도를 바꾸어 그들의 지위를 유지하고 생활안정의 보장만을 바라게 되었다. 이에 따라 초기 무신정권기의 비판의식은 사라지고 현실에의 영합과 적응이 생리화되어 최씨정권과 타협하고 집권세력에 아부하면서 정치활동에 종사하였다.

초기 무신정권기에 충직하여 화를 면하였던 문극겸은 집권세력에 등용되어 정치활동을 하였던 문신이다. 그는 당시 어진 재상으로 일컬어졌으나 권세가의 간청을 듣자 어짊과 어리석음을 살피지 않아 전주에 어긋남이 많았다. 또한 어린 자제들을 벼슬시키고 종을 나누어 보내 전원을 넓혀 잡았으므로 당시의 여론은 애석하게 여겼다 한다.[27] 이처럼 문극겸은 집권자의 청탁에 협력·순종하면서 관리의 인사처리에 잘못된 점이 많았던 것이다.

최씨정권기에 들면서 무신세력에 아첨하여 결탁하였던 문신의 像은 금의와 이규보의 행적에서 엿볼 수 있다. 금의가 최충헌에게 발탁되어 가장 신임 받는 측근문신이 되어 華要職을 역임하였음은 이미 살핀 바와 같다. 그러나 그는 신종 때 많은 문신이 있는 자리에서도 말 앞에 서서 최충헌에게 이야기를 하였고,[28] 고종 2년(1215) 최충헌이 別第로 옮겨 갈 때에 이전에는 재상으로서 따라가는 자가 없었는데, 簽書樞密院事로 호위병과 함께 처음으로 따라갔다.[29] 이처럼 금의는 사람들이 비루하다고 여길 정도로 무신집권자에게 극도의 아첨을 하였다. 이윽고 금의가 권세를 믿고 교만하고 방자한 행동을 취하면서 집권자에게 아부하자 이에 불만을 품은 문생에게 야유를 받기도 하였다. 즉 희종 4년(1208) 우부승선 금의에게 과거에서 뽑힌 황보관은 금의가 숙직하고 있는 집에 가서 시를 지어 그만 둘 것을 풍자하였다. 황보관은 금의로 말미암아 섬으로 유배되었고 세론은 이것을 야박하게 여겼던 것이다.[30] 또한 고종 초에

27) 《高麗史》 권 99, 列傳 12, 文克謙.
28) 《高麗史節要》 권 14, 고종 2년 5월.
29) 《高麗史》 권 129, 列傳 42, 崔忠獻.
30) 《高麗史》 권 102, 列傳 15, 琴儀.

翰林承旨로 있던 금의는 觀碁詩 40여 韻을 고열하면서도 집권자의 비위를 거슬리지 않도록 하기 위해 최충헌에게 사랑받는 문객이었던 이규보의 시를 으뜸이 되게 하였다.[31)]

무신정권기를 대표하는 문신은 이규보였다고 할 수 있다. 그는 어려서부터 문장으로 이름이 있었으나 불우와 실의 속에 天摩山에 우거하면서 스스로 白雲居士라 이름하였다. 20대 초에는 임춘·오세재·이인로 등 '竹林七賢'과 사귀면서 음주 속에서 放達하여 비관적 기개가 강렬하였다. 방달이란 언행이 기존 권위와 인습에 구애되지 않는 것을 의미한다. 그 후 이규보는 22세에 司馬試에 수석으로 합격하고 23세에는 禮部試에 합격하여 환로에 나가기를 열망하였다. 최씨정권기에 이르러 그는 최충헌에게 발탁되어 입신양명을 성취해 나갈 수 있었다. 이규보는 관직이 계속 승진함에 따라 무신정권에 예속되어 갔고 현실비판의 자세는 점차 둔화되었다.

그리하여 이규보는 최충헌이 주최하는 詩會에서 집권자에게 아부하기 시작하였다. 신종 3년 이규보는 축수의 獻詩를 통해 최충헌을 절대적인 국가공로자로서 숭배하였고, 희종 3년의 茅亭記에서는 최충헌을 위력이 있고 존경해 마지않는 지도자로 찬양하였다.[32)] 또한 이규보는 최우도 칭송하고 그의 시책에 적극 추종하면서 아부하였다. 즉 최우를 위해 지은 十字閣의 기문에서 최우의 공렬이 빛나 일월과 더불어 광명을 다툰다고 하였다.[33)] 고종 19년(1232) 대다수 관리들의 반대를 무릅쓰고 단행된 강화천도가 정권의 건재를 위한 현명하고 다행스런 결단으로 여겨 최우를 국가 수호의 공로자로 찬양하는 시를 지었다.[34)] 그리고 이규보는 불교기반을 통한 백성들의 단합을 꾀해 대몽항쟁을 지속시키려는 정치적 목적에서 大藏經의 조판을[35)] 옹호하였다. 그리하여 불교의 신통력으로 몽고의 병화를 물리쳐 국가의 평안을 간구하는 글을 지음으로써[36)] 최우정권을 두둔하기도 하였다.

이처럼 이규보가 최씨정권에 적극 아부하게 된 것은 文名을 영구히 유지

31) 《高麗史》 권 96, 列傳 9, 尹瓘 附 世儒.
32) 朴菖熙, 〈李奎報의 본질에 대한 연구 Ⅱ〉(《外大史學》 2, 1989), 6~7쪽.
33) 《東國李相國集》 권 24, 崔承制十字閣記.
34) 《東國李相國集》 권 18, 望海因追慶遷都.
35) 閔賢九, 〈高麗의 對蒙抗爭과 大藏經〉(《韓國學論叢》 1, 국민대, 1978).
36) 《東國李相國集》 권 25, 大藏刻板君臣祈告文.

하고 가문의 영달을 보장받을 수 있을 것으로 확신하였기 때문일 것이다.[37] 이규보를 비롯하여 당시 대부분의 문신들은 입신출세의 집념 때문에 무신집권자에게 아부하였을 것이다. 최씨정권에 아부하였던 금의와 이규보는 '영국의 집권자 크롬웰에 대한 시인 밀턴'으로 비유되기도 한다.[38]

요컨대 많은 문신들이 무신정권에 추종하고 아부하면서 그들의 활로를 개척하였으므로 문신들은 마침내 무신집권자의 충실한 예속적 굴종자가 되고 말았다.[39]

2) 최씨정권하 문신의 역할과 정치적 지위

최씨정권기의 문신정책으로 문신에 대한 관용의 길이 열리고 측근인물로 부상되면서 문신들은 최씨정권의 유지를 위한 여러 역할을 수행하였다. 즉 무신정권의 합리화와 무신들의 사회적 지위를 높임에 크게 기여하였고, 정치적 활동을 통해 공헌하였다.

먼저 문신들이 최씨정권의 합리화와 정당화에 기여하여 무신세력과 밀착하게 된 것을, 문신의 역할을 통해 살펴보기로 한다.

최씨정권 이전인 초기 무신정권기에도 정권의 합리화를 위해 문신들이 기여했음은 앞서 잠시 언급한 庾應圭의 활동에서도 찾아 볼 수 있다. 유응규는 명종이 즉위하자 告奏를 위해 金에 갔다. 그런데 金帝가 왕위의 禪位를 의심하자 7일간 단식함으로써 드디어 回詔를 받아오는 큰공을 세웠던 것이다.[40] 의종의 폐위와 명종의 즉위는 정중부에 의해 자행되었는데,[41] 이는 정권의 부당성으로 지적될 수 있는 것이다. 아마도 유응규는 명종의 즉위가 의종의 內禪에 의한 것이었음을 강조했을 것이다.

최씨정권기에 들어와서 문신들이 정권의 합리화에 기여한 것은 趙永仁·金鳳毛·朴暄 등을 통해 구체적으로 살필 수 있다.

---

37) 朴菖熙, 앞의 글(1973), 289쪽.
38) 李丙燾, 《韓國史》 中世篇(乙酉文化社, 1961), 520쪽.
39) 朴菖熙, 앞의 글(1989), 24쪽.
40) 《高麗史》 권 99, 列傳 12, 庾應圭.
41) 《高麗史》 권 100, 列傳 13, 洪仲方.

최충헌이 집권한 후 문하시랑평장사로 임명된 조영인은 신종 옹립에 따른 난관을 해결함에 큰 역할을 하였다. 명종의 폐위와 신종의 즉위에 의심을 품은 금이 사신을 파견하여 전왕이 왕위를 사양한 일을 힐문하고 명종에게 친히 조칙을 전할 것을 주장하자, 임기응변으로 이 사태를 모면하였던 것이다.[42] 만일 최충헌이 자행한 遜位의 실상이 드러나면 최씨정권의 부당성이 밝혀질 것이었지만 조영인은 최충헌정권의 정당성을 위해 헌신하였다.

김봉모도 신종 옹립에 공을 세웠다. 조부(北面都監判官)와 아버지(守司空左僕射)가 현달하지 못하였던 김봉모는 명종의 퇴위에 관해 조사하러 온 금의 사신을 접대하였다. 그는 능숙하게 외국어(異域方言俗語)를 구사하면서 사신을 적절히 무마하는데 성공하였으므로 조정에서 그를 중하게 여겼던 것이다.[43] 그 후 그는 추밀원부사를 거쳐 참지정사에 이르렀다.[44] 김봉모도 최충헌정권의 정당화를 위해 기여하였던 것이다.

박훤은 최우의 가신으로 史館의 수찬관이 되어 최우의 공적을 허황되게 과장하여 《功業錄》 5·6권을 편집하였다.[45] 말하자면 최우를 역사적으로 미화함으로써 최우정권을 합리화시켰다고 할 수 있다. 이처럼 문신들은 최씨정권의 옹호와 역사적인 미화를 통해 정권의 합리화와 정당화를 위한 작업에 적극 가담하여 집권자에 접근하였다.

다음으로 문신들의 역할에서 최씨정권의 정치적·사회적 지위를 높임에 기여한 사실을 발견할 수 있다. 즉 문신들은 최씨가문과 통혼함으로써 자신의 위치를 높이려는 최씨집권층의 의도에 따랐던 것이다. 그리하여 최씨집권자들은 최충헌정권 초기 또는 그 이전에 재상을 역임한 문신가문과 혼인하게 되었다. 이것은 비록 무신들이 정권을 장악했다 하더라도 전통적인 신분관념이 중시되고 문벌에 대한 강한 집착이 온존했기 때문이다.[46]

최씨정권 이전에도 문신들은 무신과 통혼한 적이 있었다. 의종조에 문하시중 王冲의 아들인 王桂는 정중부의 딸과 혼인하였다. 이로 인해 무신란 때 왕

---

42) 《高麗史》 권 21, 世家 21, 신종 원년 6월.
43) 〈金鳳毛墓誌銘〉(《朝鮮金石總覽》 上).
44) 《高麗史》 권 101, 列傳 14, 金台瑞.
45) 《高麗史》 권 125, 列傳 38, 朴暄.
46) 金塘澤, 앞의 글(1987), 103쪽.

계는 목숨을 보전할 수 있었고, 최충헌집권 후 참지정사를 거쳐 문하시랑 동중서평장사에 승진하였다.[47] 그리고 문극겸의 딸이 이의방의 아우인 李隣의 처가 됨으로써 문신과 무신이 사돈이 된 예도 있었음은 이미 살핀 바와 같다.

최씨정권기에 이르면 최씨가와 통혼하는 문신의 사례가 매우 빈번하게 나타나고 있다. 최충헌집권 초부터 크게 활약하고 정권의 정당성을 위해 헌신한 바 있는 조영인의 아들 趙準은 최충수의 사위가 되었다.[48] 조영인은 최충수의 딸을 며느리로 맞아들인 것이다. 이로써 최씨집권층은 명문인 조영인가문과 인척을 맺어 신분적 지위를 높일 수 있었다. 동시에 조준이 최충헌집권 직후인 명종 26년(1196) 4월에 權判吏部事에 임명된 것을 비롯하여 그 후 우간의대부와 우승선을 역임한 것도 양가의 통혼과 무관하지는 않았을 것이다.

최충헌이 가장 신임하던 측근 문신이었던 임유의 형 任溥는 그 딸을 최충헌의 재취로 들임으로써 최충헌의 처숙이 되었다. 또한 임유의 아들 任孝明은 최충헌의 딸과 혼인함으로써[49] 최충헌과 이번에는 사돈이 되었다. 임유의 조부 任懿는 숙종조에 문하시랑평장사를 지냈고, 아버지 任元厚는 의종조에 문하시중에 이르렀다. 최충헌이 이처럼 대대로 재상가문이었던 임유와 이중으로 통혼한 것은 자신의 사회적인 지위를 높여 보려는 의도 때문이었다고 볼 수 있다. 그 후 임유의 세 아들(景肅・景謙・孝順)도 재상이 될 수 있었다.[50]

또한 최충헌이 집권하기 전부터 친분이 두터웠던 문하시랑 崔詵의 아들 崔宗峻은 최우를 조카사위로 맞이하였다.[51] 최종준은 문하시중에 이르고 다시 그의 아들들(崔昷・崔坪)도 재상이 되었다.[52] 최씨가문이 이처럼 번창한 이유는 최씨집권자와 통혼한 것이 크게 작용하였기 때문이었다. 뿐만 아니라 최종준이 그의 손녀를 최항에게 출가시킴으로써[53] 그의 아들 최온은 집권자의 장인이 되었다. 결국 최선의 후손들은 최씨집권자와 중첩된 혼인으로 인척관계를 이루어 무신들의 지위향상의 계기를 마련하였고, 동시에 최선가문

47) 《高麗史》 권 101, 列傳 14, 王珪.
48) 《高麗史》 권 129, 列傳 42, 崔忠獻.
49) 위와 같음.
50) 《高麗史》 권 95, 列傳 8, 任懿 附 濡.
51) 《高麗史節要》 권 15, 고종 9년 4월.
52) 《高麗史》 권 99, 列傳 12, 崔惟淸 附 宗峻・昷・坪.
53) 《高麗史》 권 129, 列傳 42, 崔忠獻 附 沆.

도 번성하게 되었음을 알 수 있다. 그리고 앞서 최충헌가문과 인척관계를 맺은 조영인의 손자 趙季珣의 딸도 최항의 배필이 되었다.[54] 최항의 장인이 된 조계순은 최항집권기에 재상이 되었다. 따라서 조영인가문은 2대에 걸쳐 최씨집권자와 통혼하였음을 알 수 있다.

위와 같은 사례를 검토할 때 문신들이 최씨집권층과 통혼함으로써 최씨정권의 정치·사회적인 지위와 신분적인 위치를 높임에 기여하였음을 알 수 있다. 동시에 문·무신간의 각기 다른 입장과 의도가 서로 부합되었기 때문에 통혼이 이루어졌던 점도 결코 간과해서는 안될 것이다. 가문에 대한 열등의식을 지녔던 최씨집권자들은 문신가문과 혼인함으로써 사회적 지배계층 속에 굳게 뿌리를 내리고,[55] 문신의 명문가문과 결합함으로써 그들의 정치·사회적인 지위를 이용코자 하였던 것이다. 반면에 문신의 입장에서는 최씨집권층과의 혼인을 통해 인척관계를 맺고, 이의 반대 급부로 그들의 사회적 진출을 보장받고 나아가 정치적 지위를 확보하려고 하였던 것이다.

최씨정권기의 문신들은 정권의 합리화와 집권세력의 지위를 높이는 일에 기여하는 한편, 또 다른 정치적인 역할을 수행하였다. 고려시대의 가장 중요한 관직인 재추·승선·대간의 활동을 중심으로 검토해 보면 문신들의 구체적인 역할의 내용이 밝혀진다.[56]

첫째, 문신들은 산천의 裨補 延基에 관한 일이나 지방에서 일어난 반란의 진압, 또는 왕의 죽음에 따른 복상기간의 논의 등 국가의 중대사를 결정하는 재추회의에 참석하였다. 그리하여 최씨정권의 제반정책을 설득력이 있는 것으로 만드는데 큰 역할을 담당하였다. 재추는 무신란 직후와는 달리 최씨집권기에 들어와 모든 국정에 참여하였다. 초기 무신정권기에는 重房에서 국가의 중대사를 결정했는데, 최씨정권기에는 중방을 배제시키고 재추들을 사제에 모아 국정을 논의하도록 하였다. 이는 중방의 권한을 약화시키려는 최씨집권자의 정치적인 의도에서 비롯된 것이었다. 또한 최씨집권자는 자신의 의

---

54) 《高麗史》 권 129, 列傳 42, 崔忠獻 附 沆.

55) 朴菖熙, 앞의 글(1969), 109쪽.
閔賢九, 〈高麗後期의 權門世族〉(《한국사》 8, 국사편찬위원회, 1977), 17쪽.

56) 이하 서술은 金塘澤, 앞의 글(1987), 112~125쪽을 참조하여 요약 정리한 것이다.

견이라 하더라도 이를 재추회의의 의결을 거치게 함으로써 그들의 정책을 훨씬 설득력이 있는 것으로 만들었다.

둘째, 문신들은 최씨정권의 인사행정 수행에 크게 기여하였다. 그것은 承宣이 최씨집권자의 전주권 행사를 합리화시켜 주었던 것으로 알 수 있다. 승선은 최씨정권의 인사행정에 따른 비난을 감소시켜 주었다. 최씨집권자는 이부와 병부를 통하지 않고 그들의 사제에서 백관의 전주를 행했는데, 이것은 인사행정에 다수의 관리가 관여하는 것을 차단시키기 위함이었다. 그런데 여기에 승선을 참여시킴으로써 최씨정권의 인사행정이 합법적인 절차를 거쳤음을 가장하려 하였다. 인사행정은 출세와 직결되는 것이었으므로 많은 관리들의 관심의 대상이었고, 이에 대한 불만은 커다란 반발을 불러일으킬 수 있는 것이었으므로 최씨집권자는 왕의 비서와 같은 존재인 승선을 여기에 참여시켰던 것이다. 그리하여 인사행정에 따른 관리들의 불만을 적절히 무마하고 해소시킬 수 있었다.

최우가 그의 사제에 政房을 설치하고 여기에 승신이나 내시들을 속하게 했던 사실도 최씨집권자에 의한 인사행정이 왕의 의도와 같았음을 강조하기 위한 것이었다. 결국 승선은 최씨집권자의 인사행정에 대한 비난을 감소시켜 주는데 크게 기여하였다. 이리하여 최씨정권은 전주권을 완전히 장악하는데 성공하였다.

셋째, 최씨집권자들은 자신들이 꺼리는 인물들을 대간으로 하여금 탄핵케 함으로써, 문신들은 무신정권을 두둔하는데 결정적으로 기여하였다. 고려시대의 대간은 諫諍·封駁과 관리의 탄핵·규찰·서경 등의 권한을 행사하였다.[57] 대간은 최씨정권기에 들어와서도 그 기능을 상실하지 않았다.[58] 그러므로 대간은 최씨집권자들을 견제할 수 있는 제도적인 장치였다고도 할 수 있다. 실제로 대간은 최씨집권자에게 반발하는 경우도 있었다. 그렇다고 대간이 최씨집권자를 규제했던 것은 결코 아니었다. 최씨정권의 존립을 위태롭게 하는 인물들을 대간은 철저하게 탄핵했던 것이다. 다시 말하면 대간은 사소한 문제에 있어서는 최씨집권자와 견해를 달리 할 수 있었으나, 정권유지와 관련된 중요

57) 朴龍雲, 《高麗時代 臺諫制度硏究》(一志社, 1980).
58) 朴龍雲, 위의 책, 96~97쪽.

한 문제에 대해서는 최씨를 적극 옹호하였던 것이다. 따라서 대간은 최씨정권을 견제했다기보다는 제도적인 장치를 통해 정권의 유지를 뒷받침했다고 할 수 있다. 요컨대 최씨집권자는 대간의 활동을 어느 정도 보장함으로써 그들의 정적을 대간으로 하여금 탄핵케 하는 명분을 마련할 수 있었다.

최씨정권기에 문신들의 위와 같은 역할과 기여로 문신들의 정치적 지위는 점차 높아지게 되었다.[59] 그리하여 최씨정권의 전개에 따라 문신들의 지위는 향상되었다.[60] 최씨정권기 문신의 정치적 지위를 시기별로 나누어 검토하면 다음과 같다.

먼저 최충헌 집권기에는 정권을 장악하는 과정에서 군사력에 의존하였으므로 최충헌은 무신들을 정치권력에서 배제시킬 수 없었다. 그리하여 이 시기에는 무신들이 문신들을 압도하였고, 따라서 문신들은 그들의 관직에 따른 정치 권력을 제대로 행사할 수 없었다. 곧 최충헌집권기에는 무신이 문신보다 우월한 정치적 지위를 차지하였을 것이다.

그러나 최우집권기 이후에는 문신들의 지위가 점차로 향상되었다. 최우는 자신에게 협력하는 한 문신과 무신은 다를 바 없었으므로 문신들의 협력도 필요하였을 것이다. 그가 寒士를 많이 발탁하였음은 이와 같은 필요성 때문이었다. 한편 최우는 무신들의 정치적 지위가 높아지는 것을 경계하였다. 왜냐하면 무신들의 지위가 높아지면 높아질수록 군사적인 힘을 이용하여 최씨정권에 반기를 들 염려가 있었기 때문이다. 이에 최우는 고위무신들을 견제·억압하게 되었고 반대로 그가 등용한 문신들을 우대하게 되었다. 또한 최우집권기에 있어서 문신들의 중요 관직 점유율이 최충헌집권기에 비해 증가하였다는 사실도 이를 뒷받침하는 것이다.[61] 요컨대 최우집권기 문신의 정치적 지위의 향상은 최충헌 이래 최씨집권자들의 무신에 대한 견제와 아울러 그들이 등용한 문신들에 대한 우대의 결과였다고 할 수 있다.

최항집권기에 오면 최항과 정치적 견해를 달리 한 문신들이 많았다. 이처

---

59) 金塘澤, 앞의 글(1987), 126~130쪽.

60) 李基白,《韓國史新論》新修版(一潮閣, 1990), 202·205쪽.

61) Edward J. Shultz, The Military-Civilian Conflict of the Koryo Dynasty, *The Studies on Korea in Transition*, 1979에 의하면, 문신의 관직 점유율이 최충헌집권기가 62%였는데 대해 최우집권기에는 70%로 증가한 것으로 보고되었다.

럼 문신 가운데 최항과 견해를 달리 할 수 있는 인물이 존재할 수 있었던 것은, 최항이 권력을 세습한 이후 기존의 정치질서를 개편하기 어려운 상황에 있었기 때문이다. 최항은 최우의 후계자로 내정되는 과정과 권력세습의 과정에서 많은 관리들의 반발이 있었으므로 최우정권의 골격을 그대로 유지하면서 새로운 정치 세력을 구축하였다. 따라서 최우집권기의 문신들은 최항과 의견을 달리할 수도 있었던 것이다. 이처럼 문신들이 최항과 다른 정치적 견해를 피력할 수 있었다는 것은, 최우집권기 문신들이 정책에 추종만 했던 것과는 좋은 대조가 된다고 할 수 있다. 또한 문신들의 관직 점유율도 최우집권기보다 증가하였다 한다.[62] 최항집권기 문신의 정치적 지위는 최우집권기보다 향상되었다고 할 수 있다.

최의집권기는 1년에 불과하였으므로 문신의 정치적 지위에 큰 변화는 없었을 것이다. 문신들이 무신에 비해 정치적 지위가 향상되었다지만 문신의 정치적 지위가 무신보다 우세하였던 것은 결코 아니었다. 정치의 실권은 무신이 장악하였던 시기였으므로 문신은 정치적 지위에 있어서 무신보다 열세였다.[63]

무신의 정치적인 지위가 문신보다 우월하게 된 것은 무신란 이후부터이었다. 문신 가운데 유력자는 무반직을 겸하였는데 윤인첨과 문극겸이 그 대표적인 인물이었다.[64] 이들은 전술한 바와 같이 상장군이란 무반직을 겸하였다.

고위문신의 무반직 겸대와 아울러 일반문신들에게 무반직을 제수하기도 하였는데, 이것은 出仕路를 바꾸는 것을 의미하는 것이다. 과거에 합격한 문신들이 출사로를 바꾸는 것은 무신란 직후에는 별로 없었다. 왜냐하면 문신들은 무반으로 나가는 것을 영예롭게 생각하지 않아 이를 꺼려했기 때문이다.[65] 따라서 초기 무신정권기의 문신들은 문반직을 고수함으로써 무신에 대한 우월감을 가지고 있었다고 할 수 있다.

그러나 최씨정권 이후에는 과거에 합격한 많은 문신들이 무반직을 제수 받게 되었다. 이처럼 문신들이 무반직으로 바꾼 것은 무신정권이 장기화함에 따라 무신에 대한 우월감만을 고집할 수 없었기 때문이었다. 과거에 급제하였다

62) Edward J. Shultz, 위의 글에 의하면, 최항집권기 문신의 관직 점유율은 74%였다고 한다. 이러한 사실은 최우집권기의 70%보다 증가한 것이다.

63) 金塘澤, 앞의 글(1987), 130~134쪽.

64) 邊太燮, 〈高麗期의 文班과 武班〉(《史學硏究》 11, 1961 ; 《高麗政治制度史硏究》, 一潮閣, 1971).

65) 《東國李相國集》 권 35, 尹承解墓誌銘.

하더라도 쉽게 관직에 나갈 수 없었을 뿐 아니라 빠른 출세에도 지장이 많았던 것이다. 따라서 무신란 이후 최씨정권까지 지속된 무신의 우월한 정치적 지위는 문신으로 하여금 무반으로 출사로를 바꾸는 계기를 마련하였던 것이다.

요컨대 최씨정권기 문신들의 무신에 대한 정치적 지위의 열세는 많은 문신들이 무반직을 택하는 결과를 가져 왔다. 특히 과거합격자들이 무반으로 출사로를 바꾸었는데, 이는 무신란 직후에는 별로 없었던 현상이었다. 무신정권이 장기화되고 더구나 과거에 급제했다 하더라도 곧 관도에 나아갈 수 없었던 당시의 상황을 반영하는 것이었다. 결국 이와 같은 문신의 무반화는 무신의 문반직 겸대와 함께 문·무의 구분을 모호하게 만들었다.

〈金毅圭〉

4. 무신정권기 문신의 정치의식과 그 성향

무신정권기의 문신은 정계 은퇴 계열인 隱居文士와 疎外文人 그리고 정계 등장 계열인 登用文臣으로 크게 나눌 수 있다. 그런데 대체로 볼 때 정계 은퇴 계열의 문사와 문인들은 무신정권에 대한 반발의식으로 출세를 단념하였으므로 도피적인 성향을 지녔던 것으로 이해할 수 있다. 그리고 정계 등장 계열의 문신들은 무신정권에 대해 참여의식을 갖고 집권층에게 타협·아부하면서 활동하였으므로 어용적인 성향이 있었던 것으로 파악할 수도 있다. 이와 같은 인식은 문신들의 내면적인 고충과 갈등을 도외시한 피상적인 고찰에 지나지 않는 것이다. 따라서 무신정권기의 문신들을 양분하고 정치의식과 그 성향을 유형화하여 논단하는 것은 논란의 여지가 있다고 할 수 있다.[1]

정계 은퇴 계열의 은거문사들은 무신정권에서 입신출세하는 것을 단념하였으나 한결같이 도피적인 성향만을 지녔던 것은 아니었다. 神駿과 悟生이 무신란을 맞아 불교에 귀의한 뒤 환속하지 않고 고결하게 여생을 마쳤다고 하지만 무신정권을 향한 동경과 관심은 있었던 것 같다.

---

1) 金毅圭, 〈高麗武人執權期 文士의 政治的 活動〉(《韓㳓劤博士停年紀念 史學論叢》, 知識産業社, 1981), 281쪽.

> 시골집에 오디는 익고 보리는 빽빽해지기 시작할 때…무슨 일로 거친 마을 쓸쓸한 곳에서 수풀 건너 가끔 두 서너 마디씩 보내오는가(《謏聞瑣錄》).

위의 글에서 신준은 입산하여 승려가 된 뒤 울적한 심정을 토로한 시에서 슬프고 한스럽게 자신의 처지를 자위하고 있다. 물론 시는 엄격한 역사적인 사실을 나타내는 기록으로 볼 수는 없다. 그러나 시에 표현된 내용은 시대상이 반영된 역사성을 내포하기 마련이다.

또한 公州 산장에서 지방자제들을 가르친 적이 있었던 신준은 그의 제자를 서울로 보내어 과거에 응시케 하면서, 눈물을 흘리며 보낼 수밖에 없는 자신의 신세를 한탄하였다.

> 信陵公子가 精兵을 통솔하여 멀리 邯鄲에 가서 큰공을 세우니, 천하의 영웅들이 모두 다 본받아 좇았으나 눈물 흘리며 그를 보내던 늙은 侯嬴 가엾구나(《櫟翁稗說》前集 1).

한편 伽倻山에 은거했던 오생도 현실정국에 대한 관심이 매우 컸던 것 같다. 이는 그가 남긴 黃山江樓時의 끝 절을 통해서 알 수 있다.

> 누워서 어부의 노 저으며 하는 말 들어보니, 먼지 휘날리며 말을 달리는 사람들은 우리 무리 아니라 하네(《櫟翁稗說》後集 2).

즉 먼지를 휘날리며 말을 달리는 집권세력이 아직도 무신인 것을 풍자하면서 개탄하고 있다. 무신정권에 등용되지 못했던 임춘·오세재 등 소외문인들이 정계에 등장하고자 하였음은 앞서 살핀 바와 같다.

이로써 볼 때 증거할 만한 남긴 글은 미흡하지만 정계에서 은퇴한 은거문사들과 소외문인들이 다시 출세하는 것을 완전히 단념하지 않고, 정계로의 등장을 선망하거나 동경하고 있었다고 추론하는 것은 지나친 억측만은 아닐 것이다.

무신란 후 정계에 등장하였던 문신들은 무신정권에 기여하면서 활동하였으나 한결같이 완전무결하게 집권세력에 동조하지는 않았던 것 같다. 등용문신들의 어용성에서 간과할 수 없는 고충이 있었음을 이해해야 할 것이다.

무신정권기를 맞아 전반적으로 의기가 떨어지고 위축된 문신들은 시 짓고 술 마시며 서로 즐기고 사귀어 놀면서 老莊高踏의 風을 즐기게 되었다. 그리하여 이인로는 당세의 명유였던 吳世才·林椿·趙通·皇甫抗·咸淳·李湛之와 더불어 忘年友를 맺어 시와 술로써 즐겼으므로 중국 六朝시대의 江左七賢에 비교하였다고 한다.[2] 여기서 7인의 망년우는 문자 그대로 연령의 고하를 망각한 동지회·동우회와 같은 것으로,[3] 西晋代의 竹林七賢(稽康·阮籍·阮咸·山濤·向秀·劉伶·王戎)과 유사한 것이다. 그리고 이러한 망년우의 모임은 「竹林高會」라고 하였다 한다.[4]

그런데 무신정권에 결탁하여 최씨정권기에 들어와 크게 출세함으로써 후세 史家로부터 최씨문객이란 貶評을 받았던 이규보가 忘年七賢과 교유하였다는 사실은 당시 문신들의 동태를 알려 주는 중요한 의미를 지니고 있다. 이는 이규보가 그들의 분방한 기질에 공명하는 바가 있었기 때문으로 이규보와 이담지와의 문답내용과 이규보의 시구를 살펴봄으로써 알 수 있다.

> 7현은 늘 술을 마시고 시를 지어 곁에 사람이 없는 것 같았다. 世才가 사망하여 湛之가 奎報에게 말하기를 '자네가 가히 보충하겠는가'라고 하니 규보가 말하기를 '7현이 어찌 조정의 관작에게서 그 궐석을 보충하고자 한단 말이오. 아직 稽康·阮籍의 뒤에 이를 계승한 자가 있었다는 것을 듣지 못하였소'라 하자 모두 크게 웃었다. 또 시를 짓게 하니 규보가 입으로 지어 불렀는데 그 한 구절에 '7현 안에 누가 연찬하는 사람인지 모르겠다'라고 하자 온 좌중이 모두 노여워하는 기색이 있었다(《高麗史》 권 102, 列傳 15, 李奎報).

즉 이규보는 망년7현의 고답적인 태도에 대해 못 마땅해 하고 7현 중에 연찬하는 사람이 없으므로 그들과 한자리에 있는 것을 즐겨하지 않았다. 그러나 오세재가 사망하여 7현의 1명이 궐석되었을 때 이규보는 그 보충의 대상자로 거론되었다. 이것은 이규보가 정권에서 소외되어 있던 문인들과 일맥상통하는 바가 있었기 때문이었을 것이다. 오세재가 실의 속에 전야로 영락하여 곤궁 속에서 사망하였을 때 이규보는 애도의 글을 통해 무신집권층의 행패를 울분에 찬 눈으로 개탄하였다.[5] 또한 이규보는 사소한 관직을 얻는데도 뇌물이 요구되었던 사회현실을 비판하기도 하였다.[6]

2) 《高麗史》 권 102, 列傳 15, 李仁老.
3) 李丙燾, 《資料韓國儒學史草稿》(서울대 문리대 國史研究室, 1959), 84쪽.
4) 《破閑集》 권 末, 後序.
5) 《東國李相國集》 권 37, 哀詞祭文.

이로써 무신정권에 아부하였던 이규보의 울분과 불만의 정도를 짐작할 수 있고, 사회비리에 대하여 감연히 규탄하고 반발하였음을 알 수 있다. 그리고 그는 정사에 뜻이 맞지 않으면 時諱에 저촉될 염려가 적은 시에 가탁하여 비방하고 오연히 대취하여 미친 듯하였으므로 세상사람들이 미친 사람으로 여겼다.[7] 하지만 무신정권의 험난한 세태가 장기화되자 이규보의 반발의식은 변화하였다. 당시의 정치상황에서 문신들이 취할 태도를 이규보는 다음과 같이 기술하였다.

> 나의 두려운 바는 남에게 있지 않고 바로 나에게 있다. …그러므로 성인들이 사람을 두려워 않고 오직 입을 두려워하였으니, 실로 입을 삼가면 처세에 무슨 탈이 있겠는가(《東國李相國集》 권 1, 畏賦).

이규보는 자기 몸을 보전하기 위하여 자신의 입을 두려워하고 말을 삼가함으로써 처세와 행동에 근신을 기하게 되었던 것이다.

등용문신으로서 무신집권자에게 반발하고 집권층의 비리와 부패를 지적한 것은 비단 이규보만이 아니었다. 文安公 兪升旦은 민가가 날로 퇴락해 가는 것을 막지 못하는 자신의 무능을 한탄하였고,[8] 한림학사 柳澤은 집권자인 최충헌의 횡포에 대하여 이를 규탄하는 疏文을 지어 반발하였다.[9] 또한 한림학사 陳澕는 무신들의 농민 수탈을 고발하였다.[10]

등용문신들의 반발의식과 비판적인 태도는 마침내 무신정권을 외면하고 부정하게 되었다. 이와 같은 사실은 韓惟漢이란 문신의 경우를 통해서도 알 수 있다. 서울에서 대대로 살았던 한유한은 최충헌이 국정을 마음대로 하고 벼슬을 파는 것을 보고 난이 장차 일어날 것이라 하여 가족을 이끌고 智異山에 들어가 숨어서 평생을 살았다고 한다. 최충헌은 그에게 西大悲院錄事를 제수하려 하였으나 끝내 응하지 않음으로써 관직에 나아가는 것을 거부하였다.[11] 한유한의 행동은 최충헌정권을 인정하지 않았기 때문에 취해진 것으로 볼 수 있다.

---

6) 《東文選》 권 96, 舟賂說.
7) 《東國李相國集》 권 26, 呈尹郎中威書.
8) 《東文選》 권 13, 書德豊縣公館.
9) 《高麗史節要》 권 14, 고종 3년 3월.
10) 《梅湖遺稿》 詩 桃源歌.
11) 《高麗史》 권 99, 列傳 12, 韓惟漢.

위와 같은 사례를 종합해 볼 때 정계에 등장한 문신들이 어용적인 기질을 갖고 모두 무신정권에 결탁하여 활동하였다고 보는 것은 다시 검토되어야 할 것이다.

결국 무신정권하의 문신들은 모두 참여의식과 반발의식을 함께 가지고 있었다고 할 수 있다. 정계 은퇴 계열의 문신들은 무신정권에 등용되는 것을 동경하는 경향이 있었고 반면에 정계 등장 계열의 문신들은 무신정권에 완전무결한 동조자가 될 수 없었다.[12] 따라서 무신정권에 참여하였던 등용문신은 말할 것도 없고 무신정권을 외면하였던 은거문사와 소외문인들도 정권에 등용되기를 갈망하였다고 할 수 있다. 이와 같이 무신정권기의 문신들의 정치의식과 그 성향은 각기 양면성을 갖고 있었으므로 이를 유형화하여 단정할 수 없다고 본다.

이상 살핀 바와 같이 무신란이 발발하면서 문신들은 대살육을 당하였으나 그 존재가 소멸된 것은 아니었다. 무신란의 와중에서 화를 면하고 목숨을 구한 문신들은 그들의 입장과 성격에 따라 제각기 무신정권에 달리 대응하였다. 이른바 은거문사들은 무신들과 타협을 거부하고 지방에 은둔하면서 맑고 고결한 절개와 지조를 고수하였다. 난 후 무신정권에 사환하려 했으나 등용되지 않아 불우한 일생을 마친 소외문인들도 있었다. 은거문사와 소외문인은 정계에서 은퇴한 계열로 볼 수 있다. 반면에 난 후 문신지위가 그대로 유지된 舊文臣과 신규로 무신정권에 참여하였던 신진문신이 주류를 이룬 등용문신들이 있었는데, 이들은 정계에 등장한 계열이었다.

난 직후 문신에 대해 보복적이었던 무신들은 오래지 않아 옛 문신들을 포섭하고 신진문신을 등용하였다. 이에 따라 초기 무신정권기의 문신들은 난전과 같이 관직을 모두 독점하지는 못하였으나 관직의 점유율은 무신들을 앞섰고 중요 관직에도 임명되었다. 그러나 문신들은 무신들에게 견제되어 정치활동이 전반적으로 위축될 수밖에 없었다.

그 후 최충헌이 등장하여 최씨정권이 확립되자 문신들은 다시 등용되고 집권자로부터 우대를 받게 되었다. 최충헌은 집권하기 전에 친분관계를 맺었던 좋은 가문출신의 문신들 뿐만 아니라 정권에서 소외되었던 문인들도 등용하였다. 최씨정권의 문신들에 대한 우대정책은 그들을 장악함으로써 문무

12) 金毅圭, 앞의 글, 293쪽.

양반의 지배자로서 정권을 유지하고 권력을 강화시키기 위한 고도의 용인술이었다고 할 수 있다. 문신들이 최씨정권에 발탁되어 등용되려면 반드시 정권과 밀착된 측근 문신의 천거가 필요하였고, 그들은 座主로 있으면서 門生중에서 믿을 수 있는 인물을 선발하였던 것이다. 좌주와 문생간의 정치적 유대는 평생 지속되었으므로 이들에 의해 형성된 인맥은 최씨정권의 장기화에 큰 힘이 되었다.

이처럼 문신들이 우대를 받기는 하였으나 그들의 정치활동은 최씨집권자의 지지가 전제되었으므로 문신들은 무신정권과 결탁하게 되었다. 문신들은 문장가로서의 명성의 영구성과 가문의 영달을 위해 최씨정권과 타협하고 집권층에게 아부하면서 그들의 활로를 개척해 나갔다. 이리하여 문신들은 집권자의 충실한 예속적 굴종자가 되고 말았다.

최씨정권하의 문신들은 정권의 합리화와 정당화에 크게 기여하였고, 최씨가문과 통혼함으로써 최씨정권의 사회적 지위를 높임에도 공헌하였다. 최씨가뮨과의 혼인은 문신의 입장에서는 자신들의 사회적 진출과 정치적 위치를 확보하려는 의도 때문이었다. 또한 문신들은 宰樞·承宣·臺諫 등 고위관직에 임명되어 국정 수행에 참여하면서 무신정권을 옹호하였다.

문신들의 위와 같은 역할로 그들의 정치적 지위는 점차 높아지게 되었다. 그렇다고 문신의 정치적 지위가 무신보다 우세하였던 것은 결코 아니다. 무신정권의 시기였으므로 정치적 지위에 있어서 문신은 무신보다 열세였다. 이에 따라 문신의 무반화현상이 나타나게 되었던 것이다.

무신정권기의 문신은 정계 은퇴 계열인 은거문사와 소외문인 그리고 정계등장 계열인 등용문신으로 크게 나눌 수 있다. 이들 문신들은 무신정권에 대하여 참여의식과 반발의식, 어용적 성향과 도피적 성향을 함께 가지고 있었으므로 무신정권에 등용되는 것을 동경하는 경향이 있는 반면에 무신정권에 완전무결한 동조자가 되지 못하였다. 등용문신은 말할 것도 없지만 은거문사와 소외문인들도 대부분 정권에 등용되기를 갈망하였다고 볼 수 있다.

〈金毅圭〉

집 필 자

개 요 ………………………………………………………… 민병하

Ⅰ. 무신정권의 성립과 변천

1. 무신란과 초기의 무신정권 ………………………… 김당택
2. 최씨무신정권의 성립과 전개 ……………………… 김당택
3. 무신란과 최씨무신정권의 역사적 성격 ………… 김당택
4. 무신정권의 붕괴와 그 역사적 성격 ……………… 정수아

Ⅱ. 무신정권의 지배기구

1. 사병의 형성과 도방 ………………………………… 류창규
2. 중방과 교정도감 …………………………………… 민병하
3. 진양부와 정방 및 서방 …………………………… 민병하
4. 별초군의 조직 ……………………………………… 김윤곤

Ⅲ. 무신정권기의 국왕과 문신

1. 국왕의 권위 ………………………………………… 나만수
2. 무신정권과 문신 …………………………………… 김의규
3. 최씨정권과 문신 …………………………………… 김의규
4. 무신정권기 문신의 정치의식과 그 성향 ………… 김의규

한국사 18
고려 무신정권

편찬간행 **국사편찬위원회**

초판1쇄 2003년 11월 30일
2쇄 2013년 6월 4일

번각발행 **탐구당**

등록일 1950년 11월 1일
등록번호 서울 제 03-00993 호

주소 서울특별시 용산구 한강대로 62 나길 6
전화 (02) 3785-2211(대표)
팩스 (02) 3785-2272
홈페이지 www.tamgudang.co.kr
전자우편 tamgudang@paran.com

ISBN 978-89-8236-584-3
978-89-8236-566-9(세트)

값 12,000 원

* 파본이나 잘못된 책이 있으면 교환해 드립니다.